Considéré comm[illegible] spirituel de Raymond Carver et d'Andre Dubus III, Richard Yates (1926-1992) n'est pas seulement le grand auteur de nouvelles que son recueil *Onze histoires de solitude* a révélé au public français. C'est aussi un romancier qui, au fil de son œuvre, a tracé un portrait doux-amer des États-Unis de la seconde moitié du XXe siècle, digne pendant à sa façon du célèbre *Babbit* de Sinclair Lewis. La publication complète de ses nouvelles a été un événement dans son pays, qui le reconnaît enfin comme l'un des maîtres de la littérature américaine contemporaine. Ses romans, *Easter Parade* comme *La Fenêtre panoramique* ou *Un destin d'exception*, indiquent que nombre d'auteurs américains de la seconde moitié du XXe siècle, de James Salter à Richard Ford, et bien d'autres encore, ont comme une dette à l'égard de cet écrivain majeur qu'il était bien temps de sortir du purgatoire où un décès prématuré l'avait fait entrer.

Menteurs amoureux

Richard Yates

Menteurs amoureux

Nouvelles

Traduit de l'anglais (États-Unis)
par Aline Azoulay-Pacvoň

PAVILLONS POCHE
Robert Laffont

Titre original : LIARS IN LOVE

Traduction française : Éditions Robert Laffont, S.A.S., Paris, 2012, 2014, 2018

ISBN : 978-2-221-22111-2
(édition originale : 978-0-099-51854-9, Methuen Publishing Ltd., Londres)

Oh, Joseph, je suis si fatiguée

Quand Franklin D. Roosevelt fut élu président, il ne devait pas manquer de sculpteurs, à travers le pays, pour rêver d'avoir la chance de façonner son buste d'après modèle vivant ; mais ma mère, elle, avait des relations. L'un de ses amis proches, l'homme sympathique répondant au nom de Howard qui habitait notre pâté de maisons de Greenwich Village, venait de perdre son emploi de journaliste au *New York Post*. Or un ancien collègue de Howard travaillait alors au service de presse du Q G de Roosevelt à New York. De sorte que ma mère savait pouvoir s'y faire admettre sans mal – ou, ainsi qu'elle se plaisait à le formuler, elle y avait ses entrées –, et elle se sentait de taille à accomplir le reste seule. Elle se sentait de taille à accomplir n'importe quoi, à l'époque, bien que sa confiance en elle dissimulât mal son terrible besoin d'être encouragée et approuvée de tous.

Ce n'était pas un très bon sculpteur. Elle n'exerçait cette activité que depuis trois ans – depuis qu'elle s'était séparée de mon père –, et ses œuvres avaient toutes l'aspect un peu figé du travail d'amateur. Avant son projet Roosevelt, elle s'était spécialisée dans la réalisation de « personnages de jardin » – tel ce garçonnet grandeur nature dont les jambes se changeaient en pattes de chèvre à partir des genoux, ou cet autre qui jouait de la flûte de Pan agenouillé parmi les fougères, ou encore ces fillettes aux bras en l'air, traînant des guirlandes de pâquerettes dans leur sillage ou flanquées d'une oie aux ailes déployées. Dressés sur des piédestaux en bois de confection artisanale, ces drôles d'enfants en plâtre peint d'une nuance de vert qui imitait le bronze vieilli rôdaient dans le pourtour de son atelier, abandonnant l'espace central à la selle de sculpture qui supportait le morceau d'argile qu'elle modelait alors.

Elle était convaincue qu'un tas de gens fortunés, tous aussi aimables qu'aristocratiques, ne tarderaient pas à faire sa découverte : ils s'arracheraient ses sculptures pour leurs jardins paysagers et voudraient l'avoir comme amie pour la vie. Mais, en attendant, un peu de publicité à échelle nationale en qualité de première femme sculpteur à « produire » le nouveau président ne ferait aucun mal à sa carrière.

Et puis, à défaut du reste, elle avait un bel atelier, au moins. C'était même le plus bel atelier qu'elle aurait de toute sa vie. Nous partagions la cour avec les six ou sept autres maisons adossées à Bedford Street ; la nôtre étant sans doute le point de mire de la rangée, avec son salon de deux étages de haut. Il suffisait de descendre une volée de larges marches en brique pour se retrouver devant les grandes fenêtres et la porte d'entrée qui ouvraient directement sur l'immense atelier inondé de lumière. Il était assez grand pour tenir lieu de salon, aussi, en plus des enfants verts, il contenait tout le mobilier de notre maison de Hastings-on-Hudson, la ville de banlieue où nous avions vécu avec mon père, où j'étais né. Au fond, un balcon courait sur toute la largeur de l'espace pour desservir deux chambres et une minuscule salle de bains renfoncées à l'étage supérieur ; au-delà, en progressant vers Bedford Street, s'étendait la seule partie de l'appartement susceptible de trahir notre manque de moyens. Les plafonds y étaient très bas et il y faisait toujours sombre. Nos petites fenêtres donnaient sur la grille qui longeait le trottoir, et le fossé, juste au-dessous, était jonché d'ordures jetées par les passants. Notre cuisine infestée de cafards était juste assez grande pour contenir la cuisinière, l'évier crasseux et notre glacière en bois avec ses blocs de glace brunie qui fondait en permanence ; le reste de cette zone était occupé par une salle à manger que même notre vieille table massive de Hastings ne parvenait pas à égayer. Néanmoins, c'était là que se trouvait notre radio Majestic, et elle suffisait à nous rendre la pièce douillette, à ma sœur Edith et moi : nous aimions beaucoup les émissions pour les enfants diffusées en fin d'après-midi.

Nous venions d'éteindre la radio, un jour, quand nous avons trouvé notre mère en train de discuter du projet Roosevelt avec Howard Whitman. C'était la première fois que nous en entendions parler, et nous dûmes l'interrompre de trop nombreuses questions car elle finit par gronder : « Edith ! Billy ! Cessez immédiatement. Je vous raconterai tout plus tard. Filez jouer dans le jardin. »

Elle qualifiait toujours cette cour de « jardin », bien qu'il n'y poussât que des arbres citadins rachitiques et un carré d'herbe qui n'avait jamais eu la chance de s'étendre. Elle consistait surtout en une terre nue, délimitée çà et là par un dallage de brique tapissé de suie et d'excréments de chiens et de chats, et mesurait six à huit maisons de long sur deux seulement de large, ce qui lui conférait son aspect misérable et étriqué. Son seul attrait était la fontaine de marbre délabrée à peine plus grande que des fonts baptismaux qui se dressait non loin de notre maison. À l'origine, l'eau était supposée jaillir et cascader harmonieusement depuis le rebord du bassin supérieur pour s'écouler dans le bassin inférieur, toutefois, le temps l'ayant déséquilibrée, l'eau se déversait désormais en un filet unique et irrégulier le long d'une petite zone encore propre du rebord du bassin supérieur. Le bassin inférieur était assez profond pour qu'on y plonge les pieds par une journée trop chaude – ce dont on tirait peu de satisfaction, son marbre étant nappé d'une couche de vase brune.

Si nous trouvâmes toujours à nous occuper dans cette courette, ma sœur et moi, durant les deux années où nous vécûmes là-bas, c'est uniquement parce que Edith était une enfant imaginative. Elle avait onze ans à l'époque du projet Roosevelt, j'en avais sept.

— Papa ? Sais-tu que maman est en train de réaliser le buste du président Roosevelt ? demanda-t-elle à notre père, un après-midi où il nous avait emmenés dans son bureau en ville.

— Ah oui ?

Il fourrageait dans ses tiroirs, à la recherche d'une réponse qui nous satisferait.

— Elle va venir relever ses mesures, ici, à New York, l'informa Edith, et ensuite, après l'Investiture, quand la sculpture sera terminée, elle l'emmènera à Washington et la présentera à la Maison-Blanche.

Edith entretenait souvent l'un de nos deux parents des activités les plus vertueuses de l'autre : une de ses vieilles tactiques inefficaces pour les encourager à se remettre ensemble. Des années plus tard, elle m'avouerait qu'elle ne s'était jamais remise de leur séparation, qu'elle ne s'en remettrait sans doute jamais, et que l'époque de Hastings-on-Hudson demeurait la période la plus heureuse de sa vie ; et j'en concevrais une certaine envie, n'en gardant moi-même presque aucun souvenir.

— Eh bien. C'est une sacrée nouvelle.

Il trouva ce qu'il cherchait dans son bureau et reprit :

— Voilà. Que dites-vous de cela ?

Il s'agissait de deux fines feuilles perforées de petits carrés semblables à des timbres-poste. Chaque timbre était imprimé d'un insigne composé d'une ampoule électrique d'un blanc lumineux sur fond jaune et des mots « Plus de lumière ».

Mon père occupait l'un des nombreux box du vingt-troisième étage de l'immeuble de la General Electric. Il était directeur régional adjoint du service commercial de ce que l'on appelait alors la division des ampoules Mazda – un poste modeste, certes, mais assez rentable pour lui avoir permis de louer un appartement à Hastings-on-Hudson en des temps meilleurs. Ces timbres « Plus de lumière » étaient un souvenir d'une récente convention commerciale. Nous lui affirmâmes que nous les trouvions chouettes – ce qu'ils étaient – mais exprimâmes nos doutes quant à l'usage que nous pourrions en faire.

— Oh, ils sont purement décoratifs. Je me disais que vous pourriez les coller dans vos cahiers ou… je ne sais pas… sur ce que vous voulez. Prêts à partir ?

Il plia soigneusement les feuilles de timbres et les rangea dans la poche intérieure de sa veste, afin qu'elles ne s'abîment pas pendant le trajet de retour.

Entre la sortie du métro et notre pâté de maisons de West Village, nous passions toujours devant un terrain vague où des hommes se serraient les uns contre les autres autour de feux de fortune, allumés à l'aide de cageots de fruits et d'ordures. Certains y réchauffaient des boîtes de conserve accrochées à des cintres en fil de fer.

— Évitez de les dévisager, nous avait demandé mon père la première fois. Ces hommes n'ont pas de travail, ils ont faim.

— Papa ? penses-tu que Roosevelt est quelqu'un de bien ? avait demandé Edith.

— Certainement.

— Et penses-tu que les démocrates sont des gens bien ?

— Ma foi, la plupart le sont, oui.

Plus tard, j'apprendrais que mon père avait soutenu les politiques locales du Parti démocrate pendant des années. Et qu'il avait défendu les intérêts de quelques amis politiciens – hommes que ma mère qualifierait d'horribles petits Irlandais de Tammany Hall[1] – les

1. Organisation de la mouvance démocrate qui œuvra pour améliorer les conditions de vie des immigrants à New York entre 1790 et 1960 *(les notes qui suivent sont toutes de la traductrice).*

aidant à implanter des succursales d'ampoules Mazda dans divers quartiers de la ville. Il adorait leurs rassemblements au cours desquels on l'invitait toujours à chanter.

— Tu es trop jeune pour te souvenir de papa quand il chantait, bien sûr, me dirait Edith après sa mort en 1942.

— Non, pas du tout, je m'en souviens bien.

— Pour t'en souvenir distinctement, j'entends, corrigerait-elle en fermant les yeux. C'était… c'était vraiment quelque chose.

Quand nous étions arrivés chez nous, cet après-midi-là, Edith et moi avions regardé nos parents se saluer. Nous observions toujours cette scène, espérant qu'ils entameraient une conversation et trouveraient des raisons de rire ensemble, ce qui n'arrivait jamais. Et, ce jour-là, il y avait encore moins de chances que d'ordinaire que cela se produise : ma mère avait une invitée – une dénommée Sloane Cabot, sa meilleure amie du pâté de maisons – qui salua mon père avec un petit sursaut de faux enthousiasme flirteur.

— Comment allez-vous, Sloane ? lança-t-il. Puis, se tournant vers son ex-femme : Helen. J'ai entendu dire que tu t'apprêtais à réaliser le buste de Roosevelt ?

— Euh, pas son buste, non. Juste sa tête. Je pense que l'effet sera plus frappant si je la coupe au niveau du cou.

— Ah. Bien. C'est chouette. Bonne chance, alors. Bon… – Il reporta toute son attention sur nous. – Alors, à bientôt, les enfants. Un petit câlin ?

Les câlins de notre père, l'apogée de ses jours de visite, étaient inoubliables. Un par un, il nous soulevait et nous enveloppait dans une puissante étreinte à l'odeur de lin, de whisky et de tabac ; la chaleur rugueuse de sa mâchoire nous râpait la joue, un baiser humide se posait près de notre oreille, puis il nous libérait.

Il était déjà presque ressorti de la cour, presque dans la rue, quand Edith et moi nous élançâmes derrière lui.

— Papa ! Papa ! Tu as oublié les timbres !

Il s'arrêta, pivota, et c'est alors que nous vîmes qu'il pleurait. Il tenta de le dissimuler, fourrant presque son visage sous son bras comme pour mieux fouiller dans sa poche, mais comment masquer l'affreuse rougeur et la crispation d'un visage en larmes.

— Voilà, dit-il. Tenez.

Il nous adressa le moins convaincant de ses sourires. J'aimerais pouvoir dire que nous restâmes un peu pour discuter avec lui, que nous nous serrâmes à nouveau contre lui, mais nous étions trop embarrassés pour le faire. Nous prîmes nos timbres et courûmes à la maison sans nous retourner.

— Oh, n'est-ce pas exaltant, Helen ? disait Sloane Cabot. Dire que tu vas le rencontrer, lui parler devant tous ces journalistes !

— Oui, bien sûr, répondit ma mère, mais le plus important est de bien relever les mesures. J'espère qu'il n'y aura pas trop de photographes pour m'interrompre avec leurs sottises.

Plus jeune qu'elle de quelques années, Sloane Cabot avait la beauté saisissante de ces femmes que l'on voyait dans les illustrations de cette époque, que l'on appelait, je crois, Art déco : frange noire bien lisse, grands yeux, bouche pulpeuse. Elle était également mère et divorcée ; mais son ex-mari avait disparu depuis longtemps et n'était plus mentionné que dans les termes : « ce salaud » ou « ce fils de pute minable ». Elle avait un fils unique de l'âge d'Edith, John, que nous aimions énormément ma sœur et moi.

Les deux femmes s'étaient rencontrées peu après notre arrivée dans le quartier et une amitié s'était nouée entre elles quand ma mère avait résolu le problème de scolarisation de John. Elle connaissait une famille de Hastings-on-Hudson qui ne manquerait pas d'apprécier l'argent que pourrait lui rapporter la location d'une chambre. John avait donc été envoyé à l'école là-bas et il ne rentrait que le week-end. Une solution au coût inconfortable, mais Sloane se débrouillait pour joindre les deux bouts et lui était profondément reconnaissante de son aide.

Sloane travaillait comme secrétaire particulière dans le quartier de Wall Street. Elle parlait beaucoup de sa haine pour son travail et pour son patron, le bon côté des choses étant qu'il s'absentait souvent de la ville pour de longues périodes, ce qui lui permettait d'utiliser la machine à écrire du bureau afin de poursuivre l'ambition de sa vie : écrire des scripts pour la radio.

Une fois, elle avait confié à ma mère qu'elle s'était elle-même choisi ses nom et prénom : « Sloane » pour son intonation masculine – le genre de nom dont une femme seule avait besoin pour se tailler sa place dans le monde –, « Cabot » parce que… bah, pour son côté chic. Et quel mal y avait-il à cela ?

— Oh, Helen ! Quelle aventure merveilleuse ! dit-elle. Si tu parviens à t'attirer de la publicité… si les journaux et les actualités s'en emparent… tu vas devenir l'une des personnalités les plus en vue d'Amérique.

Un groupe de cinq ou six personnes attendait ma mère dans l'atelier, le jour où elle rentra de sa visite au président élu.

— Quelqu'un veut-il bien m'apporter un verre ? demanda-t-elle, regardant autour d'elle, l'air faussement désemparé. Ensuite, je vous raconterai tout.

Le verre dans la main, les yeux écarquillés comme ceux d'une enfant, elle nous raconta qu'une porte s'était ouverte et que deux grands types avaient aidé Roosevelt à entrer.

— Des hommes très grands, insista-t-elle. Jeunes et forts. Ils le soutenaient par les bras, et on voyait bien qu'ils peinaient. J'ai vu un pied avec ces affreuses attelles en métal fixées à sa chaussure, puis l'autre. Il transpirait, il haletait, et son visage était, comment dire, tout luisant, crispé, affreux.

Elle frissonna.

— Ma foi. Ce n'est pas sa faute s'il est invalide, Helen, fit remarquer Howard Whitman, gêné.

— J'essaie juste de vous décrire à quel point il est *laid*, Howard, répondit-elle avec impatience.

Et elle sembla marquer un point. Si on la considérait comme une autorité en matière de beauté – elle savait comment un garçonnet devait s'agenouiller parmi les fougères pour jouer de la flûte de Pan, par exemple –, elle méritait son statut d'autorité en matière de laideur.

— Bref, ils l'ont installé sur une chaise, il a essuyé presque toute la sueur de son visage à l'aide d'un mouchoir – il était toujours hors d'haleine – et puis, au bout d'un moment, il s'est adressé à certains hommes qui attendaient dans la pièce, mais je n'ai pas vraiment suivi cette partie. Il a fini par se tourner vers moi avec ce sourire très particulier. Honnêtement, je ne sais comment le décrire. Il n'a rien de comparable avec les sourires qu'on lui connaît des actualités.

Il faut voir ça : ses yeux ne changent pas du tout d'expression mais les coins de sa bouche remontent comme s'ils étaient accrochés à des fils de marionnette. C'est un sourire proprement effrayant. Un sourire qui donne à penser que cet homme peut être dangereux. Qu'il peut être méchant. Donc, nous avons commencé à discuter et je lui ai dit tout net : « Je n'ai pas voté pour vous, Monsieur le Président. Je suis une bonne républicaine, j'ai voté pour le président Hoover. » Il m'a demandé : « Pourquoi êtes-vous ici, dans ce cas ? » ou quelque chose de ce genre, et je lui ai répondu : « Parce que votre tête est très intéressante. » Là, j'ai encore eu droit à ce drôle de sourire et il m'a demandé : « Qu'a-t-elle de si intéressant ? » J'ai répondu : « J'aime ses bosses. »

Elle aurait dû se douter que tous les journalistes présents griffonnaient sur leurs carnets pendant que les photographes préparaient leurs flashes ; et il se pouvait fort qu'on lise dans les journaux du lendemain :

UNE FEMME SCULPTEUR
TITILLE FDR
À PROPOS DES
« BOSSES DE SA TÊTE »

À l'issue de cette conversation préliminaire, elle s'était attelée à sa tâche, qui consistait à mesurer les différentes parties de sa tête à l'aide de son compas d'épaisseur. Je sais ce l'on ressent, alors : les pointes froides recouvertes de terre glaise de cet appareil m'avaient chatouillé et picoté tout le corps à l'époque où je lui avais servi de modèle pour ses loufoques garçonnets champêtres.

Aucune lampe de flash n'avait grillé pendant qu'elle relevait ses mesures, et personne ne lui avait posé la moindre question ; puis, après quelques paroles de remerciement nerveuses et un salut, elle s'était retrouvée dans le couloir avec les désespérés aux cous tendus de curiosité qui n'avaient pas pu pénétrer dans la pièce. Elle avait dû ressentir une déception cuisante, et j'imagine qu'elle s'était consolée en songeant à la manière triomphante dont elle allait nous raconter tout cela à son retour à la maison.

— Pourquoi lui avoir dit que tu n'avais pas voté pour lui, Helen ? s'enquit Howard Whitman, quand la plupart des visiteurs furent partis.

— Parce que c'est la vérité, pardi. Je *suis* une bonne républicaine, et tu le sais.

Fille d'un commerçant d'une petite ville d'Ohio, elle avait sans doute appris à considérer l'expression « bon républicain » comme un label de respectabilité, un gage de propreté. Et si elle en était venue à réduire ses exigences en matière de respectabilité, si la propreté ne comptait plus autant qu'avant, la notion de

« bon républicain » valait encore la peine qu'elle s'y accroche. Elle lui serait utile le jour où elle rencontrerait ses clients : ces gens aux voix mesurées et courtoises, amateurs de personnages de jardin, qui l'accueilleraient dans leur cercle et se révéleraient à n'en pas douter tout aussi républicains qu'elle.

— Je crois en l'aristocratie ! avait-elle souvent clamé par-dessus le brouhaha de ses invités, qui continuaient à parler du communisme et ne lui prêtaient aucune attention.

S'ils l'appréciaient tous beaucoup – parce qu'elle donnait des soirées bien arrosées, et parce que ce touchant besoin de plaire, à défaut de mieux, faisait d'elle une hôtesse charmante –, dès qu'il était question de politique, elle se comportait en enfant stridente et exaspérante. Elle croyait en l'aristocratie.

Elle croyait aussi en Dieu, ou au moins aux cérémonies de l'église épiscopale de St Luke, auxquelles elle assistait une ou deux fois l'an. Et elle croyait en Eric Nicholson, le bel Anglais dans la force de l'âge qu'elle avait pour amant. Il occupait un vague poste au sein de la branche américaine d'une fonderie britannique qui coulait des objets ornementaux en bronze et en plomb. Les coupoles des universités et des lycées de tout l'est du pays et les fenêtres aux battants en plomb des maisons de style Tudor de Scarsdale ou de Bronxville comptaient parmi les réalisations de la compagnie d'Eric Nicholson. S'il se plaisait à dévaloriser son travail, il paraissait toujours rouge et rayonnant de son succès.

Ma mère l'avait rencontré l'année précédente, alors qu'elle cherchait de l'aide pour couler l'un de ses personnages en bronze : elle devait le « placer en dépôt » dans une galerie de sculptures de jardin qui ne réussirait jamais à le vendre. Eric Nicholson l'avait persuadée que le plomb était presque aussi élégant que le bronze et bien moins cher ; il l'avait ensuite invitée à dîner, et cette soirée avait changé nos vies.

M. Nicholson nous parlait rarement, à ma sœur et à moi ; et je crois que nous avions peur de lui, bien qu'il nous couvrît de cadeaux. De livres, surtout, au début – un recueil de bandes dessinées tirées de *Punch*, une série d'œuvres de Dickens, ou ce livre intitulé *L'Angleterre sous les Tudor*, qui contenait des assiettes colorées enveloppées de papier de soie qu'Edith aimait beaucoup. Mais à l'automne de l'année 1933, lorsque notre père nous organisa un séjour de deux semaines au bord d'un petit lac du New Jersey avec notre mère, les cadeaux de M. Nicholson se muèrent en véritable corne d'abondance de matériel de sport. Il offrit à Edith une canne à pêche en acier avec un moulinet si complexe qu'aucun de nous n'aurait su le manier même si nous avions su pêcher, un panier de pêche en osier pour transporter le poisson qu'elle ne prendrait jamais, et un couteau de chasse dans un fourreau qu'elle pouvait porter à la taille. J'eus droit à une hachette dont la tête s'insérait dans un holster de cuir qui se fixait à la ceinture – j'imagine que c'était pour couper du petit bois afin de cuire le poisson – et une épuisette encombrante dont le manche pendait au bout d'une lanière d'épaule en caoutchouc, au cas où je devrais patauger dans l'eau pour aider Edith à prendre un poisson coriace. Il n'y avait rien à faire dans ce village du New Jersey à part se promener, ou, comme le disait ma mère, faire de belles randonnées ; et chaque jour, pour aller traîner dans les hautes herbes bourdonnantes d'insectes sous le soleil, nous nous équipions de tout cet attirail inutile.

Ce même été, M. Nicholson m'offrit un abonnement de trois ans à *Field & Stream*[1], et je crois que ce magazine impénétrable fut son présent le plus embarrassant de tous, parce qu'il continua à arriver dans notre boîte aux lettres longtemps, très longtemps après que tout eut changé pour nous, après que nous eûmes quitté New York pour emménager à Scarsdale, où il nous avait trouvé une maison au loyer bon marché, et après qu'il eut abandonné ma mère dans cette même maison, sans crier gare, pour rentrer en Angleterre retrouver l'épouse dont il n'avait jamais vraiment divorcé.

1. Ce qu'on pourrait traduire par « Champ et Torrent ».

Mais tout cela arriva plus tard ; je veux revenir à la période comprise entre l'élection de Franklin D. Roosevelt et son investiture, alors que sa tête prenait lentement forme sur la selle de sculpture de ma mère.

Son projet initial était de réaliser une tête grandeur nature, voire plus grande que nature, mais, par souci d'économie, M. Nicholson la poussa à tant réduire son échelle qu'au bout du compte elle ne mesurait guère plus de dix-huit à vingt centimètres de hauteur. Il la persuada aussi, pour la seconde fois depuis qu'ils se connaissaient, que le plomb était presque aussi beau que le bronze.

Elle nous répétait sans cesse que nous pouvions la regarder travailler, Edith et moi, que cela ne la dérangeait pas du tout, mais nous n'en avions jamais trop éprouvé le désir avant ce jour : c'était un peu plus intéressant de la regarder passer au crible des photos de Roosevelt découpées dans des journaux pour trouver celle qui l'aiderait à reproduire la ligne subtile d'une joue ou d'un sourcil.

Toutefois, le plus clair de nos journées était consacré à l'étude. Si John Cabot avait le droit d'aller à l'école de Hastings-on-Hudson – qu'Edith regrettait beaucoup –, nous allions à ce que même Edith jugeait comme la deuxième meilleure école : celle qui se tenait dans notre chambre.

L'année précédente, ma mère nous avait envoyés à l'école publique, en bas de la rue : choix qu'elle commença à regretter en nous voyant rentrer la tête pleine de poux. Puis, un jour, Edith revint à la maison après avoir été accusée du vol du manteau d'un garçon, et la coupe fut pleine. Elle nous sortit tous deux de l'école, au mépris des menaces du surveillant général, et plaida auprès de mon père afin qu'il l'aide à réunir la somme nécessaire à nous inscrire dans une école privée. Ce qu'il refusa. Notre loyer et les factures qu'elle accumulait étaient déjà un fardeau bien plus lourd que celui que lui imposaient les termes du divorce ; il était endetté et elle devait bien se rendre compte qu'il devait s'estimer heureux d'avoir encore du travail. Ne deviendrait-elle jamais raisonnable ?

Ce fut Howard Whitman qui brisa le cercle vicieux. Il connaissait un service d'école par correspondance reconnu et bon marché du nom de Calvert School ; il s'adressait principalement aux enfants invalides. Chaque semaine, la Calvert School leur envoyait des livres, du matériel et des plans d'étude ; tout ce dont elle aurait besoin, c'était d'une personne pour leur enseigner ce programme et leur servir de précepteur à domicile. Or Bart Kampen semblait être le candidat idéal pour ce travail.

— Le type maigrichon ? Ce juif de Hollande ou de je ne sais plus où ?

— Il est très instruit, Helen, argua Howard. Il parle couramment anglais. Il est très consciencieux. Et il a très certainement besoin d'argent.

Nous fûmes ravis d'apprendre que Bart Kampen serait notre précepteur. Après Howard, Bart était sans doute notre adulte préféré de tout le pâté de maisons. Il devait avoir vingt-huit ans et il était encore assez jeune pour rougir des oreilles quand des enfants le chahutaient, ainsi que nous l'avions découvert en le taquinant à une ou deux reprises sur des sujets tels que ses chaussettes dépareillées. Il était grand, très mince et avait toujours l'air étonné ; sauf lorsqu'il se sentait suffisamment à l'aise pour sourire. C'était un violoniste juif originaire des Pays-Bas qui avait immigré l'année précédente dans l'espoir d'entrer dans un orchestre symphonique et de lancer enfin sa carrière de concertiste. Seulement, les orchestres symphoniques ne recrutaient pas, et les orchestres modestes guère plus, de sorte que Bart s'était retrouvé sans travail. Il vivait seul dans une chambre de la Dix-septième Avenue, non loin de notre cour, et les gens qui l'appréciaient veillaient à ce qu'il mange toujours à sa faim. Il possédait deux costumes raides – lourdement rembourrés aux épaules, avec des pinces à la taille – qui étaient peut-être encore à la mode de l'époque aux Pays-Bas, mais qui auraient gagné à être un peu plus remplis. En bras de chemise, avec ses manchettes roulées, ses poignets et ses avant-bras poilus paraissaient plus fragiles qu'on aurait pu s'y attendre, mais ses longues mains étaient bien dessinées et assez puissantes pour suggérer l'autorité qu'elles devaient avoir sur son violon.

— Je m'en remets entièrement à vous, Bart, lui dit ma mère lorsqu'il lui demanda si elle avait des consignes à lui donner sur sa manière d'enseigner. Je sais que vous ferez des merveilles.

On avait installé une petite table dans notre chambre, sous la fenêtre, ainsi que trois chaises. Bart s'asseyait au centre, afin de se partager équitablement entre Edith et moi. Les grandes enveloppes brunes bien propres de la Calvert School arrivaient dans la boîte aux lettres une fois par semaine, et lorsque Bart en faisait glisser le contenu fascinant sur la table, c'était comme s'il étalait un plateau de jeu devant nous.

Edith était en cours moyen – sa moitié de la table était consacrée à des conversations incompréhensibles sur l'anglais, l'histoire et les sciences sociales –, j'étais en cours préparatoire. Je passais mes matinées à demander à Bart de m'aider à résoudre les toutes premières énigmes du monde de la connaissance.

— Prends ton temps, Billy, insistait-il. Montre-toi patient. Une fois que tu auras compris, tu verras comme c'est facile, et tu seras prêt à passer à l'étape suivante.

À onze heures, chaque matin, nous faisions une pause. Nous descendions et nous nous dirigions vers la partie de la cour où il poussait encore un peu d'herbe. Bart déposait soigneusement son manteau plié sur la ligne de touche, déroulait ses manchettes et se déclarait prêt à nous offrir une de ses « balades en avion ». L'un après l'autre, il nous saisissait par un poignet et une cheville, puis, se servant de son corps comme d'un pivot, nous faisait virevolter à toute vitesse, jusqu'à ce que la cour, les immeubles, le monde entier, ne soient plus qu'une traînée de couleur.

Après nos balades en avion, nous dévalions l'escalier de l'atelier, où, en général, nous trouvions le plateau chargé de trois grands verres d'Ovomaltine froide, accompagnés ou non de cookies, qu'avait préparés ma mère. Une fois, je l'avais entendue confier à Sloane Cabot que ce verre d'Ovomaltine était sans doute la première nourriture ingérée par Bart chaque matin, et je crois qu'elle avait vu juste, ne serait-ce qu'à en juger par la manière dont ses mains tremblantes se tendaient vers le verre. Quand il lui arrivait d'oublier de préparer le plateau, nous courions à la cuisine le préparer nous-mêmes. Je ne peux plus voir un pot d'Ovomaltine sur un rayonnage d'épicerie sans me souvenir de cette période. Ensuite, la classe reprenait. Cette année-là, à force de cajoleries, d'encouragements et d'exhortations à la patience, Bart Kampen m'apprit à lire.

Ce qui m'offrit une excellente occasion de crâner. Je descendais des livres des étagères de ma mère – la plupart lui avaient été offerts par M. Nicholson – et tentais de l'impressionner en lisant des phrases estropiées à voix haute.

— C'est merveilleux, chéri. Tu as vraiment appris à lire, dis-moi, me félicitait-elle.

Bientôt il y eut un timbre blanc et jaune « Plus de lumière » collé à chaque page de mon premier manuel de lecture de Calvert, attestant que j'en étais venu à bout, tandis qu'ils s'accumulaient à un rythme plus lent sur les pages de mon manuel d'arithmétique. Et il y en avait aussi sur le mur, à côté de ma chaise, formant une fière colonne blanc et jaune maculée d'empreintes de pouce, qui s'élevait aussi haut que pouvait aller mon bras.

— Tu n'aurais pas dû coller les timbres sur le mur, me reprocha Edith.

— Pourquoi ?

— Mais parce qu'il sera difficile de les enlever.

— Et qui va les enlever ?

Cette petite pièce, avec sa double fonction de chambre à coucher et de salle de classe, est plus distincte dans mon souvenir que n'importe quelle autre partie de la maison. Quelqu'un aurait sans doute dû informer ma mère qu'une fille et un garçon de nos âges auraient dû posséder des chambres séparées, mais je n'y songerais que bien plus tard. Nos lits étaient disposés le long du mur, bout à bout, ce qui nous laissait juste assez d'espace pour nous glisser jusqu'à la table de travail ; et nous avons eu de belles conversations, allongés là, à attendre que le sommeil nous gagne. Celle dont je me souviens le mieux, c'est la fois où Edith me parla des bruits de la ville.

— Je ne fais pas seulement allusion aux gros bruits, dit-elle, comme les sirènes qui sonnent en ce moment même ; ni aux portières des voitures qui claquent, ni aux rires et aux cris dans la rue ; ces bruits-là sont tout près. Je veux parler de tout autre chose. Parce que, vois-tu, il y a des millions et des millions de gens à New York – un nombre inimaginable de gens – et la plupart d'entre eux font du bruit. Ils parlent, ils écoutent la radio, ferment peut-être des portes, ou reposent leur fourchette dans leur assiette s'ils sont en train de manger ; ils laissent tomber leurs chaussures par terre s'ils vont se coucher. Et parce qu'ils sont si nombreux, tous ces petits bruits s'accumulent pour former une sorte de murmure. Mais il est si léger – si imperceptible – qu'on ne peut l'entendre que si on l'écoute avec beaucoup d'attention pendant un long moment.

— Tu peux l'entendre, toi ?

— Parfois, oui. Je tends l'oreille chaque nuit, mais je ne l'entends pas toujours. Il m'arrive de m'endormir avant. Taisons-nous, maintenant, écoutons. Essaie de l'entendre, Billy.

J'essayai de toutes mes forces, fermant les yeux, comme si cela pouvait m'aider, et ouvrant la bouche pour atténuer le bruit de ma respiration, mais je finis par reconnaître que je n'y arrivais pas.

— Et toi ? questionnai-je.

— Oui, je l'ai entendu. Quelques secondes seulement, mais je l'ai entendu. Tu y arriveras, toi aussi, si tu continues d'essayer. Cela vaut la peine, crois-moi. Et, quand tu l'entendras, c'est toute la ville de New York que tu entendras.

La semaine culminait le vendredi après-midi, lorsque John Cabot rentrait de Hastings. Il respirait la santé et la normalité, il faisait souffler un peu d'air frais de la banlieue dans nos vies bohèmes. Sa présence transformait même le petit appartement de sa mère en un lieu de repos enviable entre deux rencontres vigoureuses avec le monde. Il était abonné à *Boy's Life* et à l'*Open Road for Boys*[1], et je trouvais merveilleux d'avoir ce genre de magazines chez soi, ne serait-ce que pour leurs illustrations. John se vêtait de la même manière héroïque que les garçons que l'on voyait dedans : avec des culottes courtes de velours côtelé et des chaussettes à côtes bien tirées sur ses mollets musclés. Il parlait beaucoup de l'équipe de football du lycée de Hastings et de ses amis de Hastings, dont les noms et les tempéraments nous étaient devenus presque aussi familiers que s'il s'agissait de nos propres amis. Il nous enseignait des expressions revigorantes, telles que « Quelle diff' ça fait ? » au lieu de « Quelle différence ça fait ? », et il était encore plus

1. *La Vie des garçons*, *La Voie libre aux garçons*, magazines de l'époque vantant les bienfaits de la vie en plein air.

doué qu'Edith pour trouver de nouvelles manières de s'occuper dans notre cour.

On pouvait s'acheter un poisson rouge pour dix ou quinze cents chez Woolworth, à l'époque ; un jour, nous en rapportâmes trois à la maison pour les mettre dans la fontaine. Nous versâmes dans l'eau bien plus de nourriture en granulés que nécessaire et les baptisâmes John, Edith et Billy. Pendant les quelque deux semaines qui suivirent, Edith et moi courûmes à la fontaine chaque matin, avant l'arrivée de Bart, pour nous assurer qu'ils étaient toujours en vie, qu'ils avaient assez à manger, et pour les observer.

— As-tu remarqué comme Billy grossit ? dit Edith. Il est énorme. Il est presque aussi gros que John et Edith, à présent. Ce sera bientôt le plus gros des trois.

Et puis, un week-end, de retour à la maison, John attira notre attention sur la rapidité avec laquelle les poissons tournaient et se mouvaient dans l'eau.

— Leurs réflexes sont meilleurs que ceux des humains. Quand ils voient une ombre, ou toute chose suggérant le danger, ils filent plus vite que l'éclair. Regardez.

Il plongea une main dans le bassin et fit mine d'attraper le poisson nommé Edith, qui lui échappa et fila au loin.

— Vous voyez ? Que dites-vous de ça ? Vous savez quoi ? Je parie que si je tirais une flèche là-dedans, il filerait quand même à temps. Attendez…

Pour illustrer son propos, il courut à l'appartement de sa mère et en revint avec un arc et une flèche qu'il avait fabriqués en camp de vacances (il allait en camp chaque été : un autre fait remarquable concernant John) ; puis il s'agenouilla au bord de la fontaine tel un de ces archers de magazines, son arc bien ferme dans sa poigne robuste, le bout à plumes bien serré contre la corde. Il visait Billy.

— Il faut savoir que la vélocité de cette flèche est sans doute supérieure à celle d'une voiture roulant à cent kilomètres à l'heure, dit-il d'une voix affaiblie par l'effort. Elle est comparable à celle d'un avion, peut-être plus rapide, même. Bon, regardez.

L'instant d'après, Billy le poisson flottait sur son flanc à la surface du bassin, son quart supérieur transpercé par la flèche, une partie de ses entrailles se déversant par le trou.

J'étais trop grand pour pleurer, mais il fallait que je fasse quelque chose de la stupéfaction, de la rage et de la douleur qui m'emplissaient alors que je courais à l'aveuglette vers la maison. J'avais fait la moitié du chemin quand je tombai sur ma mère. Elle était très élégante ; elle portait une robe et un manteau neufs que je ne lui avais jamais vus et avait le bras passé sous celui de M. Nicholson. Soit ils rentraient, soit ils s'apprêtaient à partir – ce dont je me moquais. M. Nicholson fronça les sourcils (il m'avait fait remarquer plus d'une fois que les garçons de mon âge étaient supposés vivre en internat), mais de cela aussi, je me moquais. J'enfouis mon visage au creux de la taille de ma mère, incapable faire taire mes pleurs, même lorsque je sentis ses mains me caresser le dos, même lorsqu'elle m'assura que ce poisson rouge n'avait pas coûté grand-chose, que je pourrais très vite m'en acheter un autre, et que John était désolé d'avoir eu un geste aussi inconsidéré. Je découvrais – ou redécouvrais – le plaisir de pleurer : un plaisir ineffable quand vous avez le visage pressé contre la taille de votre mère, que ses mains vous caressent le dos, et qu'il s'avère qu'elle porte des vêtements propres.

Et il y avait d'autres plaisirs à goûter. Nous eûmes un réveillon de Noël agréable, cette année-là ; du moins, un début de réveillon agréable. Mon père étant présent, M. Nicholson avait dû s'absenter ; c'était bon de le voir si détendu parmi les amis de ma mère. Et, en dépit de sa timidité, ils semblèrent tous l'apprécier. Il sympathisa plus particulièrement avec Bart Kampen.

La fille de Howard Whitman, Molly, une fille de mon âge au caractère doux, était rentrée de Tarrytown pour passer les vacances avec son père ; et il y avait d'autres enfants que nous connaissions juste de vue. John avait beaucoup d'allure avec sa veste sombre et sa cravate, il paraissait tout à fait conscient de ses responsabilités en sa qualité d'aîné des enfants.

Au bout d'un moment, les convives retournèrent naturellement vers le coin salle à manger et improvisèrent un vaudeville. Ce fut Howard qui commença : il prit le tabouret haut de la selle de sculpture de ma mère et assit sa fille dessus, face au public. Il retroussa un peu les bords d'un sac en papier brun et le déposa sur sa tête ; puis il ôta sa veste de soirée et la drapa sur elle, remontant le col jusqu'à son menton. Il passa ensuite derrière elle, s'accroupit de sorte à être totalement dissimulé dans son dos, et passa les bras dans les manches de sa veste pour créer l'illusion qu'il s'agissait des bras de sa fille. La vue de cette fillette souriante avec son chapeau en papier et ses grosses mains expressives gigotant dans tous les sens fut suffisante à provoquer l'hilarité générale. Les grosses mains lui essuyèrent les yeux, lui frottèrent le menton, coincèrent ses cheveux derrière ses oreilles, puis nous gratifièrent d'un pied de nez sophistiqué.

Vint alors le tour de Sloane Cabot. Elle s'assit bien droite sur le tabouret et coinça ses talons sur l'appuie-pieds pour mettre ses jambes en valeur, mais sa première prestation ne remporta guère de succès.

— Bon, commença-t-elle. J'étais au travail, aujourd'hui – mon bureau se trouve au quarantième étage, voyez-vous –, quand j'ai levé les yeux de ma machine à écrire et que j'ai vu un vieux bonhomme grassouillet avec une barbe blanche et un drôle de costume rouge, accroupi sur le rebord extérieur de la fenêtre. J'ai couru lui ouvrir et j'ai demandé : « Tout va bien ? » C'était le père Noël, en fait, et il m'a répondu : « Bien sûr que tout va bien, je suis habitué à l'altitude. Mais, dites-moi, mademoiselle, pourriez-vous m'indiquer où se trouve le numéro 75 de Bedford Street ? »

Elle dut s'apercevoir à nos regards gênés que sa condescendance à notre égard ne nous avait pas échappé, car sitôt qu'elle trouva un moyen de finir son histoire, elle s'y employa sans tarder. Puis, après une longue pause songeuse, elle tenta un autre numéro qui remporta un plus franc succès.

— Avez-vous déjà entendu l'histoire du premier Noël, les enfants ? Celui du jour où Jésus est né ?

Elle la raconta alors d'une voix étouffée, pleine de tension dramatique qu'elle espérait emprunter aux narrateurs des pièces radiophoniques les plus sérieuses.

— … Il restait de nombreux kilomètres à parcourir pour atteindre Bethléem et la nuit était froide. Seulement, Marie savait qu'elle allait bientôt avoir son bébé. Elle savait même – parce qu'un ange le lui avait dit – que ce bébé sauverait un jour l'humanité tout entière. Mais ce n'était qu'une jeune fille…

Les yeux de Sloane se mirent à briller comme s'ils étaient remplis de larmes.

— … et ce voyage l'avait épuisée. Elle était meurtrie d'avoir tant rebondi sur le dos de l'âne, elle avait mal partout et elle pensait qu'ils n'arriveraient jamais. Et tout ce qu'elle trouva à dire, c'est : « Oh, Joseph, je suis si fatiguée. »

Elle narra ensuite le rejet à l'auberge, puis la naissance de Jésus dans l'étable, la mangeoire, les animaux, l'arrivée des Rois mages. Quand ce fut terminé, nous l'applaudîmes longuement pour nous avoir si bien raconté tout cela.

— Papa ? demanda alors Edith. Tu veux bien nous chanter une chanson ?

— Oh, tu es mignonne, mon ange, mais non. J'aurais besoin d'un piano, pour cela. Mais c'est gentil à toi.

Le dernier interprète de la soirée fut Bart Kampen, qui, à la demande générale, fila chez lui chercher son violon. Personne ne fut surpris de découvrir qu'il jouait comme un professionnel et qu'il aurait facilement pu être l'un de ces musiciens qu'on entendait à la radio ; l'agréable surprise vint de l'expression concentrée de son visage émacié, appuyé sur la mentonnière, insensible à toute émotion, à tout autre souci que celui de produire un son juste. Et nous nous sentîmes fiers de lui.

Peu après le départ de mon père, un certain nombre d'autres personnes arrivèrent, des inconnus qui, pour la plupart, semblaient déjà avoir participé à plusieurs soirées. Il était très tard, ou plutôt très tôt le matin, quand jetant un coup d'œil à la cuisine j'aperçus Sloane, debout contre un homme chauve que je ne connaissais pas. Il tenait un verre d'une main tremblante et lui massait l'épaule de l'autre ; elle-même était recroquevillée contre la vieille glacière en bois. Sloane arborait parfois un drôle de sourire, les lèvres mi-closes, d'où s'élevaient des petites volutes de fumée de cigarette, tandis qu'elle vous toisait de la tête aux pieds : c'était ainsi qu'elle le regardait, à présent. L'homme posa alors son verre sur la glacière et il la prit dans ses bras. Je ne distinguai pas son visage.

Un autre homme gisait inconscient sur le sol de la salle à manger dans son costume fripé. Je le contournai et me rendis à l'atelier où une jeune femme séduisante pleurait toutes les larmes de son corps, entourée de trois galants qui se bousculaient pour la réconforter. C'est alors que je me rendis compte que l'un d'eux était Bart. Il persista plus longtemps que les deux autres et finit par entraîner la fille vers la porte. Il la soutint d'un bras et elle posa la tête sur son épaule ; c'est ainsi qu'ils quittèrent la maison.

Edith paraissait fatiguée dans sa robe de soirée froissée. Elle était allongée dans notre vieux fauteuil au dossier inclinable de Hastings-on-Hudson, la tête renversée en arrière et les jambes pendant des accoudoirs. John était assis en tailleur, par terre, près d'un de ses pieds ballants. Ni l'un ni l'autre ne semblait très intéressé par ce qu'ils se racontaient, et leur conversation se tarit sitôt que je m'assis près d'eux.

— As-tu idée de l'heure qu'il est, Billy ? dit Edith.

— Quelle diff' ça fait ?

— Tu devrais être au lit depuis des heures. Allez, viens. On monte.

— Je n'ai pas envie.

— Tant pis. Je monte, moi.

Elle s'extirpa tant bien que mal de son fauteuil et s'éloigna en direction de la foule.

John se tourna vers moi, les yeux plissés d'une manière déplaisante.

— Tu sais quoi ? Quand elle était assise dans le fauteuil, là, je voyais tout.

— Quoi ?

— Je voyais tout. La fente, les poils, tout. Elle commence à avoir un peu de poils.

J'avais déjà pu observer ces transformations chez ma sœur – dans la baignoire, ou lorsqu'elle se changeait – et si je ne voyais rien là de très remarquable, je compris d'emblée que cela l'était pour lui. Si seulement il avait laissé échappé un rire timide, nous aurions pu nous esclaffer ensemble comme deux potes de l'*Open Road for Boys*, mais il arborait une expression de pur dédain.

— Je n'arrêtais pas de regarder, mais il fallait que je continue à lui parler pour qu'elle ne pige pas. Et je me débrouillais bien jusqu'à ce que tu arrives et que tu gâches tout.

Étais-je censé m'excuser ? Je ne comprenais pas pourquoi, mais, d'un autre côté, je ne comprenais plus grand-chose. Aussi me contentai-je de fixer le sol.

Quand je finis par monter me coucher, j'eus à peine le temps de me préparer à écouter le bruit évanescent de la ville – j'avais découvert que c'était un bon moyen de m'empêcher de trop penser – que ma mère entra dans la chambre en titubant. Elle avait trop bu et voulait se coucher, mais, au lieu de gagner sa chambre, elle s'allongea auprès de moi.

— Bon sang. Oh, bon sang, dit-elle.

J'avais un petit lit étroit, il m'était impossible de lui faire assez de place. Soudain prise d'un haut-le-cœur, elle bondit sur ses pieds et courut vomir à la salle de bains. Je me glissai vers la moitié du lit qu'elle venait de déserter et m'écartai aussitôt – pas assez vite, toutefois – de la tache de vomi luisant qu'elle avait laissée sur l'oreiller.

Pendant près d'un mois, cet hiver-là, Sloane se fit rare chez nous. Elle « travaillait sur un gros truc. Un truc énorme ». Puis, quand elle l'eut terminé, elle l'apporta à l'atelier, les traits tirés mais plus ravissante que jamais, et sollicita timidement de nous le lire à voix haute.

— Splendide, dit ma mère. De quoi cela parle-t-il ?

— Justement, c'est tout l'intérêt. Cela parle de nous tous. Écoutez.

Bart était déjà rentré chez lui et Edith jouait seule dans la cour – comme souvent –, de sorte que l'auditoire se résumait à ma mère et à moi. Nous nous installâmes sur le canapé et Sloane prit place sur le tabouret haut, comme le soir où elle nous avait conté la nativité.

— « Il existe une cour enchantée, à Greenwich Village, lut-elle. Ce n'est qu'un carré de briques et de verdure entouré de très vieilles maisons aux formes variées, mais ce qui la rend enchantée, ce sont les personnes qui vivent là, ou tout près de là, car elles en sont venues à former une sorte de cercle amical enchanté.

« Toutes manquent d'argent, certaines sont même quasi pauvres, mais elles ont néanmoins foi en l'avenir ; elles se font confiance et ont confiance en elles-mêmes.

« Il y a Howard, ancien journaliste dans un grand quotidien. Tout le monde sait qu'il atteindra bientôt les sommets de sa profession, mais, en attendant, il officie en tant que grand sage plein d'esprit de la cour.

« Il y a Bart, le jeune violoniste voué à impressionner le monde par sa virtuosité dans une salle de concert, mais qui, pour le moment, doit se contenter d'accepter de bonne grâce des invitations à déjeuner et à dîner pour survivre.

« Et il y a Helen, une femme sculpteur dont les charmantes créations orneront un jour les plus beaux jardins d'Amérique, et dont l'atelier est le lieu de réunion favori des membres du cercle. »

Elle continuait ainsi à présenter tous les personnages, puis elle en venait aux enfants. Elle qualifiait ma sœur de « garçon manqué filiforme et rêveur » – ce qui me parut étrange car je n'avais jamais songé à Edith en ces termes – et me traitait de « philosophe de sept ans au regard triste », ce que je trouvai confondant. Lorsqu'elle eut terminé l'introduction, elle observa un silence de plusieurs secondes pour ménager ses effets, puis elle entama la lecture du premier épisode de la série – ou ce qu'on devait appeler le « pilote ».

Ayant du mal à suivre l'histoire – qui ne semblait que prétexte à faire défiler chaque personnage devant le micro pour réciter deux ou trois répliques –, je me pris vite à écouter d'une oreille distraite pour voir si le personnage qui s'inspirait de moi allait s'exprimer. Et il le fit, en quelque sorte. Elle annonça « Billy », mais, au lieu de parler, elle soumit sa bouche à une série de vilaines contorsions accompagnées de petits bruits secs. Et quand les mots finirent par jaillir, ils ne m'intéressaient déjà plus. Certes, j'étais affecté d'un fort bégaiement – dont je ne me débarrasserais que cinq ou six années plus tard – mais j'étais loin de m'attendre à ce qu'on le mît en scène pour la radio.

Sloane rassembla ses pages dactylographiées comme on le lui avait sans doute enseigné à l'école de secrétariat, rosissant et souriant de fierté.

— Ma foi, il faudra sans doute retravailler tout cela, mais je pense qu'il y a un véritable potentiel.

— C'est parfait tel quel, insista ma mère.

Sloane envoya le manuscrit à un producteur de radio qui le lui retourna accompagné d'une lettre tapée par une secrétaire quelconque, dans laquelle on lui expliquait que le sujet était trop peu attrayant pour être commercial. Les auditeurs n'étaient pas encore prêts, disait-il, à écouter l'histoire d'habitants de Greenwich Village.

Et puis, le mois de mars arriva. Le nouveau président nous promit que nous n'aurions rien d'autre à craindre que la peur elle-même et, peu après, sa tête arriva à la fonderie de M. Nicholson, dans une caisse remplie de copeaux de bois.

Elle était assez ressemblante. Ma mère avait bien reproduit la fameuse courbe du menton, sans laquelle elle n'eût pas du tout été ressemblante, et tout le monde affirma que c'était une réussite. Ce que personne ne lui avoua, c'est qu'elle aurait dû s'en tenir à son projet initial et que M. Nicholson n'aurait pas dû intervenir : la tête était trop petite. Elle n'avait rien d'héroïque. Et une fois évidée et percée d'une fente en son sommet, elle aurait fait une bonne tirelire pour la petite monnaie.

Les gens de la fonderie avaient bruni le plomb jusqu'à ce qu'il brille presque autant que l'argent dans ses parties les plus claires et avaient monté la tête sur un petit socle de plastique noir bien solide. Ils en avaient envoyé trois : une pour la présentation à la Maison-Blanche, une pour d'éventuelles expositions et une en supplément. Malheureusement, la dernière tomba bientôt par terre et fut très endommagée – le nez s'enfonça pratiquement dans le menton. Ma mère aurait fondu en larmes si Howard Whitman n'avait pas fait rire tout le monde en remarquant que c'était désormais un bon portrait du vice-président Garner.

Charlie Hines, le vieil ami du *Post* de Howard promu à un poste mineur à la Maison-Blanche, convint avec ma mère qu'elle rencontrerait le président en fin de matinée cette même semaine. Elle s'arrangea pour que Sloane passe la nuit avec nous et prit le train du soir pour Washington, emportant sa sculpture dans une boîte en carton. Elle descendit dans l'un des hôtels les plus modestes de Washington et, le lendemain matin, elle retrouva Charlie Hines dans une antichambre surpeuplée de la Maison-Blanche, où je suppose qu'on la débarrassa de la boîte en carton avant qu'il ne l'introduise dans la salle d'attente du Bureau ovale. Il s'assit à côté de ma mère, qui tenait la tête nue sur ses genoux, puis, quand leur tour fut venu, l'escorta dans le bureau du président pour la remise en mains propres. Elle ne dura guère qu'un instant et il n'y eut ni journalistes ni photographes.

Ensuite, sans doute parce qu'il l'avait promis à Howard Whitman, Charlie Hines l'emmena déjeuner. Pas dans un des restaurants les plus prisés de la capitale, plus vraisemblablement un de ces endroits animés sans chichis apprécié des gens de la presse ; et j'imagine qu'ils eurent du mal à trouver un sujet de conversation aisée et qu'ils en vinrent à parler de Howard : c'était une honte qu'il n'ait toujours pas retrouvé de travail.

— Connaissez-vous Bart Kampen, l'ami de Howard ? questionna Charlie. Le jeune Néerlandais ? Le violoniste ?

— Oui, bien sûr que je connais Bart.

— Mince, voilà une histoire qui finit bien, au moins. En avez-vous entendu parler ? La dernière fois que j'ai vu Bart, il m'a lancé : « La Dépression est terminée pour moi, Charlie », et il m'a raconté qu'il avait trouvé une riche idiote un peu cinglée qui le payait pour servir de précepteur à ses enfants.

J'imagine tout à fait son expression durant le long trajet de retour, cet après-midi-là. Figée, la tête raide, elle devait fixer le paysage qui défilait, ou juste la vitre, sans rien voir, les yeux ronds, le visage empreint de douleur. Son aventure avec Franklin D. Roosevelt ne lui avait rien rapporté. Il n'y aurait aucune photo dans la presse, aucune interview, aucun gros article, aucune annonce dans les actualités à guetter avec impatience ; personne n'apprendrait jamais qu'elle venait d'une petite ville d'Ohio, ni qu'elle avait développé son talent de sculpteur pas à pas, bravement, sur le chemin d'une rude vie de femme seule et avait fini par s'attirer l'attention du monde. C'était injuste.

Tout ce qui lui importait encore, à présent, c'était son histoire d'amour avec Eric Nicholson, même si je crois qu'elle se doutait déjà qu'elle battait de l'aile : il l'abandonna l'automne suivant.

Elle avait quarante et un ans, l'âge où même les plus romantiques sont forcés de reconnaître que leur jeunesse s'en est allée, et il ne lui restait rien de ces années-là : juste un atelier rempli de sculptures vertes dont personne ne voulait. Elle croyait en l'aristocratie, certes, mais il n'y avait aucune raison de supposer que l'aristocratie croirait jamais en elle.

Et, chaque fois qu'elle songeait à ce que Charlie Hines lui avait raconté sur Bart Kampen – Oh, quelle horreur, quelle horreur –, l'humiliation la submergeait, vague après vague, au rythme impitoyable des brinquebalements du train.

Elle fit un brave numéro de retour au foyer, bien qu'il n'y eût personne d'autre que Sloane, Edith et moi pour l'accueillir.

— Il y a une assiette pour toi dans le four, Helen, l'informa Sloane, qui nous avait déjà fait manger.

Ma mère répondit qu'elle avait plutôt envie d'un verre. Ce fut le début d'une longue bataille contre l'alcool qu'elle finirait par perdre ; elle dut penser que boire lui donnerait plus de courage que manger, ce soir-là. Ensuite, elle nous raconta « tout » son voyage à Washington, s'arrangeant pour le faire passer pour un succès. Elle parla de son excitation à l'idée de pénétrer à l'intérieur de la Maison-Blanche, nous répéta la formule de politesse employée par le président Roosevelt en recevant la tête. Et elle avait rapporté des souvenirs : des petits blocs-notes estampillés Maison-Blanche pour Edith et une très vieille pipe de bruyère pour moi. Elle nous expliqua qu'elle avait vu un homme très distingué la fumer dans la salle d'attente du Bureau ovale ; quand on l'avait appelé, il l'avait posée à la hâte dans un cendrier pour aller se poster devant la porte. Elle s'était assurée que personne ne la regardait, puis elle avait pris la pipe du cendrier et l'avait glissée dans son sac.

— Parce que je me doutais que c'était un homme important. Sans doute un membre du cabinet, ou quelqu'un de ce genre. Bref, je me suis dit que tu pourrais bien t'amuser avec.

Elle se trompait. La pipe était trop lourde pour tenir entre mes dents, elle avait un goût affreux quand on tirait dessus et je ne cessais de me demander ce qu'avait pensé l'homme à sa sortie du bureau du président, quand il avait découvert sa disparition.

Sloane finit par rentrer chez elle, et ma mère resta seule à boire à la table de la cuisine. Je pense qu'elle espérait que Howard Whitman ou un autre de ses amis passerait, mais il ne vint personne. Il était presque l'heure d'aller nous coucher quand elle leva les yeux.

— Edith ? File au jardin voir si tu peux trouver Bart, dit-elle.

Dernièrement, il s'était acheté une paire de chaussures fauves luisantes à semelles de crêpe. Je vis ces chaussures rebondir rapidement sur l'escalier de briques sombres, derrière les fenêtres – il semblait presque survoler les marches dans sa béatitude. Il entra, souriant, dans l'atelier, et Edith ferma la porte derrière lui.

— Helen ! Vous voilà de retour ! dit-il.

Elle acquiesça. Puis elle se leva de table et avança lentement jusqu'à lui ; alors Edith et moi comprîmes que nous allions vivre un moment désagréable.

— J'ai déjeuné avec Charlie Hines à Washington, aujourd'hui, Bart.

— Ah, oui ?

— Et nous avons eu une conversation très intéressante. Il semble très bien vous connaître.

— Oh, pas tant que cela, non ; nous nous sommes croisés une ou deux fois chez Howard, mais nous ne sommes pas vraiment…

— Et il m'a dit que vous lui aviez raconté que la Dépression était terminée pour vous : que vous aviez trouvé une riche idiote un peu cinglée qui vous paye pour servir de précepteur à ses enfants. Ne m'interrompez pas.

Il était clair que Bart n'avait aucune intention de l'interrompre. Il reculait avec ses chaussures insonores, le long des statues d'enfants verts. La surprise se lisait sur son visage rouge.

— Je ne suis pas riche, Bart, dit-elle en avançant vers lui. Je ne suis pas une idiote. Je ne suis pas cinglée. Et je sais reconnaître l'ingratitude, la déloyauté, la fourberie et le *mensonge* quand on me les jette au visage.

Ma sœur et moi avions déjà grimpé la moitié de l'escalier, nous bousculant pour aller nous cacher avant que le pire n'arrive. Le pire arrivait toujours à la fin : quand elle avait perdu tout contrôle sur ses émotions et qu'elle se mettait à hurler sans retenue.

— Sortez de ma maison, Bart. Je ne veux plus jamais vous revoir ici. Et vous savez quoi ? J'ai toujours détesté ces gens qui vous disent : « Certains de mes meilleurs amis sont juifs. » Parce que je n'ai pas d'ami juif, et je n'en aurai jamais. Vous m'entendez ? Je n'ai *aucun* ami juif et je n'en aurai jamais.

Le silence s'abattit alors sur l'atelier. Sans un mot et sans échanger un regard, Edith et moi enfilâmes nos pyjamas et nous couchâmes. Il ne s'écoula que quelques minutes avant que la maison ne se remette à résonner de la voix enragée de ma mère, comme si Bart était revenu pour une deuxième semonce.

— Et je lui ai dit : « Je n'ai *aucun* ami juif et je n'en aurai jamais. »

Elle était au téléphone, elle racontait à Sloane Cabot les moments forts de la scène, et il ne faisait pas de doute que son amie prendrait sa défense, puis la réconforterait. Si Sloane savait ce que la Vierge Marie avait dû ressentir sur le chemin de Bethléem, elle savait aussi comment utiliser mon bégaiement à des fins comiques. Dans le cas présent, elle comprendrait vite à qui elle avait intérêt à faire allégeance, d'autant qu'elle ne perdrait pas grand-chose à débarquer Bart Kampen de son cercle enchanté.

Quand la conversation téléphonique prit fin, il y eut un bref silence, puis ma mère se mit à jouer du pic dans la glacière : elle se préparait un autre verre.

Nous n'aurions plus école dans notre chambre. Nous ne reverrions sans doute plus Bart, et, si nous venions à le rencontrer, il préférerait sans doute nous éviter. Mais notre mère était à nous ; nous étions à elle ; et c'est avec cette certitude que, allongés dans le noir, nous écoutâmes le bruit à peine perceptible de millions d'âmes.

Une fille unique en son genre

Au printemps de sa première année d'université, alors qu'elle avait vingt ans, Susan Andrews annonça à son père d'une voix très calme qu'elle ne l'aimait plus. Elle le regretta presque aussitôt – son ton, sinon ses paroles elles-mêmes – mais il était trop tard : il demeura pétrifié quelques secondes, puis il se mit à pleurer, replié sur lui-même pour dissimuler son visage et tâter d'une main tremblante les poches de son costume sombre à la recherche d'un mouchoir. C'était l'un des cinq ou six hématologues les plus réputés des États-Unis et rien de semblable ne lui était arrivé depuis très très longtemps.

Ils se trouvaient seuls dans le dortoir de la fameuse petite université d'arts et sciences humaines de Turnbull, dans le Wisconsin. Elle portait une robe sage de couleur jaune qui lui avait semblé parfaite pour recevoir son père, mais, tout à coup, elle se sentait guindée dans cette tenue convenable qui l'obligeait à serrer ses jolis petits genoux. Elle regrettait le jean délavé et la chemise d'homme au col ouvert qu'elle portait la plupart des jours ordinaires. Ses yeux marron étaient grands et tristes et ses longs cheveux presque noirs. Dernièrement, elle s'était souvent entendu dire avec ardeur, et à juste titre, qu'elle était adorable.

Elle savait que si elle avait fait cette déclaration sur le coup de la colère ou en pleurant, il y aurait eu moyen de la retirer, et pourtant, elle ne regrettait pas vraiment de s'être privée de cette possibilité. Au fil des ans, elle avait appris la valeur et le coût de l'honnêteté en toutes choses : quand on affrontait le monde dignement, on ne pouvait jamais revenir en arrière. Cependant, c'était la première fois qu'elle voyait son père pleurer, et elle sentit une boule se former dans sa gorge.

— Bien, répondit le docteur Andrews d'une voix brisée, la tête toujours basse. Bon, tu ne m'aimes pas. Mais réponds au moins à cela, dis-moi au moins pour quelle raison.

— Il n'y a pas de raison, répondit Susan, soulagée d'entendre sa voix résonner naturellement. Il n'y a pas plus de raison au désamour qu'à l'amour. Je pense que la plupart des personnes intelligentes sont capables de comprendre cela.

Il se leva lentement, comme s'il avait vieilli de dix ans en quelques minutes. Il était temps de rentrer à St Louis, et la route serait un long calvaire.

— Euh… je suis désolé d'avoir pleuré. Je suppose que je suis en train de me transformer en l'un de ces vieillards larmoyants. Je ferais mieux d'y aller. Je suis désolé. Désolé pour tout ça.

— J'aimerais pouvoir m'excuser ; je suis désolée, moi aussi. Attends, je te raccompagne à la voiture.

Et sur tout le chemin qui menait au parking aveuglant de lumière, à voir les vieux bâtiments bien entretenus, puis un groupe d'étudiants turbulents et rieurs – qui aurait pu croire qu'il y avait autant d'*enfants* en ce monde ? –, Edward Andrews prépara ses paroles d'au revoir. Il ne voulait pas répéter qu'il était désolé, mais il ne trouvait rien de mieux à dire.

— Je crois que ta mère aimerait avoir de tes nouvelles, Susan, finit-il par trancher ; tes sœurs aussi. Pourquoi ne pas appeler la maison, ce soir, si tu n'es pas trop occupée.

— Oui, bien sûr. Merci de m'y faire penser. Bon. Conduis prudemment.

Elle disparut et il reprit la route.

Edward Andrews avait sept filles et il tenait à sa réputation de bon père de famille. Il constatait souvent avec plaisir qu'elles étaient toutes jolies et, pour la plupart, intelligentes. L'aînée était mariée de longue date à un professeur de philosophie aux pensées profondes qui aurait pu paraître intimidant s'il n'avait gardé, malgré les années, son air de garçon timide et vulnérable ; ils voyaient rarement la deuxième, dont le mari, un avocat de Baltimore remarquablement prospère, n'aimait guère voyager ; la troisième était présente, elle, et même sans doute un peu trop : c'était une gentille idiote, qui s'était retrouvée en cloque au lycée et qu'on avait mariée à la va-vite à un aimable empoté auquel il fallait souvent trouver du boulot. Suivaient les trois petites, qui vivaient toujours à la maison : toutes très absorbées par leurs coiffures et leurs cycles menstruels, et toutes exaspérantes de gaieté.

Mais Susan était unique en son genre. C'était la cadette, elle était née peu après son retour de la guerre et il l'associait toujours aux premiers grands espoirs de paix mondiale retrouvée. Les photos encadrées sur les murs de la maison la montraient agenouillée avec humilité dans son costume d'ange de Noël aux ailes de gaze et de fil de fer, ou assise à la table d'un goûter d'anniversaire, plus respectueuse des convenances que n'importe quel autre enfant. Et il ne pouvait pas feuilleter l'album de photos familial sans que son cœur se serre chaque fois qu'apparaissaient ses grands yeux tristes. Je sais qui je suis, semblait-elle dire sur chaque photo ; et toi, sais-tu qui tu es ?

— Je n'aime pas *Alice au pays des merveilles*, déclara-t-elle, à huit ans.

— Ah non ? Et pourquoi donc ?

— Parce que c'est un rêve enfiévré.

Et il ne fut plus capable de lire une page de ce livre ou de regarder les célèbres illustrations de Tenniel sans comprendre ce qu'elle avait voulu dire et se ranger à son avis.

Faire rire Susan n'avait jamais été chose facile, à moins de trouver une histoire vraiment amusante à lui raconter, mais le jeu en valait toujours la chandelle. Il se rappelait certains soirs, quand elle avait dix ou douze ans – et même, Dieu du ciel, pendant toutes ses années de lycée –, où il s'attardait au bureau pour trier toutes les anecdotes désopilantes qui lui passaient par la tête et en sélectionner une, la meilleure, pour l'essayer sur Susan à son retour à la maison.

Oh, c'était une enfant délicieuse. Et, au contraire de Susan elle-même, il n'avait pas du tout été surpris que l'une des universités les plus prestigieuses du pays accepte de la recevoir. Là-bas, ils *savaient* reconnaître les personnalités exceptionnelles.

Mais qui aurait pu deviner qu'elle tomberait amoureuse de son professeur d'histoire – un homme divorcé qui avait deux fois son âge – et qu'elle insisterait pour le suivre, à présent qu'il était nommé dans une université d'État, même si cela revenait à renoncer à sa scolarité à Turnbull, qui était déjà entièrement payée.

— Écoute, chérie, avait-il essayé de la raisonner dans le dortoir, cet après-midi-là. Je veux que tu comprennes bien une chose : ce n'est pas à cause de l'argent. Ce n'est pas important, même si cela paraît un peu irresponsable. Le fait est que ta mère et moi pensons que tu es encore trop jeune pour prendre une telle décision.

— Pourquoi mêler maman à cela ? Pourquoi as-tu toujours besoin que maman approuve chacun de tes désirs ?

— Ce n'est pas vrai. Ce n'est pas cela. Mais nous sommes tous deux très inquiets, ou, si tu préfères, *je* suis très inquiet.

— Pour quelle raison ?

— Parce que je t'aime. Et toi, m'aimes-tu ?

Et il l'avait cherché, comme un comédien tend son visage à une tarte à la crème.

Il savait qu'elle ne pensait pas nécessairement ce qu'elle disait, même si elle se croyait sincère. Les filles de son âge étaient trop absorbées par les tourments de l'amour et du sexe pour savoir ce qu'elles disaient la plupart du temps. Et, néanmoins, c'était la dernière chose qu'il s'attendait à entendre de la bouche de son enfant préférée.

De nouveau, alors qu'il roulait sur l'autoroute en s'appliquant à respecter les limitations de vitesse, il eut envie de se recroqueviller et de pleurer ; il refoula toutefois ses larmes afin que son regard demeure limpide, parce que sa femme et les plus jeunes de ses filles l'attendaient à la maison, et, avec elles, tout ce qui importait vraiment pour lui ; en outre, aucun homme civilisé ne s'écroulait deux fois dans la même journée.

Sitôt qu'elle se retrouva seule, Susan se précipita chez David Clark, puis dans ses bras où elle pleura un long moment – à sa propre surprise, puisqu'elle n'avait pas prévu de pleurer.

— Oh, mon chou, dit-il en caressant son dos secoué par les sanglots. Viens prendre un verre, on va discuter de tout cela.

David n'était ni fort ni beau, mais le regard désemparé qui avait empoisonné son enfance avait depuis longtemps cédé la place à une expression mêlant l'intelligence et l'humour. Pendant des années, il avait mis un point d'honneur à ne pas fricoter avec ses étudiantes. « Il n'y a rien de digne, là-dedans, expliquait-il à ses collègues. C'est profiter d'un avantage de manière déloyale. Comme pêcher un poisson dans un tonneau. » De plus, il était timide et avait terriblement peur d'être rejeté, même s'il s'abstenait de mentionner cet aspect du problème.

Ses beaux discours finirent par se tarir, quelques mois auparavant, quand il réussit à assurer tout un cours sans peine, juste parce que son regard revenait régulièrement sur Miss Andrew, assise au premier rang, comme pour puiser des forces en elle.

— Oh, Seigneur tout-puissant, lui dit-il lors de leur première nuit ensemble. Tu es si différente, mon ange, je n'ai jamais rien connu de tel. Tu es… tu es… oh, mon Dieu, tu es extraordinaire.

Et elle lui avoua dans un murmure qu'il l'avait ouverte à un nouveau monde. Qu'il lui avait donné la vie.

Il ne s'écoula que très peu de temps avant qu'elle n'emménage chez lui, laissant juste assez d'affaires dans le dortoir pour qu'il soit « présentable », et c'est ainsi que débutèrent les années que David Clark considérerait comme les plus heureuses de sa vie. Il ne ressentait jamais ni gêne ni déception. Il ne cessait de s'émerveiller de sa jeunesse, parce qu'elle n'était jamais idiote et faisait même souvent preuve de sagesse. Il aimait la regarder déambuler dans son appartement, nue ou habillée, avec cette expression grave sur son doux visage qui trahissait clairement qu'elle se sentait chez elle.

— Oh, ne pars pas…

C'était le cri, la supplique même, qui lui avait échappé presque malgré lui avec toutes les femmes qu'il avait connues depuis son divorce. Un cri que certaines avaient trouvé émouvant, d'autres confondant, et qu'une langue de vipère avait jugé « peu masculin ».

Mais après les premières nuits passées avec Susan, il ne se laissait plus guère aller à cette faiblesse. Cette jeune femme splendide, avec ses longues jambes et sa chair vibrant de la passion la plus pure, comptait bel et bien rester.

— Tu sais quoi, Susan ? lui confia-t-il un jour.

— Non ?

— Je me sens serein, avec toi. Cela ne te paraît peut-être pas extraordinaire, mais j'ai recherché la sérénité toute ma vie, et je n'ai jamais ressenti cela avec quiconque.

— Eh bien, c'est un très beau compliment, David, même si je pense que je peux surenchérir.

— Ah oui, et comment ?

— Quand je suis avec toi, j'ai le sentiment de savoir qui je suis.

Ce jour-là, quand elle tenta de lui expliquer ce qu'elle avait ressenti en voyant son père pleurer, David fit de son mieux pour l'apaiser et la réconforter. Mais elle le repoussa vite et quitta la pièce, pour se replier sur sa douleur. Le silence se prolongea un peu trop à son goût.

— Écoute. Pourquoi ne pas lui écrire une lettre ? finit-il par lui suggérer. Donne-toi trois ou quatre jours, si nécessaire, pour qu'elle soit parfaite. Ensuite tu pourras tourner la page. C'est ce que font souvent les gens, si tu l'as remarqué. Ils apprennent à tourner la page.

Ils se marièrent un an et demi plus tard, dans une église presbytérienne voisine de l'immense campus universitaire où travaillait David. Ils habitaient un vieil appartement spacieux que leurs invités qualifiaient souvent d'« intéressant », et pendant un temps ils n'éprouvèrent d'autre besoin que de savourer leur intimité.

Mais, bientôt, David commença à beaucoup, et longuement, s'inquiéter de la guerre du Vietnam, qu'il considérait comme un outrage. Il en parlait, furieux, pendant ses cours, faisait circuler des pétitions, participait à l'organisation de rassemblements sur le campus, et se saoulait même tout seul jusqu'à deux ou trois heures du matin avant de tituber jusqu'à leur chambre et marmonner des phrases incompréhensibles puis sombrer, enveloppé par la chaleur du sommeil de Susan.

— Tu sais quoi ? lui demanda-t-il un soir dans la cuisine où il l'aidait à faire la vaisselle. Je pense qu'Eugene McCarthy sera reconnu pour le plus grand héros politique de la seconde moitié de ce siècle. À côté, les frères Kennedy font pitié.

Plus tard, ce même soir, il se plaignit de la vie universitaire, qu'il n'avait jamais vraiment aimée.

— Les professeurs ne sont tout simplement pas *en phase* avec le monde, lui expliqua-t-il en arpentant le salon d'une manière théâtrale, un verre à la main.

Elle s'était pelotonnée dans le canapé avec son panier à couture, pour recoudre l'un de ses pantalons.

— Mince, nous lisons des articles sur le monde, nous débattons sur le monde, mais nous ne participons jamais à la marche du monde. Nous sommes claquemurés au loin, retranchés derrière les lignes de touche, perchés sur notre nuage. Nous ne jouons aucun rôle. Nous ne saurions même pas *comment* nous y prendre pour en jouer un.

— Il m'a toujours semblé que tu jouais ton rôle, toi, pourtant. Tu te sers de tes compétences professionnelles pour transmettre ton savoir, tu aides les autres à s'ouvrir, tu enrichis leurs esprits. N'est-ce pas jouer un rôle ?

— Bah, je ne sais pas, dit-il, sur le point de renoncer à cette conversation.

Dévaloriser son travail ne faisait qu'ébranler les fondations mêmes de son amour-propre. Sans compter cette pensée plus angoissante encore : lorsqu'elle avait dit qu'il « jouait un rôle », n'entendait-elle pas « jouer » au sens théâtral du terme ; comme si toutes ces heures passées à arpenter l'estrade de Turnbull au rythme de sa voix, comme si ses pauses, ses regards dans sa direction… tout cela n'était rien de plus qu'un numéro d'acteur.

Il resta assis en silence, un moment, et se dit que cela aussi pouvait être considéré comme un numéro : celui de l'homme qui broyait du noir, un verre à la main, à la lueur d'une lampe. Il se leva et se remit à marcher.

— D'accord, convint-il. Mais il se trouve que j'ai quarante-trois ans. D'ici dix ans, je porterai des pantoufles. Je regarderais le *Merv Griffin Show*[1] et je

1. Talk-show télévisé du nom de son présentateur, Merv Griffin, qui débuta dans les années 1960 et se termina au milieu des années 1980.

serai grognon quand tu tarderas à m'apporter mon pop-corn. Comprends-tu ce que j'essaie de te dire ? Et le fait est que tout ce remue-ménage autour de McCarthy me semble des plus séduisants. J'aimerais m'associer à ce genre d'aventure – sinon à McCarthy lui-même, au moins à une personne de notre bord, à une personne consciente que le monde risque de s'écrouler si on n'arrive pas à secouer les gens, à leur faire… à les aider à voir… et puis merde, mon cœur, je veux faire de la politique.

De nombreuses lettres formulées avec soin furent envoyées et de nombreux appels nerveux donnés, au cours des semaines qui suivirent. D'anciennes relations furent renouées – certaines en amenant de nouvelles –, il y eut des rendez-vous et des déjeuners dans diverses villes, avec des hommes susceptibles de l'aider ou non, qui, pour la plupart, gardaient leur secret jusqu'à la poignée de main d'au revoir.

Puis, quand il fut trop tard pour qu'il soit d'une quelconque utilité à la campagne de McCarthy, David fut engagé pour rédiger les discours d'un démocrate séduisant et vigoureux du nom de Frank Brady, en lice pour l'élection au poste de gouverneur d'un État très industrialisé du Middle West, et salué dans plusieurs magazines nationaux pour son « charisme ». Frank Brady remporta l'élection et David devint l'un des proches collaborateurs du gouverneur au Parlement.

— Oh, il ne s'agit pas seulement d'écrire des discours, expliqua-t-il à sa femme, quand ils furent installés avec leurs affaires dans une grande ville morne voisine de la capitale de l'État. Les discours ne sont que la partie visible de l'iceberg. Je passe bien plus de temps à… eh bien, à rédiger les papiers d'opinion et à les mettre à jour.

— Les papiers d'opinion, de quoi s'agit-il ?

— Eh bien, Frank se doit d'avoir des opinions bien arrêtées sur presque tous les sujets – sur le Vietnam et les droits de l'homme, bien sûr, mais aussi sur des tas d'autres thèmes comme le prix des produits agricoles, les relations employeurs-employés, l'environnement, tout ça. Je dois donc effectuer des recherches – mais il faut avouer qu'on a une bonne équipe pour me faciliter la tâche, au bureau – et résumer tout cela en quatre ou cinq pages dactylographiées, sous une forme assez lisible et digeste pour que Frank n'y consacre que quelques minutes. C'est ce qu'on appelle les papiers d'opinion. Ils deviennent la position qu'il adopte sur une question donnée, chaque fois qu'elle est débattue.

— Ah.

Tout en l'écoutant parler, Susan décida que leur canapé et leur table basse n'étaient pas à leur place contre le mur du fond de cette pièce peu familière aux dimensions étranges. Si elle les rapprochait d'ici et disposait les fauteuils là, elle parviendrait peut-être à restaurer l'ordre harmonieux de leur vieil appartement « intéressant ». Toutefois, elle ne fondait aucun espoir sur ce projet : cette nouvelle disposition ne conviendrait sans doute guère mieux que la précédente.

— Je comprends, dit-elle. Du moins, je crois comprendre. Tu veux dire qu'en plus d'écrire chaque mot qui sort de la bouche de cet homme – à l'exception de tout ce qu'il dit dans les talk-shows, et de toutes ces choses qu'il marmonne en souriant aux stars de cinéma – tu penses aussi à sa place. C'est bien cela ?

— Attends un peu, la coupa-t-il avec de grands gestes censés suggérer que c'était aussi idiot qu'erroné.

Il regrettait qu'ils aient choisi de s'asseoir dans les fauteuils, s'ils s'étaient trouvés sur le canapé, il l'aurait prise dans ses bras.

— Attends, mon chou. Cet homme vient d'un trou paumé, il s'est taillé sa place tout seul et ne doit rien à personne, il a mené une campagne forte, exaltante, et il a été élu gouverneur par des citoyens libres de leur choix. Des millions de personnes lui font confiance, j'ai foi en lui, et je compte sur lui pour nous gouverner. Parallèlement à cela, je suis son employé – un de ses collaborateurs, ce qu'on appelle un « proche conseiller ». Est-ce si terrible de l'aider à formuler ses phrases ?

— Je ne sais pas ; sans doute pas, non. Je veux dire… je trouve ça bien, tout ce que tu viens de dire, seulement, je suis très fatiguée, maintenant. On ne pourrait pas aller se coucher ?

Quand elle tomba enceinte, Susan fut heureuse de constater que cet état lui plaisait. Elle avait entendu beaucoup de femmes parler de leur grossesse comme d'une épreuve nécessaire, mais, mois après mois, elle avait juste le sentiment de mûrir tout doucement. Elle avait bon appétit, dormait bien, ne ressentait presque aucune nervosité, et, vers la fin, elle n'eut aucun mal à reconnaître qu'elle appréciait les regards dont elle faisait l'objet dans les lieux publics.

— J'ai presque envie que cela dure toujours, confia-t-elle à David. Cela te ralentit un peu, certes, mais tu te sens… vraiment bien dans ton corps.

— Ma foi, je me doutais que ça se passerait bien. Tu es si unique. Tu fais tout de manière si… naturelle. Je crois que c'est la qualité que j'ai toujours préférée chez toi.

L'arrivée de leur fille, qu'ils appelèrent Candace, entraîna des changements considérables dans leur quotidien. Ils n'avaient plus un moment d'intimité et se sentaient sans cesse sur le qui-vive dans un monde qui leur semblait soudain fragile et envahi par une odeur âcre. Cependant, ils savaient qu'il n'aurait servi à rien de se plaindre, et, se soutenant et se consolant l'un l'autre, ils réussirent à traverser sans dommage cette période difficile.

Plusieurs fois par an, David se rendait dans l'est du pays pour voir les enfants issus de son premier mariage – des occasions qui n'avaient rien d'heureux.

Son fils, qui avait déjà seize ans, échouait dans toutes les matières au lycée, de même que dans toutes ses tentatives à se faire des amis. Il parlait à peine, était quasi invisible dans une maison et se hérissait chaque fois que sa mère suggérait avec délicatesse qu'il devrait demander une « aide psychologique » ou « se faire aider ». Il ne s'animait que pour rire d'une plaisanterie idiote devant la télévision. Et, selon toute vraisemblance, il ne tarderait pas à quitter le nid pour entrer dans le monde précaire des hippies, où l'intelligence comptait peu et où l'amitié passait pour être aussi universelle que l'amour.

Sa fille de douze ans semblait destinée à un avenir plus prometteur, en dépit des marbrures rouges qui couvraient son doux visage et de son air éternellement mélancolique qui donnait l'impression qu'elle ne pouvait s'empêcher de songer au caractère éphémère de chaque chose.

Dans la force de l'âge, leur mère, une fille dont David Clark pensait jadis que sa vie entière dépendait (« Mais c'est la vérité ; je suis sincère ; je ne peux pas vivre sans toi, Leslie… »), était devenue une grosse créature distraite et éreintée, d'une pitoyable amabilité.

Il avait toujours l'impression de faire irruption chez des inconnus. Qui étaient ces gens ? se demandait-il sans cesse, en regardant autour de lui. Ces personnes sont-elles censées avoir un lien avec moi ? Et moi avec elles ? Qui est ce pauvre garçon, et qu'a donc cette fillette triste ? Qui est cette femme maladroite, pourquoi ne soigne-t-elle pas sa mise et sa coiffure ?

Il sentait chaque petit muscle de sa mâchoire et de ses yeux lorsqu'il se pliait au rituel courtois du sourire. Et, quand il dînait avec eux, il avait le sentiment de dîner dans une de ces vieilles cafétérias où, faute de place, les clients s'assoient à des tables déjà occupées et mangent courbés sur leurs assiettes pour s'offrir un semblant d'intimité.

— Bah, à ta place, je ne m'inquiéterais pas trop, David, lui répondit son ex-femme, quand il l'entraîna à l'écart, un jour, pour discuter de leur fils. Ce sera toujours un problème, il faut s'en accommoder.

Cette fois-là, vers la fin de sa visite, il se mit à décompter les heures – trois heures, deux heures, oh, Dieu merci, plus qu'une heure – jusqu'à ce qu'il puisse enfin inhaler une bouffée d'air frais de la rue : il était libre. Dans le vol qui le ramena chez lui, ce soir-là, parcourant la moitié de l'Amérique, il grignota des cacahuètes grillées à sec, sirota du bourbon, s'appliquant à se vider l'esprit et à le maintenir dans cet état.

Enfin, à trois heures du matin, tremblant de fatigue, il porta sa valise dans l'escalier de son immeuble, entra dans son salon et chercha l'interrupteur à tâtons. Il comptait le traverser pour aller se coucher sur la pointe des pieds, mais il se figea un long moment dans la lumière brillante et regarda autour de lui, étonné, comme si c'était la première fois qu'il mettait les pieds ici.

Qui habitait là ? Il remonta le couloir plongé dans l'obscurité pour le découvrir. La porte de la chambre du bébé était entrouverte, en dépit de l'obscurité, il distingua le grand berceau blanc. Et entre ses fins barreaux, enveloppé d'effluves de talc et d'urine de nouveau-né, il vit le petit tas qui occupait si peu d'espace mais dont l'immobilité même irradiait d'énergie. Il y avait un être vivant, ici. Un être qui ne tarderait pas à grandir, et qui pourrait devenir n'importe qui.

Il se pressa de gagner l'autre pièce, où il laissa pénétrer juste assez de lumière pour voir où il mettait les pieds.

— David ? demanda Susan à moitié endormie, se retournant pesamment sous les couvertures. Oh, je suis si contente que tu sois rentré.

— Oui. Mon Dieu, mon cœur, moi aussi.

Et, dans ses bras, il découvrit que sa vie n'était pas finie, après tout.

Susan ne trouvait pas grand-chose à apprécier de la capitale : où que l'on regarde, elle s'étendait à perte de vue, sans jamais ressembler à une vraie ville. Il y avait beaucoup d'arbres – ce qui était une bonne chose –, mais le reste de l'espace ne semblait occupé que par des centres commerciaux, des stations-service et des enseignes de fast-foods scintillantes. Quand le bébé fut assez grand pour être promené en poussette, elle eut l'espoir de pouvoir explorer de nouvelles parties de la ville et de découvrir des choses plus intéressantes, mais sa quête se révéla aussi vaine que l'était son désir que David n'ait jamais accepté de travailler pour Frank Brady.

Par un bel après-midi, inquiète de s'être aventurée un peu trop loin de la maison, elle rebroussa chemin avec sa poussette quand elle craignit soudain de ne pas y arriver. Il ne lui restait que trois pâtés de maisons à remonter, mais la clarté aveuglante de cette journée lui donnait le sentiment qu'il lui restait le double de chemin à parcourir. Elle s'arrêta pour se reposer, le souffle court, très consciente de l'état de son cœur : de sa taille, de sa forme et de son poids approximatifs, de sa texture, de ses battements et de sa terrifiante mortalité. Le bébé se retourna dans son siège en plastique, les yeux ronds, cherchant à comprendre la raison de cet arrêt. Susan fit de son mieux pour lui répondre par un sourire rassurant.

— Tout va bien, Candace, dit-elle, comme si le bébé pouvait la comprendre. Tout va bien. Nous serons à la maison dans une minute.

Elle réussit à parcourir la distance qui restait, et même à monter l'escalier, la partie qu'elle redoutait le plus. Elle coucha Candace, plia la poussette et la rangea. Puis elle s'allongea sur le canapé du salon et attendit que son cœur se remette à battre à un rythme normal, que les gros battements menaçants s'atténuent au point d'être à nouveau absorbés par ce corps qui s'était senti si bien durant sa grossesse.

Elle était toujours sur le canapé, hésitant à faire une sieste, quand David rentra du travail.

— Ouf, fit-il en s'écroulant dans un fauteuil à l'autre bout de la pièce. Seigneur, c'est ce qu'on appelle une dure journée de labeur. Attends que je te raconte, mon cœur… une foutue journée…

Tandis qu'elle l'écoutait – ou, plutôt, le regardait en s'efforçant de l'écouter –, Susan remarqua qu'il faisait plus vieux que son âge. Elle ne lui aurait sans doute jamais suggéré de se laisser pousser cette barbe courte – qu'elle taillait elle-même toutes les deux ou trois semaines – si elle avait pu deviner qu'elle deviendrait si blanche. Et elle craignait de ne jamais pouvoir s'habituer à sa nouvelle coupe de cheveux, dont lui seul avait eu l'idée, cette fois. Ses cheveux raides châtains avaient toujours été striés de mèches grises, et elle trouvait cela plutôt séduisant, jusqu'ici ; seulement, depuis quelques mois, il avait décidé de les laisser pousser pour ne pas être le seul homme à se présenter au Parlement avec une coupe des années 1950 ; or, dans leur luxuriance, ses cheveux étaient désormais plus gris que châtains. Ils étaient assez longs pour dissimuler ses oreilles et retomber sur ses joues quand il baissait la tête – et la frange ostensiblement irrégulière qui lui barrait le front évoquait celle de l'actrice Jane Fonda.

Et ce n'était pas tout : ses jambes, qu'on aurait qualifiées de « minces » quelques années plus tôt, étaient à présent si maigres sous son joli pantalon de flanelle grise, qu'il n'aurait sans doute pas eu la force de rouler à bicyclette sans tanguer et zigzaguer sur la route.

— … Et il y a des moments, continuait-il, se frottant délicatement les yeux du pouce et de l'index, il y a des moments où j'enverrais bien Frank Brady au diable. Tu n'imagines pas la pression à laquelle on est soumis dans cette boîte de dingues. Enfin. Je te sers un verre ?

— Oui. Merci, accepta-t-elle.

Il traversa la pièce pour se rendre à la cuisine. Elle entendit le claquement étouffé de la porte du gros réfrigérateur, le bruit des glaçons, et puis un autre bruit plus inattendu et plus angoissant : un éclat de rire suraigu, débridé, qui ne ressemblait en rien à celui de David. Un rire qui enfla et enfla jusqu'à s'érailler, puis entama sa descente et se brisa en cours de route tandis que David reprenait son souffle. Il hoquetait encore quand il revint au salon, affaibli, un bourbon très peu dilué cliquetant dans la main.

— Tu sais quoi, mon chou, dit-il, dès qu'il put à nouveau parler. Je viens de penser au moyen de prendre une revanche parfaite sur Frank Brady. Écoute ça. Il faudrait lui agrafer…

Il dut s'interrompre, secoué par un nouvel éclat de rire. Quand la crise s'apaisa, il prit une profonde inspiration, se composa un visage stoïque et reprit :

— Lui agrafer la lèvre inférieure à son bureau.

Elle réussit à sourire, mais il espérait mieux.

— Ben, merde, fit-il blessé. Tu ne trouves pas ça marrant ?

— Si, bien sûr. C'est plutôt marrant, si tu te représentes la scène.

Ils étaient assis ensemble sur le canapé ; David buvait de grosses goulées comme si le goût riche du whisky était la récompense qu'il avait attendue toute la journée.

— Je peux en avoir un, moi aussi ? demanda-t-elle.

— Un quoi ?

— … Un verre.

— Oh, mon Dieu, pardon, dit-il en s'élançant vers la cuisine. Je suis désolé, mon cœur. Je voulais t'en préparer un mais j'ai oublié. Je deviens distrait en vieillissant, il faut croire.

Elle attendit, le sourire aux lèvres, en espérant qu'il ne se remettrait pas à lui parler de son vieil âge. Il n'avait pas encore quarante-sept ans.

Un autre jour, tard dans la soirée, alors qu'ils débarrassaient après avoir reçu plusieurs personnes à dîner, David lui fit remarquer avec âpreté que l'un de leurs invités n'était qu'un jeune crétin pompeux dénué d'humour.

— Oh, je ne dirais pas ça. Je l'ai trouvé gentil, répondit-elle.

— Oui, bien sûr, « gentil ». Tout est gentil pour toi, pas vrai ? Et merde. Quel mot à la con !

Il quitta la pièce et traversa le couloir comme pour aller se coucher. Des bruits sourds et des claquements arrivèrent de la chambre, puis, une minute ou deux plus tard, il revint et il se posta devant elle, frémissant de colère.

— Gentil. C'est ce que tu attends du monde ? Qu'il soit « gentil » ? Parce que, tu sais quoi, mon chou. Ouvre bien tes oreilles, mon trésor : le monde est aussi gentil qu'un gros tas de merde. Le monde n'est que lutte, viol, humiliation et mort. Il n'est pas fait pour les petites filles riches et rêveuses débarquées de St Louis, tu m'entends ? *Retourne* chez toi, pour l'amour du ciel. Fiche le camp retrouver ton foutu *père*, si c'est de la « gentillesse » que tu veux.

Il était là, à lui crier dessus avec tous ces cheveux gris qui volaient autour de son visage presque effacé, presque oublié, tel un vieux fou imitant la colère d'un enfant capricieux.

Mais la crise fut brève. Très vite, dans un silence honteux, il s'assit et enfouit son visage sophistiqué dans ses mains. Les excuses suivirent, abjectes, prononcées d'une voix étranglée.

— Oh, mon Dieu, Susan, je suis désolé. Je ne sais pas pourquoi je fais ça.

— C'est bon. Seulement, il faudrait… qu'on essaie de ne pas trop se bousculer l'un l'autre pendant quelque temps.

Et d'essayer de ne pas trop se bousculer l'un l'autre leur fut presque agréable. La douceur, le calme et la retenue les mirent chacun à l'abri des récriminations de l'autre de manière naturelle, tout en leur permettant, quand ils en éprouvaient le désir, de retrouver leur intimité d'antan. Ils s'accordèrent à nouveau très bien.

Durant les deux années difficiles qui suivirent, il y eut des moments de répit, des moments de joyeux compagnonnage et des moments d'exaspération, de chamailleries et de silence ; puis la paix revenait et ils reprenaient le cours de ce que David considérait comme une vie maritale heureuse.

— Dis, Susan ? Tu crois qu'on va y arriver ? lui demandait-il de temps en temps, affectant une timidité enfantine.

— Bien sûr, répondait-elle.

Quand la nation se retira de cette guerre qui l'avait incité à changer de vie, David Clark ne tarda pas à prendre des dispositions afin de se remettre à enseigner. Il envoya sa lettre de démission au gouverneur Brady – geste qui lui fit un bien « merveilleux » – et invita son épouse à ne pas se soucier de l'avenir. Ces années passées loin des salles de cours étaient une erreur, lui expliqua-t-il ; pas une erreur terrible et irrémédiable, une erreur dont il pourrait finir par tirer parti, en fait, mais une erreur tout de même. Il était né pour être professeur. Il était professeur dans l'âme et le serait toujours.

— À moins, ajouta-t-il, soudain intimidé, à moins que tu considères cela comme une sorte de régression.

— Pour quelle raison le ferais-je ?

— Je ne sais pas. C'est difficile, parfois, de savoir ce que tu penses.

Un long silence s'abattit sur eux. C'était un après-midi ensoleillé, la fin de l'été approchait. Ils étaient assis avec du thé glacé, les glaçons avaient fondu et il ne restait presque plus de thé.

— Oh, allons, mon chou, commença-t-il.

Il se pencha, tendit la main vers sa cuisse pour ajouter un peu d'emphase à son propos, mais se retint au dernier moment.

— Allons… Tout va bien se passer pour nous, crois-moi.

Elle attendit un long moment avant de lui répondre, les yeux rivés vers son verre.

— Non. C'est faux.

— Pardon ?

— J'ai dit, non, c'est faux. Plus rien ne se passe bien pour nous depuis longtemps, nous n'allons pas bien, et ça ne va pas s'arranger avec le temps. Je suis désolée, si cela te prend au dépourvu, mais ça ne devrait pas être le cas, tu ne serais pas surpris si tu me connaissais aussi bien que tu le prétends. C'est terminé. Je te quitte. J'emmène Candace avec moi en Californie dès que j'aurai rassemblé nos affaires ; dans un jour ou deux, sans doute. Je vais appeler mes parents ce soir même pour les prévenir. Toute ma famille sera bientôt au courant. J'imagine que tu auras moins de mal à l'accepter après.

Toute couleur avait déserté le visage de David, et il avait la bouche sèche.

— Je ne te crois pas. Je n'arrive pas à croire que je suis là, assis dans ce fauteuil.

— Bah, tu y croiras bien assez tôt. Et rien de ce que tu pourras dire ne me fera changer d'avis.

Il posa son verre vide par terre et se leva brusquement, comme il le faisait toujours lorsqu'il s'apprêtait à crier. Sauf qu'il ne cria pas. Il se contenta d'observer son visage avec attention, comme pour le sonder.

— Mon Dieu, tu es sincère, dis ? Je t'ai vraiment perdue. Tu… ne m'aimes plus.

— C'est exact. Je ne t'aime plus.

— Mais, pour l'amour du ciel, Susan, pourquoi ? Peux-tu au moins m'expliquer pourquoi ?

— Il n'y a pas de raison. Il n'y a pas plus de raison à l'amour qu'au désamour. Je pense que la plupart des personnes intelligentes sont capables de le comprendre, non ?

Dans une très belle banlieue de St Louis, une ville faite de vastes pelouses et de maisons profondes et fraîches installées à l'ombre des arbres, assis à son bureau, Edward Andrews terminait de rédiger un article de commande pour une revue médicale. Il avait fait l'essentiel, mais il ne parvenait pas à tourner les derniers paragraphes de sorte qu'ils constituent une conclusion satisfaisante, et chaque nouvelle tentative lui paraissait encore moins fructueuse que la précédente. L'article s'arrêtait net sans jamais se conclure.

— Ed ? l'appela sa femme du couloir. Susan vient de téléphoner. Elle est sur l'autoroute et sera ici avec Candace dans une demi-heure. Veux-tu t'habiller ?

Oui, il voulait certainement s'habiller. Il voulait même prendre une douche rapide, se poster devant le miroir et se coiffer solennellement jusqu'à ce que sa raie soit bien droite. Ensuite, il passerait une chemise propre, roulerait ses manchettes deux fois et choisirait un pantalon de flanelle légère : tout cela pour prouver à Susan qu'à soixante-trois ans il était toujours aussi soigné et vigoureux.

À son arrivée, il y eut des embrassades dans l'entrée – les lèvres du docteur Andrews frôlèrent la fraîcheur d'un lobe d'oreille – et de joyeuses exclamations sur la taille de Candace et sur les changements qui s'étaient opérés en elle, depuis leur dernière rencontre.

Une fois seul dans la cuisine, où il préparait l'apéritif – songeant soudain, non sans nervosité, qu'il ferait mieux d'en avaler un petit sur-le-champ avant d'emporter le plateau au salon –, le docteur Andrews se demanda de nouveau pourquoi il tremblait toujours en présence de son enfant chérie, cette fille si particulière. Peut-être était-ce ce calme et cette maîtrise de soi. Elle n'avait jamais eu un geste maladroit ou irresponsable de toute sa vie, à part quand elle avait abandonné ses études à Turnbull – et, à bien y réfléchir, ce n'était rien comparé à la manière dont des millions de jeunes se comportaient à l'époque, avec leurs fleurs, leurs perles d'amour, leurs religions orientales d'écervelés et leur quête échevelée du déséquilibre mental induit par les drogues. Il y avait peut-être lieu de remercier David Clark de l'avoir écartée de cette voie-là, en fin de compte. Non, ce n'était pas honnête. Le mérite n'en revenait pas à Clark, mais à Susan seule. Elle était trop intelligente pour vivre comme une vagabonde, de même qu'elle était trop honnête pour continuer à vivre avec un homme qu'elle n'aimait plus.

— Alors. Quels sont tes projets, Susan ? lui demanda-t-il derrière le doux cliquetis des verres qu'il portait sur un plateau. La Californie est un endroit plutôt vaste. Un peu effrayant, aussi.

— Effrayant en quoi ?

— Oh, je ne sais pas, se rattrapa-t-il, prêt à tout pour éviter une dispute. Je veux dire… à en croire ce qu'on lit dans les journaux et ailleurs. Je n'ai aucune information de première main.

Susan expliqua alors qu'elle avait quelques amis à Marin County – « C'est au nord de San Francisco » –, si bien qu'elle n'aurait pas à repartir de zéro parmi des inconnus. Il fallait qu'elle trouve à se loger, ensuite, elle chercherait du travail.

— Quel genre de travail ? questionna-t-il. Je veux dire : aimerais-tu exercer un métier en particulier ?

— Je ne sais pas encore. Je suis assez douée avec les enfants ; je pourrais travailler dans une crèche ou dans une garderie et, sinon, je chercherai autre chose.

Elle croisa ses petits genoux fins sous l'ourlet de sa jolie jupe en tweed, et il se demanda si elle s'était changée dans une chambre de motel, sur la route, afin de paraître à son avantage pour ces retrouvailles.

— Eh bien, j'espère que tu sais que je serai heureux de pouvoir t'aider, chérie, si…

— Non, non, papa, ça va. Nous nous en sortirons très bien avec ce que David nous envoie. Tout ira bien.

Et c'était si bon de l'entendre dire « papa » qu'il s'abandonna au dossier de son siège, dans un silence presque détendu. Il n'avait même pas posé la question qui le préoccupait le plus : Comment *va* David, Susan ? Comment prend-il les choses ?

Il n'avait eu que peu d'occasions de rencontrer David – le jour du mariage, puis à quatre ou cinq reprises, ensuite – et, chaque fois, il s'était surpris à apprécier l'homme. Un jour, hésitants, ils avaient discuté de politique et David avait déclaré : « Eh bien, je crains d'avoir toujours été un libéral au cœur sensible, docteur » ; réflexion qu'Edward Andrews avait trouvée touchante – pour son humour et sa dérision, sinon pour ce qu'elle suggérait vraiment. Il avait même décidé de ne pas se soucier du fait qu'il avait vingt ans de plus que Susan et qu'il avait déjà une famille qui résidait loin d'ici : cela suggérerait juste qu'il serait moins enclin à commettre les mêmes erreurs, qu'il vouerait ses années de maturité à son second mariage. Et le plus beau dans tout cela, ce qui rendait le reste insignifiant, c'était que cet inconnu timide, courtois, qui paraissait parfois déconcerté par la vie, était incapable de détacher son regard de Susan. N'était-il pas évident pour tout le monde qu'il était amoureux d'elle ? Et n'était-ce pas la première qualité à apprécier chez un gendre ? Sans nul doute. D'où la question présente : Et maintenant ? Qu'allait faire ce pauvre diable du reste de sa vie ?

Susan et sa mère discutaient de la famille. Ses trois plus jeunes sœurs avaient quitté la maison, à présent ; deux d'entre elles s'étaient mariées, et il y avait d'autres nouvelles à échanger sur les plus grandes. Au bout d'un moment – inévitablement, semblait-il – elles abordèrent le sujet de l'enfantement.

Agnes Andrews aurait bientôt soixante ans, et, depuis des années, elle portait des lunettes aux verres si épais qu'on distinguait mal son regard : on ne pouvait se fier qu'à son sourire, à ses froncements de sourcils ou au pli neutre et patient de sa bouche. Et, force était de constater que le reste de sa personne vieillissait tout aussi vite. Il ne restait plus grand-chose de ses cheveux brillants, que sa coiffeuse tentait encore de sauver et de bichonner ; et son corps était flasque par endroits et gonflé à d'autres. Elle ressemblait à ce qu'elle était devenue : une femme qui s'était entendu appeler maman par des voix suraiguës d'impatience la plus grande partie de son existence.

Jadis – il y avait presque trop longtemps pour qu'il s'en souvienne encore – cette femme était une infirmière apprêtée, pleine de fraîcheur et d'une sensualité irrésistible. Le seul petit bémol, qui lui avait été facile d'ignorer entre leur première nuit et celle où il lui fit sa demande en mariage (« Je t'aime, Agnes ; oh, je t'aime et j'ai besoin de toi. J'ai tant besoin de toi… »), le seul élément en défaveur de cet attachement était que certaines personnes – à commencer par sa mère – risquaient de trouver étrange qu'il épouse une jeune fille de la classe ouvrière.

— … Ma foi, c'est Judy qui m'a donné le moins de mal, dit-elle. Je n'ai rien senti. Je suis arrivée à l'hôpital, ils m'ont endormie et, quand je me suis réveillée, c'était terminé. Ils m'avaient bourrée d'analgésiques, alors je me sentais plutôt bien, et je me souviens qu'on m'a servi un bol de Rice Krispies. Non, mais certaines naissances ont été bien plus difficiles – la tienne, par exemple. Et les dernières ont été les pires, sans doute parce que je n'étais plus toute jeune…

Agnes se montrait rarement si loquace – des journées entières pouvaient s'écouler sans qu'elle prononçât une seule parole – mais ce sujet-là était devenu son favori. Elle avait les avant-bras appuyés sur les genoux et ses mains jointes penchaient tantôt d'un côté, tantôt de l'autre, pour appuyer ses réflexions.

— … Le docteur Palmer me croyait inconsciente, vois-tu – c'est typique des médecins –, seulement l'anesthésie n'avait pas pris. Je sentais tout, et j'entendais tout ce qu'ils racontaient. Le docteur Palmer a dit : « Faites attention à cet utérus, il est fin comme du papier. »

— Mon Dieu, fit Susan. Tu n'étais pas effrayée ?

Agnes égrena un petit rire fatigué et ses lunettes étincelèrent sous la lumière déclinante de l'après-midi.

— Bah, quand on s'est retrouvé dans cette situation aussi souvent que moi, on ne songe plus vraiment à avoir peur.

Candace, qui avait eu droit à une limonade au gingembre relevée d'une cerise, alla se planter devant une des grandes fenêtres, côté ouest, comme si elle tentait de distinguer la Californie, dans le lointain.

— Maman ? appela-t-elle en se retournant. On va dormir ici, ce soir ?

— Oh, non, ma chérie. Nous ne restons qu'un tout petit moment. Nous avons une longue route à parcourir.

De retour dans la cuisine, Edward Andrews démoula des glaçons avec un peu plus d'énergie que nécessaire, dans l'espoir vain que cela suffirait à étouffer sa colère dans l'œuf. Il se tourna et pressa son front contre sa paume, comme un foutu tragédien.

Les filles. Pourquoi fallait-il toujours qu'elles vous rendent dingue ? Pourquoi leurs refus aimables étaient-ils si désespérants, et leurs sourires de bienvenue une arme plus terrible encore pour vous briser le cœur ? Fallait-il se résoudre à les entendre se vanter de choses telles que leur utérus fin comme du papier ? « Nous ne restons qu'un tout petit instant » ? Dieu tout-puissant, comment une vie pourrait-elle jamais suffire à les comprendre ?

Au bout d'une minute ou deux, il parvint à retrouver un semblant de calme. Il porta d'autres verres au salon avec un air presque autoritaire, déterminé à tout garder enfoui au fond de son cœur jusqu'au dernier moment, pour qu'aucune de ces filles, de ces femmes, ne perçoive son anxiété.

Une demi-heure plus tard, ils se retrouvèrent tous dans l'allée du garage, sous le crépuscule naissant. Candace fut installée et attachée sur le siège passager de la voiture, et les clefs dans la main, Susan embrassa sa mère. Elle s'avança alors pour serrer son père dans ses bras : un geste dépouillé d'affection, un au revoir plaisant mais formel.

— Conduis prudemment, chérie, murmura-t-il contre le voile sombre de ses cheveux parfumés. Et…

Elle s'écarta pour le regarder, attentive et aimable, mais il avait ravalé ses paroles avant même de se les formuler. Il se contenta de conclure :

— On reste en contact, hein ?

Relever le défi

Elizabeth Hogan Baker, qui aimait à raconter que ses parents étaient des immigrés irlandais illettrés, avait passé toutes les années de la Dépression à écrire des articles de fond pour un groupe de presse de Westchester County. Son bureau se trouvait à New Rochelle, mais elle parcourait les routes chaque jour, au volant d'une Ford Model A rouillée et brinquebalante qu'elle conduisait à vive allure et sans aucune prudence, le plus souvent les yeux plissés dans le nuage de fumée qui s'élevait de la cigarette pendue au coin de ses lèvres. Blonde, encore jeune, solide et séduisante, elle riait à gorge déployée de tout ce qu'elle trouvait absurde et se destinait à un tout autre avenir.

— Vous imaginez ? demandait-elle souvent, le soir, après quelques verres. Vous sortir de votre milieu paysan, vous hisser à bout de bras jusqu'à l'université, puis accepter un job minable dans un journal de banlieue parce que ça vous paraît un bon moyen de laisser passer un an ou deux, et voilà. Vous imaginez ?

Non, personne n'y arrivait. Ses amis – et elle n'avait jamais manqué d'amis admiratifs – reconnaissaient qu'elle avait manqué de bol. Elizabeth était bien trop talentueuse pour ce boulot et pour le style de vie inhibant, étouffant, qu'il lui imposait.

Un jour, dans les années vingt, cette jeune journaliste rêveuse du *Standard-Star* de New Rochelle avait levé les yeux de son bureau pour les poser sur un grand jeune homme brun à l'air timide à qui on faisait visiter le service : Hugh Baker, un nouveau.

— À la minute où il est entré, ne cesserait-elle de répéter plus tard, je me suis dit : C'est l'homme que je vais épouser.

Cela ne prit guère de temps. Ils se marièrent l'année suivante, eurent une fille deux ans plus tard et, très vite, leur relation commença à se désagréger pour des raisons qu'Elizabeth ne s'était jamais donné la peine d'exposer. Hugh Baker emménagea seul à New York et finit par trouver un emploi de chroniqueur dans un quotidien du soir. Il était souvent salué pour ce qu'on appelait sa touche subtile dans le milieu des rédacteurs et, qu'elle en conçoive de l'amertume ou non, Elizabeth reconnaissait qu'aucun homme ne l'avait jamais fait rire comme Hugh Baker. Mais elle avait désormais trente-six ans, et peu d'autres perspectives, en fin de journée, que celle de retrouver son appartement au dernier étage d'un immeuble de New Rochelle et de faire semblant de profiter de son enfant.

Edna, une grosse femme d'une quarantaine d'années, dont la combinaison dépassait toujours d'au moins deux centimètres de sa robe, s'affairait devant la cuisinière quand Elizabeth entra dans la cuisine.

— Tout est sous contrôle, madame Baker. Nancy a dîné et j'étais en train de laisser réchauffer à feu doux pour que vous puissiez manger quand vous serez prête. J'ai préparé un bon ragoût. Il est assez réussi.

— Merci, Edna, c'est parfait.

Elizabeth ôta les gants de cuir usés avec lesquels elle conduisait. Elle s'exécutait toujours avec un panache inné, tel un officier de cavalerie qui se débarrasse de son gantelet à l'issue d'une longue chevauchée.

Nancy semblait prête à se coucher quand elles passèrent la voir : elle était en pyjama, et s'amusait, assise par terre, à aligner soigneusement de vieux jouets sans but apparent. Elle avait neuf ans et serait aussi grande et brune que son père. Edna avait découpé les pieds de sa grenouillère pour lui offrir une plus grande liberté de mouvement – tous ses vêtements étaient devenus trop petits –, mais Elizabeth trouvait qu'elle avait une drôle d'allure avec ces plis de tissu autour des chevilles, sans compter qu'elle était presque certaine qu'une enfant de neuf ans n'était plus censée porter ce genre de pyjama.

— Comment s'est passée ta journée ? demanda-t-elle depuis la porte.

— Oh, bien, répondit Nancy, après un rapide coup d'œil à sa mère. Papa a téléphoné.

— Ah, oui ?

— Il a dit qu'il passerait me prendre samedi en quinze, et qu'il a des billets pour *Les Pirates de Penzance* qui se joue au County Center.

— Oh, très bien.

Edna entra, s'accroupit pour la serrer contre elle. Nancy se leva aussitôt, puis elle attendit un long moment les bras croisés.

— À demain, ma mignonne, finit par murmurer Edna contre ses cheveux.

Elizabeth trouvait souvent que le meilleur moment de la journée était celui où elle se retrouvait enfin seule, pelotonnée dans le canapé avec un verre, ses talons aiguilles envoyés sur le tapis. Peut-être ce sentiment de paix méritée était-il ce que la vie elle-même avait de meilleur à offrir : ce qui rendait tout le reste supportable. Non, elle avait toujours veillé à ne pas se leurrer – se bercer d'illusions était une maladie – et, après un verre ou deux, elle fut capable de s'avouer à quoi servaient réellement ces soirées en solitaire : à attendre que le téléphone sonne enfin.

Quelques mois auparavant, elle avait rencontré un homme fougueux, passionné et sporadiquement éblouissant du nom de Judd Leonard. Il dirigeait sa propre agence de relations publiques et de publicité à

New York, et grognait sur quiconque se révélait incapable de faire la différence entre les deux. À quarante-neuf ans, il avait déjà divorcé deux fois et paraissait souvent rongé par l'ambition, la colère et l'alcool ; Elizabeth avait fini par tomber amoureuse de lui. Elle avait passé trois ou quatre week-ends dans le chaos de son appartement de New York, et puis il avait fait irruption chez elle, à New Rochelle, hilare et bruyant ; ils avaient discuté des heures, après quoi il l'avait prise sur ce même canapé et avait sagement accepté de partir au petit matin, avant le réveil de Nancy.

Or Judd Leonard ne l'appelait presque plus – ou plutôt : il ne l'appelait presque plus dans les moments où il était capable de tenir un discours cohérent – et Elizabeth s'était mise à attendre, soir après soir.

Quand le téléphone sonna enfin, elle était assoupie sur le canapé juste après s'être décidée à laisser le ragoût coaguler dans le four et à dormir là, tout habillée. Zut, ce n'était pas Judd.

C'était Lucy Towers, l'une de ses amies les plus admiratives, ce qui signifiait qu'elle allait devoir rester pendue à ce foutu téléphone une bonne heure.

— … Euh, oui, Lucy, dit-elle. Donne-moi une minute que je me réveille un peu, d'accord ? Je piquais un somme.

— Oh. Bien sûr, oui, je suis désolée. J'attends.

Lucy avait quelques années de plus qu'Elizabeth et, si se bercer d'illusions était une maladie, alors elle était très gravement atteinte. Elle prétendait « être dans l'immobilier », ce qui signifiait qu'elle avait travaillé dans plusieurs agences immobilières à travers tout le pays mais n'avait jamais pu, ou voulu, conserver un emploi, de sorte qu'elle se retrouvait souvent inactive pendant de très longues périodes ; la plupart du temps, elle vivait de la pension alimentaire que son ex-mari lui envoyait chaque mois. Elle avait une fille de treize ans et un fils de l'âge de Nancy, et des aspirations – des prétentions – sociales qu'Elizabeth jugeait ridicules. Néanmoins, Lucy était une femme douce et compréhensive, et elles étaient amies depuis des années.

Quand elle se fut servi un autre verre, Elizabeth s'assit avec un air las et reprit le téléphone.

— Bien. Je suis prête, Lucy.

— Je suis désolée de t'appeler à un mauvais moment, répondit Lucy Towers, mais il fallait que je te parle sans plus attendre de la merveilleuse *idée* que j'ai eue. Avant tout, as-tu déjà remarqué ces maisons qui se trouvent au bord de la route postale, à Scarsdale ? Oh, oui, je sais, *Scarsdale*, seulement vois-tu, ces maisons n'ont aucune valeur commerciale parce qu'elles se trouvent en bordure de route ; elles sont louées, pour la plupart, et il y en a une ou deux qui sont très jolies…

L'idée en question : en unissant leurs ressources, Elizabeth et Lucy pourraient se partager le loyer d'une de ces maisons. Lucy pensait avoir trouvé celle qui conviendrait le mieux, même si, bien sûr, il fallait d'abord qu'Elizabeth la visite. Elle est assez grande pour deux – les enfants adoreraient – et, avec l'argent économisé, elles pourraient même engager une bonne.

— Sans compter que, conclut Lucy, abordant enfin le vif du sujet, je suis terriblement lasse de vivre seule, Elizabeth. Pas toi ?

Située au bord d'une autoroute déjà très fréquentée en 1935, la maison paraissait massive sous le soleil de l'automne qui l'illuminait. Elle se composait d'un mélange de matériaux et de styles architecturaux : le pseudo-Tudor dominait, mais il y avait également des murs en pierre des champs et en stuc rose, comme si toutes sortes de problèmes s'étaient présentés au cours de sa construction et qu'il avait fallu terminer le boulot avec les moyens du bord. Elle n'avait peut-être pas très fière allure, mais elle était saine, propre et « solide » ; et, avec un tel loyer, c'était certainement une aubaine.

Lucy Towers et ses enfants furent les premiers sur place le jour de l'emménagement. Sa fille, Alice, qui tenait à ce que tout soit aussi parfait que possible avant son entrée au collège la semaine suivante, lui fut d'une grande aide pour déplacer leurs vieux meubles et les disposer de manière « intéressante » afin qu'ils s'accordent avec le nouvel espace.

— Veux-tu bien ne pas traîner dans mes jambes, Russell, je te prie ? disait-elle à son frère, qui avait découvert une vieille balle en caoutchouc dans un carton et la faisait rebondir sur le sol, la mine sombre. Il n'arrête pas de se traîner dans mes pattes, alors que j'essaie de… arg !

— D'accord.

Russell Towers enfonça la balle dans sa poche et descendit la pente de pelouse négligée et envahie de mauvaises herbes qui bordait l'autoroute, n'ayant rien de mieux à faire que d'observer les voitures. Les Baker ne tarderaient pas à arriver dans leur vieille Ford, juste avant ou juste après leur camionnette de déménagement, et il décida qu'elles apprécieraient de le trouver ici, comme une sentinelle courtoise postée dans l'allée.

Les Towers avaient changé de maison et de ville bien des fois et, si Russell n'avait jamais beaucoup aimé les déménagements, celui-ci lui paraissait le moins prometteur de tous. On l'avait beaucoup encouragé à sympathiser avec Nancy Baker depuis qu'ils avaient six ans, et il s'était toujours appliqué à l'éviter, à moins que ce ne fût elle qui ait évité Russell ; dans un cas comme dans l'autre, ils savaient tous deux à quoi s'en tenir : leurs mères étaient amies, pas eux. Et voilà que sa chambre et celle de Nancy allaient être desservies par le même couloir étroit, et qu'ils devraient partager l'unique salle de bains de la maison, et ce, pendant plusieurs années sans doute. Ils devraient prendre leurs repas ensemble et Russell risquait fort de se retrouver, la plupart du temps, sans autre compagnie que celle de Nancy. Ils avaient beau être inscrits à l'école dans des classes différentes – une décision que le directeur jugeait « sage » –, ils étaient voués à se heurter à certaines difficultés. Lorsqu'il ramènerait des copains à la maison (s'il parvenait à s'en faire : une idée à laquelle il refusait de songer tout de suite), la présence de Nancy serait tout à fait impossible à expliquer.

La Ford Model A approcha et effectua un virage chaotique dans l'allée. Mme Baker descendit la première et demanda à Russell d'attendre l'arrivée de la camionnette : elle n'était pas certaine que le chauffeur trouverait la maison. Nancy descendit à son tour, portant une valise et un petit ourson en peluche malpropre, et vint lui tenir compagnie. Elle lui adressa un sourire hésitant, et Russell baissa prestement les yeux. Puis ils se mirent à guetter la route, faussement concentrés, tandis que Mme Baker écrasait une cigarette sous sa chaussure et se dirigeait vers la porte de la cuisine.

— Tu sais pourquoi on appelle ça la route postale ? demanda-t-il à Nancy, fixant l'horizon, les yeux plissés. Parce qu'elle monte jusqu'à Boston. En fait, on devrait dire : route postale de Boston. Postale signifie qu'elle servait au transport du courrier, je crois.

— Oh ! non, je ne le savais pas, répondit Nancy.

Elle serra contre elle son ours en peluche.

— Il s'appelle George. Je dors avec toutes les nuits sans exception depuis que j'ai quatre ans.

— Ah ouais ?

Russell ne remarqua la camionnette que lorsqu'elle ralentit pour négocier le virage. Il fit néanmoins un geste vigoureux du bras, que le conducteur ne remarqua pas, ou n'eut pas besoin de remarquer.

Dès les premières semaines, Nancy Baker se révéla insupportable. Elle était têtue, boudeuse et pleurnicharde en diable ; sa grenouillère mutilée était ridicule et ses dents de devant se chevauchaient comme celles des fillettes ingrates et ennuyeuses. Elle collait Alice Towers de manière éhontée, bien qu'ayant été maintes fois découragée (« Pas *maintenant*, Nancy, je te l'ai *déjà* dit, je suis *très* occupée ») ; et si Lucy Towers faisait des efforts pour se montrer gentille, elle ne pouvait dissimuler sa consternation.

— Quand même, Nancy n'est pas très… jolie, comme petite fille, fit-elle remarquer à son fils, pensive.

Russell était déjà convaincu que Nancy était détestable en tout point et, néanmoins, de nouvelles preuves à charge s'accumulaient : sa propre mère semblait aussi la trouver insupportable.

Certains matins, à la table du petit déjeuner, les Towers restaient assis, embarrassés, à écouter les querelles d'Elizabeth et Nancy, enfermées à l'étage.

— *Nancy !* s'écriait Elizabeth, avec ce ton étudié qu'elle employait pour réciter de la poésie irlandaise. Nancy ! Je n'ai pas l'intention de supporter cela une *seule* seconde de plus…

Durant tout ce temps, la voix de Nancy s'élevait, entrecoupée de larmes. Suivaient un ou deux bruits secs, des claquements de porte, et l'écho du pas ferme d'Elizabeth descendant seule l'escalier en talons aiguilles.

— Il y a des jours, déclama-t-elle un de ces matins-là, les dents serrées en entrant dans la salle à manger. Il y a des jours où je voudrais que cette enfant soit au fond de l'océan.

Elle tira une chaise et s'assit avec assez d'autorité pour suggérer qu'elle était contente de ce qu'elle venait de dire et serait prête à le répéter.

— Vous savez ce que c'était, cette fois ? Ses lacets.

— Désirez-vous manger quelque chose, madame Baker ? questionna la bonne noire dont la présence était toujours une source de surprise pour la maisonnée.

— Non, merci, Myra, je n'ai pas le temps. Je prendrai juste du café. Il me faut un café ou je ne réponds plus de rien. Donc, cela a commencé par les lacets. Elle en a un plat et un rond, et elle a honte d'aller à l'école ainsi. Vous vous rendez compte ? Quand près de la moitié des enfants américains ne mangent pas à leur faim ? Et ce n'était que le début. Ensuite, elle s'est plainte qu'Edna lui manquait. Elle veut la voir. Vous pouvez m'expliquer ce que je suis censée faire ? Suis-je supposée aller jusqu'à New Rochelle chercher cette *pauvre* femme, la *ramener* ici, et la *raccompagner* chez elle, ensuite ? Sans compter que je crois qu'elle travaille à l'usine de tubes radio, à présent – ce qui me dépasse *totalement*.

Elizabeth but son café comme s'il s'agissait d'un remède pour les nerfs et gagna sa voiture d'un pas lourd. Alice et Russell ne tardèrent pas à partir pour l'école et Lucy Towers trouva à s'occuper dans sa chambre. Il n'y avait plus personne en bas quand Nancy finit par descendre, non pour petit déjeuner, mais pour enfiler son manteau, courir entre les jardins voisins, passer une barrière cassée et suivre une ruelle résidentielle à la courbe souple pour gagner le bâtiment de l'école, où un professeur renfrogné la marquerait « retardataire » une fois de plus.

Mais il y avait pire problème que Nancy : Russell Towers venait juste de découvrir qu'il n'était pas de taille à jouer le rôle, même symbolique, d'homme de la maison. Il n'y avait rien de paisible, d'assuré, ni de digne en lui. À l'instar de Nancy, il était capable de piquer d'abominables crises de colère et de larmes qu'il trouvait des plus humiliantes au moment même où elles le secouaient. Quand sa mère entra dans sa chambre, un soir, pour lui annoncer qu'elle « sortait dîner à White Plains » avec un homme qu'il n'avait rencontré qu'une fois – un grand chauve rougeaud qui l'avait appelé « mon pote » et qui les écoutait sans doute au pied de l'escalier, prêt à secouer la tête en constatant quel petit morveux de fils à maman il était –, Russell mit le paquet. Il feignit de s'évanouir par terre, comme s'il était en proie à une sorte de crise d'épilepsie et non de colère, puis feignit de nouveau de s'évanouir sur son lit, hurlant : « Tu ne peux *pas* y aller ! Tu ne peux *pas* ! », écœuré par le son strident de sa propre voix.

— … Oh, je t'en prie, dit Lucy. Je t'en prie Russell. Écoute. Écoute… Je te rapporterai une jolie surprise, c'est promis, tu la trouveras à ton réveil, comme ça, tu sauras que je suis rentrée.

— … Ah ! Oh ! Oh !

— Allons, Russell. Je t'en prie…

À son réveil, honteux, le lendemain matin, il découvrit un joli petit agneau en peluche à côté de son oreiller – un cadeau pour un bébé, ou pour une fille. Il l'emporta jusqu'à son coffre en bois, adossé au mur, le plaça sur les autres jouets d'un autre âge, et rabattit le couvercle. Il avait tout d'un fils à maman ; dans de tels moments, il lui semblait vain de le nier.

— Tu as fait un sacré boucan, hier, lui fit remarquer Nancy, plus tard, ce jour-là.

— Ouais, ben je t'ai déjà entendu faire du boucan, toi aussi. Des tas de fois.

Il aurait pu ajouter que même Harry Snyder faisait du boucan parfois, et Harry avait un an de plus que lui ; seulement Nancy n'était pas là quand Harry avait piqué sa crise, alors elle ne l'aurait sans doute pas cru, même si ça l'avait intéressée.

Il ne s'était pas encore fait de véritable ami à l'école, ce qui l'inquiétait, toutefois une relation amicale indolente et décontractée s'était nouée assez facilement entre Harry Snyder et lui, le garçon des voisins. Un jour qu'ils jouaient dans la cave de la maison de Harry, accroupis et concentrés sur un tas de soldats de plomb, Mme Snyder appela dans l'escalier :

— Russell, il faut que tu rentres chez toi. Harry doit monter se préparer, nous allons nous promener en voiture à Mount Vernon.

— Onf, maintenant, m'man ? Tu veux dire, *tout de suite* ?

— Bien sûr que je veux dire « tout de suite ». Ton père voulait partir il y a une heure déjà.

C'était la première fois qu'il voyait Harry à l'œuvre. En trois coups de pied impitoyables, il envoya voler les soldats dans toutes les directions, anéantissant les formations qu'ils avaient mis tout l'après-midi à créer ; il hurla, trépigna et finit par sangloter comme un enfant moitié moins vieux, obligeant Russell à détourner le regard avec un sourire gêné.

— Harry ! gronda Mme Snyder. Je veux que tu cesses cela immédiatement. Tu m'entends ?

Mais il n'arrêta pas même quand elle descendit et l'entraîna à l'étage ; et quand Russell se faufila hors de la maison, un terrible hurlement de sirène parvenait encore de l'autre bout du carré d'herbe jaunie.

Il y avait toutefois une différence importante entre Harry et lui. Harry avait pleuré pour que sa mère le laisse seul ; Russell, lui, avait pleuré pour que sa mère reste avec lui – et n'était-ce pas à cela qu'on reconnaissait un fils à maman ?

Certains soirs d'hiver, Elizabeth installait sa machine à écrire dans le salon et se perdait dans ses réflexions pendant des heures, martelant ses articles de fond, ou cherchant des sujets plus fouillés à offrir à un magazine, aussi droite qu'une sténographe, ses lunettes à monture d'écaille sur le nez. Quand une boucle de ses jolis cheveux blonds s'échappait de sa coiffure pour lui tomber sur l'œil, elle l'écartait de ses doigts impatients – souvent ceux-là mêmes qui tenaient sa courte cigarette encore allumée. Il y avait toujours un cendrier plein d'un côté de la machine et, de l'autre, près de sa réserve de papier, une grande tablette de chocolat au lait brisée dans son emballage déchiré – du Hershey à presque cinquante cents, ou autre chose de ce genre. Et tout le monde savait que ce chocolat-là n'était pas destiné à circuler parmi les habitants de la maison : c'était le remontant dont elle avait besoin quand elle ne buvait pas.

Entre deux séances de frappe intense, il s'écoulait de longs intervalles au cours desquels, penchée sur son crayon, elle relisait et corrigeait ses pages, dans un silence interrompu par l'occasionnel *clac-clac-clac* d'une chaîne de roue cassée le long de la route postale enneigée et verglacée. Pendant l'une de ces pauses, par un soir de grosse chute de neige, le téléphone sonna pour la première fois depuis ce qui leur parut des semaines.

— Je le prends ! s'écria Alice Towers avec sa fougue de collégienne en mal de vie sociale.

Elle revint et annonça :

— C'est pour vous, madame Baker.

Ils écoutèrent tous Elizabeth chuchoter et rire d'une manière qui suggérait que son interlocuteur était forcément un homme.

— Mon Dieu, dit-elle à Lucy quand elle eut raccroché. Je crois que Judd Leonard est dingue. Il est à la gare de Hartsdale, il dit qu'il saute dans un taxi et qu'il est là dans dix minutes. Tu imagines : parcourir tout ce chemin par un temps pareil ?

Néanmoins, elle retourna vers son bureau d'un pas hésitant, pivota, ôta ses lunettes et ne put empêcher un sourire timide et ravi de la transformer soudain en petite fille.

— Mon Dieu, Lucy, suis-je bien coiffée ? Comment sont mes vêtements ? Penses-tu que j'aie le temps de me doucher et de me changer ?

Judd Leonard fit son entrée hoquetant de rire et piétinant vigoureusement le sol du vestibule pour se débarrasser de la neige qui collait à ses vêtements. Ses chaussures de ville étaient trop délicates pour ce genre de traitement et même son pardessus chic était en piteux état ; néanmoins, il brandit triomphalement le sac en papier couvert de flocons, dans un tintement de bouteilles. Il déposa un baiser sur la joue de Lucy Towers pour lui prouver qu'il n'avait entendu dire que du bien d'elle, fut très attentif aux enfants et se présenta comme un vieil homme au discours tortueux et ami très cher de la maman de Nancy.

Tout le monde veilla tard, ce soir-là. Au début, Lucy monopolisa presque entièrement la conversation, leur racontant des anecdotes de Weschester, jusqu'à ce qu'Elizabeth reprenne le flambeau et se mette à parler du communisme avec la verve enthousiaste qui la caractérisait, entraînant Judd Leonard dans son sillage. Il avait beau gagner sa vie grâce à son entreprise, il la laisserait avec joie aller à vau-l'eau si cela devait offrir une chance à l'humanité, dit-il. Les temps changeaient, c'était flagrant, seul un fou pouvait manquer de le remarquer. Longtemps après que les enfants furent montés se coucher, ses paroles ronronnantes et tonitruantes continuèrent à remplir la maison recouverte de neige. Ils l'écoutèrent aussi longtemps que possible, distinguant des bribes de phrases, jusqu'à ce qu'ils s'endorment bercés par sa voix.

Lorsque la neige s'arrêta de tomber, l'après-midi suivant, Elizabeth et Judd partirent discrètement en taxi pour se rendre à la gare de Hartsdale. Quand ils se retrouvèrent assis côte à côte dans le train de New York, il dit :

— Ta colocataire est une imbécile. Tu lui fais boire trois verres et elle ne parle plus que de garden-parties.

— Bah, Lucy est gentille. Il faut juste un peu de temps pour s'habituer à elle. Et puis c'est un arrangement plutôt agréable que de partager cette maison. Cela me convient, en tout cas.

— Quelle drôle de petite bolchevik irlandaise de Scarsdale tu fais, dit-il avec tendresse. Tu n'es pas beaucoup plus futée qu'elle, sais-tu ?

Au bout du troisième ou quatrième jour d'absence d'Elizabeth, Lucy comprit qu'elle passait quelque temps à New York en compagnie de Judd, et qu'elle se rendait directement à New Rochelle de là-bas, chaque matin. Mais n'aurait-il pas été tout juste poli de l'informer de ses projets ? Et n'était-il pas un peu léger de sa part de n'avoir rien dit à sa propre fille ?

Russell Towers trouvait cela incroyable : non seulement Nancy ignorait où se trouvait sa mère, mais, en plus, elle ne semblait pas le moins du monde rongée par l'angoisse – en fait, elle semblait même s'en moquer. Il traîna devant sa chambre ouverte, un jour, une semaine ou plus après le départ d'Elizabeth, et la surprit assise par terre, de beaux papiers rapportés de l'école sur les genoux et un crayon de couleur à la main.

— As-tu des nouvelles de ta mère ? finit-il par lui demander.

— Nan, répondit-elle.

— As-tu une idée de l'endroit où elle se trouve ?

— Nan.

Il savait que sa question suivante risquait de le faire passer pour un idiot, mais il ne put se retenir de la poser.

— Tu n'es pas inquiète ?

Nancy leva vers lui son regard franc et pensif.

— Non. Je sais qu'elle reviendra. Elle revient toujours.

Impressionné, Russell marcha d'un pas traînant jusqu'à sa chambre, songeant que c'était précisément le genre d'attitude qu'il gagnerait à adopter lui-même. Assis sur son lit, il se dit aussi que cela n'arriverait jamais. S'imaginer le contraire était aussi vain que de se comparer aux athlètes qu'on voyait au dos des boîtes de céréales. Russell était un garçon maigrichon et anxieux qui faisait toujours moins que son âge : quiconque viendrait à soulever le couvercle de son coffre à jouets n'y trouverait qu'une preuve nauséeuse de plus.

Alice Towers fut de nouveau la première à décrocher le téléphone lorsqu'il sonna, un soir, quelques jours plus tard.

— Oh, bien sûr, dit-elle. C'est pour toi, Nancy. C'est ta mère.

Nancy prit l'appel debout, tournant le dos aux Towers. Après le « Salut » d'ouverture, ses mots se firent plus indistincts, puis elle écouta en silence, raide, dans une posture peu naturelle, avant de se tourner vers Lucy et de lui tendre le combiné, que cette dernière s'empressa de saisir.

— Oh, *Elizabeth*. Tu vas bien ? Nous commencions à nous… inquiéter un peu à ton sujet.

— J'ai besoin de voir ma fille, Lucy, déclama Elizabeth, comme si elle récitait de la poésie irlandaise. Je veux que tu m'envoies ma fille ce soir.

— C'est que, tout d'abord le dernier train est sans doute déjà parti depuis plusieurs heures, et ensuite, je…

— Le dernier train part à dix heures trente et quelques. Judd vient de vérifier les horaires. Ce qui te laisse tout le temps nécessaire pour la préparer.

— Écoute, Elizabeth, je ne pense pas que ce soit une très bonne idée. A-t-elle déjà pris le train seule ? Le soir, qui plus est ?

— Oh, cesse ces sottises. Il n'y en a que pour quarante-cinq minutes. Judd et moi serons à la gare pour la récupérer – ou au moins moi. Elle est au courant. Je lui ai tout expliqué. Elle n'aura qu'à suivre la foule à sa descente du train.

Lucy hésita.

— Soit. Je suppose que si tu peux me promettre que tu seras là…

— Te promettre ? Parce que je suis supposée te « promettre » quoi que ce soit ? À toi ? En de telles circonstances ? Tu commences vraiment à me fatiguer, Lucy.

Russell trouva que sa mère avait l'air vexée, déconcertée et un peu bête quand elle raccrocha ; mais elle se reprit vite et, dès lors, fit ce que l'on attendait d'elle. Avec un beau mélange d'autorité et d'affection, elle envoya Nancy se changer et faire ses bagages. Ensuite, elle appela une station de taxi, expliqua qu'une fillette de neuf ans allait voyager seule et demanda si le chauffeur pouvait la mettre dans le train, pour plus de sécurité.

Nancy redescendit dans sa robe bien propre, avec son manteau d'hiver et son sac de voyage.

— Oh, parfait. Tu es très jolie, chérie, lui dit Lucy Towers.

Russell ne l'aurait pas juré, mais il lui semblait que c'était bien la première fois que sa mère l'appelait « chérie ».

— Oh, un moment, dit Nancy, j'ai oublié…

Elle courut à l'étage et redescendit avec son ourson malpropre.

— Oui, bien sûr, approuva Lucy. Et je vais te dire ce qu'on va faire.

Elle prit la petite valise sur ses genoux et en défit les attaches.

— On va mettre George ici, juste au-dessus : comme ça, tu sauras toujours où il est.

Et le plus merveilleux dans tout cela – comme en attesta le sourire timide de Nancy –, c'était que Lucy s'était rappelé le nom de l'ourson. Elle fouilla alors dans son porte-monnaie.

— Bien. Voyons de combien tu devrais avoir besoin. Je n'ai qu'un dollar et demi de plus que le prix de ton billet, mais cela devrait suffire. Ta mère t'attendra à Grand Central, tu n'auras pas besoin d'argent, en réalité. Tu es déjà allée à Grand Central, dis ?

— Oui.

— Bien, tout ce qu'il faut que tu saches, quand tu voyages seule, c'est que tu dois toujours suivre la foule. Il y aura un long quai et puis une longue rampe qui monte ; puis tu sortiras de la gare et ta mère t'attendra là.

— D'accord.

Le klaxon du taxi s'éleva dans l'allée et les trois Towers sortirent dans le vent glacial et firent quelques pas sur le tapis de neige lisse et craquant pour dire au revoir à Nancy.

Elle resta absente bien plus d'une semaine, et il n'y eut aucun appel téléphonique. Lorsqu'elle rentra enfin, elle était seule et elle s'était débrouillée pour trouver un taxi à la gare de Hartsdale (Russell n'aurait peut-être pas été capable de faire ne serait-ce que cela). Elle ne parla pas beaucoup de son séjour.

— As-tu aimé la ville, Nancy ? la questionna Lucy Towers au dîner, tandis que la bonne se déplaçait discrètement autour de la table avec les assiettes de spaghettis à la bolognaise.

— Il a fait froid la plupart du temps, répondit Nancy. Un jour, il a fait assez chaud pour que je monte m'asseoir sur le toit, mais je n'y étais que depuis une heure – juste une heure – quand je me suis retrouvée couverte de suie. Mes mains, mon visage, mes vêtements, tout était noir.

— Oui, fit Lucy, enroulant un trop gros tas de spaghettis autour de sa fourchette. L'air de New York est de plus en plus… sale.

Si la crise avec les soldats de plomb n'avait jamais plus été mentionnée, depuis ce jour, la présence de Russell semblait irriter un peu Harry Snyder. Il était difficile à satisfaire, le prenait vite en défaut et se campait souvent devant lui, les pouces coincés dans la ceinture de sa culotte courte de velours, l'air d'un « dur ».

— Qu'est-ce qu'il y a là-dedans ? demanda-t-il, un après-midi, pointant le doigt sur le coffre à jouets de Russell.

— Pas grand-chose. Des vieux trucs que ma mère n'a pas encore jetés.

L'explication ne dissuada pas Harry d'aller jusqu'au meuble et de l'ouvrir.

— La vache. Tu aimes ce genre de trucs ? Tu joues avec ces machins-là ?

— Bien sûr que non. Je te l'ai dit : c'est juste que ma mère ne s'est pas encore décidée à les jeter…

— Et pourquoi tu ne les as pas jetés toi-même, si tu ne les aimes pas ? Hein ? Pourquoi t'attends que ta mère le fasse ?

Le moment était fort désagréable, et il ne trouva rien de mieux à faire que de pousser Harry dehors, au plus vite. Seulement, il n'y avait pas moyen de le faire descendre : il sembla trouver plus intéressant de jeter un œil dans la chambre de Nancy.

— Qu'est-ce tu fais, Nancy ? lui demanda-t-il.

— Rien, je range mes programmes.

— Tes quoi ?

— Ça. Regarde. Mes programmes de théâtre. Je suis allée voir cinq opérettes différentes de Gilbert et Sullivan, avec mon père ; je conserve toujours les programmes. La prochaine fois, nous allons voir *Le Mikado*.

— Le Mikaquoi ?

— C'est comme ça qu'on appelle l'empereur du Japon. Il paraît que c'est très bien. Mais ma préférée c'est *Les Pirates de Penzance*. Je crois que c'est la préférée de papa aussi. Il m'a envoyé le livret. De toute l'opérette.

Russell ne l'avait jamais vue si loquace et enthousiaste, sauf lorsqu'elle ramenait une copine de l'école, et même alors, le peu que l'on pouvait entendre de leur conversation se limitait à des gloussements incontrôlables. À présent, elle s'appliquait à résumer le livret, prenant soin de ne pas trop raccourcir certains passages afin que Harry comprenne bien tout. Avant d'entamer son monologue, elle avait adressé un geste de bienvenue aux garçons, qui avaient alors pris virtuellement possession de sa chambre : Harry était assis sur son unique chaise, les genoux recouverts du tas de programmes et, debout près de la fenêtre, Russell avait coincé les pouces dans sa ceinture.

— … et je trouve que le meilleur rôle, continuait-elle, le meilleur de tous, c'est celui de ce personnage secondaire : le policier. Il est si raide et si bourru.

Elle fit quelques pas et pivota, mimant la raideur bourrue du personnage.

— Il est merveilleux, et il chante cette chanson magnifique…

Elle entonna la chanson, prenant une voix masculine profonde à l'accent cockney et s'appliquant de toutes ses forces à ne pas sourire.

Quand un criminel n'est pas à l'œuvre
Pas à l'œuvre

— Oh, j'ai oublié de vous raconter cette partie, dit-elle, lissant ses cheveux d'une main nerveuse. Il y a tout un chœur sur scène, voyez-vous, et il répète toujours la fin de chaque phase, comme ça :

Pas à l'œuvre
Ou quand il mijote des mauvais coups,
Mauvais coups
Son plaisir pour les jeux innocents
Innocents
Est aussi grand que celui de l'honnête homme,
L'honnête homme
Il nous faut durement réprimer nos sentiments
Sentiments
Pour accomplir notre devoir de policier,
Policier
Ah, savoir assembler les éléments…

L'air écœuré, Harry feignit un haut-le-cœur profond et sonore, comme si c'était la chanson la plus nulle et la plus nauséeuse qu'il eût jamais entendue ; et, pour simuler des vomissements, il laissa tomber tous les programmes d'opérette à terre et cracha dessus – ce qui lui valut un petit rire complice de Russell. Un lourd silence s'abattit alors sur la chambre.

Le visage de Nancy ne trahit sa surprise et sa peine que deux ou trois secondes avant que la fureur prenne le relais. Elle pleurerait, certes, mais plus tard.

— D'accord, vous deux. Dehors. Sortez d'ici. Tout de suite.

Il ne leur resta plus qu'à sortir en trébuchant comme des clowns, se bousculant pour mimer une retraite craintive devant sa colère. Elle claqua la porte si violemment derrière eux que des écailles de peinture se détachèrent du plafond du couloir. Ils ne trouvèrent rien de mieux à faire du reste de l'après-midi que de traîner dans le jardin, évitant de se regarder dans les yeux, jusqu'à ce qu'il soit temps pour Harry de rentrer chez lui.

Quand Elizabeth réapparut enfin, elle avait une mine « affreuse » – c'est ainsi que Lucy la décrivit à sa fille.

— Tu crois que c'est terminé avec Judd ?

Faute d'avoir quelqu'un d'autre à questionner, Alice en était venue à s'en remettre au jugement de sa mère pour interpréter le comportement adulte, ce qui ne se révélait pas toujours satisfaisant – le mois dernier, une fille de troisième avait été renvoyée de l'école parce qu'elle était enceinte : la mine de dégoût de Lucy en apprenant la nouvelle avait rendu toute interprétation impossible.

— Oh, ma foi, je n'en sais rien, répondit Lucy, mais j'espère que tu ne vas pas te mettre à poser des questions indiscrètes, parce que ce ne sont vraiment pas tes…

— Des questions indiscrètes ? Pourquoi le ferais-je ?

— Parce que tu te montres toujours si inquisitrice, chérie, quand il s'agit de la vie privée d'autrui.

Alice prit un air blessé, une expression plus fréquente sur son visage, ces derniers temps, que sur celui de sa mère ou de son frère.

Les Towers évitaient Elizabeth la plupart du temps – et Nancy les imitaient –, de sorte qu'ils avaient tous un peu l'impression de partager la maison avec une inconnue. Elle descendait pesamment l'escalier sur ses talons aiguilles, se postait devant les fenêtres pour observer la route postale, perdue dans ses pensées, picorait la nourriture qu'on déposait devant elle ; et elle buvait beaucoup après le dîner, feuilletant toutes sortes de magazines, inconsciente du malaise ambiant dont elle était la cause.

Et puis, un soir, longtemps après que les enfants furent montés se coucher, elle reposa son *New Republic* et déclara :

— Je ne crois pas que ça puisse marcher, Lucy. Je suis désolée. Cela paraissait une excellente idée, mais je pense que nous devrions toutes deux commencer à chercher à nous loger ailleurs.

Lucy était abasourdie.

— Mais, nous avons signé un bail de deux ans.

— Allons, j'ai rompu des tas de baux, et toi aussi. Les gens font cela en permanence. Je ne pense pas que nous soyons faites pour vivre de cette manière, voilà tout, et les enfants n'apprécient pas non plus, alors autant en rester là.

C'était comme d'être quittée par un homme. Lucy se retint de pleurer au prix d'un effort intense – il aurait été ridicule de pleurer pour un tel motif.

— Tu comptes t'installer en ville, c'est ça ? demanda-t-elle d'une voix hésitante. Avec Judd ?

— Ciel, non, répondit Elizabeth, qui se leva et se mit à arpenter le tapis. Cette grande gueule. Cet insupportable ivrogne poseur… et, de toute façon, ce salaud a rompu.

Elle laissa échapper un petit rire amer.

— Tu aurais dû *voir* ça. Tu aurais dû l'*entendre*. Non, je vais chercher un logement un peu plus semblable à celui que j'avais avant, voire mieux si possible, un endroit calme où je pourrais continuer… à travailler seule dans mon coin.

— D'accord, Elizabeth, mais j'aimerais que tu y réfléchisses encore un peu. Je sais que l'hiver a été rude pour toi, mais je ne trouve pas cela très juste de ta part de… Écoute, attends quelques semaines, ou un mois, avant de prendre ta décision. Parce qu'il y a vraiment des avantages à vivre ici, en tout cas il peut y en avoir, et puis, nous sommes amies, toi et moi.

Elizabeth laissa le mot « amies » planer dans le silence, comme pour l'évaluer.

— Je veux dire que nous avons beaucoup de points communs, reprit Lucy, et nous…

— Non, c'est faux, coupa Elizabeth.

Son regard s'éclaira d'une étincelle de cruauté que Lucy voyait pour la première fois.

— Nous n'avons *rien* en commun. Je suis communiste et tu votes sans doute pour Alf Landon. J'ai travaillé toute ma vie et tu as tout juste essayé. Je n'ai jamais *cru* aux pensions alimentaires, et tu en vis.

Lucy Towers n'eut plus qu'à quitter la pièce en silence, monter l'escalier et se coucher, pour attendre que les sanglots la submergent. Elle s'endormit avant que cela arrive, sans doute parce qu'elle avait beaucoup bu.

Le printemps venait tout juste de commencer. Elles avaient vécu six mois dans cette maison, et on sentait que la fin approchait. On en parlait peu, mais les journées avaient un arrière-goût d'épilogue pour tout le monde.

À côté de la maison, du côté opposé à celle des Snyder, le terrain abandonné était un bon théâtre pour les jeux de guerre : certaines broussailles étaient assez hautes pour s'y dissimuler, et il y avait des chemins et des espaces découverts pour le déploiement de l'infanterie. Russell y joua seul, un après-midi, sans doute parce que c'était peut-être la dernière fois qu'il le pouvait ; mais cela n'avait pas beaucoup de sens sans Harry. Il retournait vers la maison quand, levant les yeux, il découvrit Nancy qui l'observait depuis la terrasse.

— Qu'est-ce que tu fais là ? lui demanda-t-elle.

— Rien.

— On aurait dit que tu tournais en rond et que tu parlais tout seul.

— Oui, c'est bien ce que je faisais, répondit-il en prenant un air idiot. Je fais ça tout le temps. Comme tout le monde, non ?

À son grand soulagement, elle trouva sa réflexion amusante et le récompensa même d'un joli petit rire.

Et, tout à coup, ils se retrouvèrent à marcher ensemble sur le terrain vague, et il lui désigna les hauts lieux des récentes actions militaires. Là, le tas de chiendent où Harry Snyder avait caché sa mitrailleuse ; ici, le chemin sur lequel Russell avait mené une patrouille fantôme, et l'endroit où le premier éclat de tir l'avait frappé en pleine poitrine.

Revivant la scène, il recula, l'air pétrifié, tomba à terre et s'immobilisa.

— Tu ne peux pas faire grand-chose quand tu es touché à la poitrine, expliqua-t-il une fois relevé, en secouant ses vêtements. Mais, le pire, c'est de se prendre une grenade dans le ventre.

Il illustra son propos en lui offrant une nouvelle scène d'agonie et d'effondrement à terre.

Après l'avoir vu mourir une troisième fois, elle le dévisagea, pensive.

— Tu aimes vraiment tomber, dis ?

— Quoi ?

— Ben, je veux dire que le moment que tu sembles préférer, c'est celui où tu te fais tuer, non ?

— Non, répondit-il sur la défensive, devinant à son ton qu'elle trouvait ce penchant répugnant. Non, c'est juste que… je ne sais pas.

Elle avait gâché son plaisir et, néanmoins, c'est avec une certaine cordialité qu'ils reprirent le chemin de la maison ; car il était indéniable que, l'espace d'un instant, ils s'étaient comportés en vrais camarades.

Et c'est fort de cette certitude que, de retour de l'école pour déjeuner, le lendemain, Russell entra par la terrasse et s'approcha d'elle pour lui confier une chose qui le tracassait.

Elle était rentrée avant lui. Installée dans le canapé du salon, elle fixait la fenêtre, une boucle de ses cheveux noirs enroulée autour de son index.

— Hé, dit-il. C'est curieux, mais tu connais ce grand gars qui est dans ta classe ? Carl Shoemaker ?

— Bien sûr que je le connais.

— Ben, tout à l'heure, quand je suis sorti de l'école, Carl Shoemaker était dans la cour avec deux autres gars, et il m'a appelé. Il a dit : « Hé, Towers, tu vas tenter de relever le défi ? », j'ai dit : « Quel défi ? » Il a répondu : « Le défi de ceux qui en ont. Parce que, j'aime autant te prévenir, les femmelettes n'ont pas le droit de participer. » J'ai dit : « Ah, et c'est qui la femmelette ? » Il a dit : « C'est pas toi ? Pourtant, j'ai entendu dire que t'en étais une. C'est pour ça, je voulais juste te prévenir. » Alors j'ai dit : « Écoute, Shoemaker. Trouve quelqu'un d'autre à prévenir, d'accord ? » J'ai dit : « Si tu tiens à prévenir quelqu'un, tu ferais mieux de chercher ailleurs. »

C'était une citation assez fidèle de leur dialogue, et Nancy sembla l'écouter avec intérêt, mais il y avait quelque chose d'inachevé dans sa dernière réplique, comme s'il craignait de s'attirer d'autres problèmes quand il retournerait à l'école.

— Et, après ça, ils ont juste souri et ils sont partis, Shoemaker et les deux autres. Je ne pense pas qu'ils recommenceront à m'embêter. Mais quand même, tout ça, c'est un peu… bizarre.

Il se demanda alors pourquoi il lui avait parlé de cela plutôt que d'autre chose. À la voir, assise sur le canapé, éclairée par le soleil de la mi-journée, il devinait à quoi elle ressemblerait plus tard : elle serait jolie.

— Il t'a dit qu'il avait entendu dire que t'étais une femmelette, c'est bien ça ?

— Oui, c'est ce qu'il a dit, mais je pense que…

Elle lui coula un long regard hardi très déplaisant.

— Ma foi, je me demande bien qui a pu lui raconter une telle chose.

Russell retira ses pouces de sa ceinture et recula lentement sur le tapis, les yeux arrondis, horrifié par cette trahison. Juste avant d'atteindre la porte, il remarqua que la fourberie avait cédé la place à la peur sur le visage de Nancy, mais il était trop tard : ils savaient tous deux ce qu'il s'apprêtait à faire et qu'il n'y avait plus moyen de l'arrêter.

Arrivé au pied de l'escalier, il hurla :

— Maman ! Maman !

— Qu'y a-t-il, chéri ? demanda Lucy Towers, inquiète, apparaissant dans le couloir, vêtue de ce qu'elle appelait sa « tenue de thé ».

— Nancy a raconté à Carl Shoemaker que j'étais une femmelette et il l'a répété à des tas de gars et maintenant tout le monde raconte ça partout, et c'est faux. C'est faux.

— Eh bien, c'est une chose dont il faudra que nous discutions au déjeuner.

Elizabeth ne rentrait jamais pour déjeuner et Alice mangeait à la cafétéria du collège, si bien qu'ils n'étaient que trois à table : Russell et sa mère d'un côté, Nancy de l'autre. Il n'y avait personne pour modérer la dureté et la passion du discours implacable de Lucy.

— Ton attitude me surprend, Nancy, je suis profondément troublée. Ce ne sont pas des manières. On ne répand pas des médisances et des mensonges dans le dos de ses amis. C'est aussi mal que de voler ou de tricher. C'est dégoûtant. Oh, je suppose que certaines personnes se comportent ainsi, mais je n'ai pas envie d'avoir ce genre de personne à ma table, ni chez moi, et je ne les voudrais jamais pour amis. Comprends-tu, Nancy ?

La bonne arriva avec leurs assiettes – ils n'avaient droit qu'à des petites portions de veau, accompagnées de purée de pommes de terre et de petits pois, aujourd'hui – et resta assez longtemps pour adresser à Lucy un regard lourd de reproche voilé avant de retourner à la cuisine. Elle n'avait jamais travaillé au sein d'une telle maisonnée et ne voulait jamais plus se retrouver dans cette situation. Une gentille dame, une folle, et trois enfants à l'air triste : avait-on idée d'un pareil mélange ? Enfin, tout serait bientôt terminé – elle avait déjà demandé à l'agence de lui trouver un nouveau poste –, seulement, en attendant, il fallait que quelqu'un ferme le clapet de cette folle avant qu'elle ne tue cette petite avec ses remontrances.

— Russell est ton ami, Nancy, continuait Lucy Towers, et vous vivez sous le même toit. Quand tu répands ces insanités sur lui dans son dos, tu lui causes beaucoup de tort. Oh, je suis certaine que tu en es consciente, que tu l'as fait en connaissance de cause. Mais je me demande si tu as pris le temps de penser à moi. Parce que tu veux que je te dise, Nancy ? C'est *moi* qui ai trouvé cette maison. C'est *moi* qui ai proposé à ta mère de la partager avec nous, afin que nous puissions vivre tous ensemble. C'est *moi* qui n'ai cessé d'espérer encore et encore que nous trouverions un peu de paix et d'harmonie, ici – et j'ai continué d'espérer quand j'ai compris que cela n'arriverait pas. Russell n'est pas le seul à avoir été blessé par ta faute, vois-tu, Nancy ; tu m'as blessée, moi aussi. Tu m'as terriblement blessée, Nancy…

Elle n'en resta pas là, et Russell savait qu'elle ne s'arrêterait pas avant de parvenir à ses fins. Durant toute cette leçon de morale, Nancy demeura silencieuse, le visage figé, les yeux baissés – elle réussit même à manger un peu, comme pour montrer qu'elle était au-dessus de tout cela. Et puis, enfin, son menton s'affaissa. Ses lèvres se tordirent en une grimace trahissant sa difficulté croissante à garder son calme, elle ouvrit la bouche et la referma aussitôt sur deux petits pois partiellement mâchés et sur son désespoir, puis elle fut secouée de sanglots déchirants, totalement silencieux.

Ils furent tous deux en retard à l'école, cet après-midi-là, même si Nancy arriva avec une longueur d'avance d'au moins cent mètres. Marchant entre les jardins, escaladant la barrière cassée, puis remontant la ruelle à la courbe douce, Russell suivait des yeux sa silhouette qui s'éloignait au loin : cette grande fille à la démarche souple qui faisait bien plus que ses neuf ans. Elle deviendrait jolie un jour, elle se marierait et aurait des enfants à elle : alors n'était-ce pas idiot de sa part, voire digne d'une femmelette, de craindre qu'elle ne garde à jamais le souvenir de ce que Russell Towers venait de lui faire subir ? De toute façon, il n'aurait désormais aucun moyen de savoir si elle l'oublierait ou non.

— Bon, je ne vois aucune raison de prolonger cela plus longtemps, déclara Elizabeth le lendemain, déposant deux valises sur le sol du salon. Nancy et moi partons pour White Plains. Nous resterons à l'hôtel quelques jours le temps de trouver à nous loger, ensuite j'enverrai quelqu'un prendre le reste de nos affaires.

— Tu me places dans une situation très délicate, répondit Lucy, solennelle.

— Je ne vois vraiment pas pourquoi. Tiens, regarde, je vais te laisser un mois de loyer en plus, d'accord ?

Elle s'assit aussitôt à sa vieille table de travail avec son carnet de chèques, et griffonna le montant dessus.

— Voilà, dit-elle. Cela devrait suffire à panser tes blessures.

Puis Nancy et elle portèrent leurs bagages jusqu'à la Ford.

Aucun Towers n'approcha des fenêtres pour les saluer ; ce qui importait peu : aucune Baker ne regarda en arrière.

— Tu sais quoi ? dit Elizabeth quand elles se retrouvèrent sur la route postale, roulant en direction du nord. Je n'avais pas vraiment les moyens de lui signer ce chèque. Il ne sera pas refusé, mais on va avoir un mois difficile. Enfin, il y a des moments où il faut savoir payer pour se sortir d'une situation gênante, qu'on en ait ou non les moyens.

Elles parcoururent un ou deux kilomètres de plus, puis le regard d'Elizabeth se détacha de la route pour se poser sur le profil sérieux de Nancy.

— Dieu du ciel, on ne pourrait pas rire un peu dans cette voiture ? Pourquoi ne me chanterais-tu pas du Gilbert et Sullivan, par exemple ?

Nancy lui offrit un petit sourire timide, puis détourna la tête. Elizabeth ôta son gant droit. Elle posa la main sur la cuisse de sa fille et l'attira contre elle, prenant garde à ne pas cogner ses petits genoux au levier de vitesses qui tressautait entre elles. Elle garda les cuisses de l'enfant serrées contre les siennes un long moment ; puis, d'une voix douce qu'on entendait à peine derrière le bruit du moteur, elle lui dit :

— Tout va bien se passer, mon cœur. Tout va bien se passer.

Menteurs amoureux

Quand Warren Mathews avait décidé d'aller vivre à Londres avec sa femme et leur fille de deux ans, il savait que les gens risquaient de s'interroger sur son apparente oisiveté. Il avait beau dire qu'il bénéficiait d'une « Fulbright[1] », dans la mesure où peu d'Américains savaient de quoi il s'agissait, il ne s'étonnait pas de voir les Anglais prendre un air absent ou lui sourire pour l'encourager à donner des explications vouées à ne pas être comprises.

— Pourquoi te donner la peine de leur expliquer ? lui demandait son épouse. En quoi cela les regarde-t-il, d'abord ? Et tous ces Américains qui vivent ici grâce à des revenus *privés* ?

Sur quoi, elle retournait s'affairer devant la cuisinière, l'évier, la planche à repasser, ou terminait de brosser ses cheveux selon un rituel rythmé et gracieux.

C'était une jolie fille aux traits fins du nom de Carol, qui jugeait s'être mariée à un âge trop précoce

1. Bourse octroyée à certains étudiants américains pour étudier à l'étranger.

et qui n'avait pas mis longtemps à découvrir qu'elle détestait Londres. Une ville immense, triste et inhospitalière que vous pouviez parcourir à pied ou en bus pendant des heures sans rien apercevoir de joli, et qui, à l'approche de l'hiver, se couvrait d'un brouillard sulfureux, nauséabond, qui teintait tout en jaune, s'insinuait par les fentes des fenêtres et des portes closes, restait en suspension dans les pièces et vous irritait les yeux jusqu'aux larmes.

En outre, Warren et elle ne s'accordaient plus depuis longtemps. Et, s'ils avaient espéré que cette aventure anglaise pourrait les rapprocher, cet espoir n'était à présent qu'un vague souvenir. Ils se disputaient peu – les querelles remontaient à un autre âge de leur mariage – mais ne savouraient presque plus aucun moment d'intimité et passaient des jours entiers dans leur petit appartement propret en rez-de-chaussée sans parvenir à vaquer à leurs occupations – tout en évitant de se gêner l'un l'autre. « Oh, pardon. Désolé », murmuraient-ils chaque fois qu'ils se heurtaient ou se bousculaient.

Leur appartement avait été leur premier coup de chance : il ne leur coûtait qu'un loyer symbolique, puisque la propriétaire était une tante anglaise de Carol, une élégante veuve septuagénaire du nom de Judith, qui occupait l'appartement du dessus et répétait souvent, avec une grande tendresse, qu'elle les trouvait « charmants ». Elle aussi était charmante. Le seul inconvénient, dont ils avaient discuté par avance, était que Judith avait besoin d'utiliser leur baignoire, puisque c'était la seule dont disposait la maison. Chaque matin, elle frappait un coup timide à leur porte et entrait, tout sourires et excuses, enveloppée d'une robe de chambre princière qui traînait derrière elle. Plus tard, émergeant de son bain dans des tourbillons de vapeur, son beau visage aussi rose et frais que celui d'une enfant, elle retraversait le salon d'un pas mesuré. Il lui arrivait de rester un moment pour discuter, mais ce n'était pas systématique. Une fois, la main posée sur la poignée de la porte du couloir, elle leur confia :

— Vous savez, quand nous avons trouvé cet arrangement, quand j'ai accepté de vous louer le rez-de-chaussée, je me souviens avoir pensé : Mon Dieu, et si je ne les aimais *pas* ? Et aujourd'hui, je trouve cela merveilleux, parce que je vous aime énormément tous les deux.

Ils firent de leur mieux pour lui retourner des réponses réjouies et affectueuses.

— N'était-ce pas gentil de sa part ? dit Warren, après son départ.

— Oui, très gentil, convint Carol, assise sur le tapis, essayant de faire entrer le talon de sa fille dans sa botte en caoutchouc rouge. Ne bouge pas, mon bébé. Aide un peu maman, veux-tu ?

Cathy, leur fillette, fréquentait la crèche du quartier, le club Peter Pan. Leur projet initial était de libérer Carol afin qu'elle se trouve un emploi à Londres et pour arrondir la Fulbright d'un salaire. Seulement, elle avait découvert qu'une loi interdisait aux employeurs britanniques d'embaucher des étrangers à moins qu'ils ne puissent justifier de qualifications particulières que les candidats britanniques ne possédaient pas ; or Carol ne pouvait rien revendiquer de tel. Ils avaient néanmoins laissé Cathy à la crèche, d'abord parce qu'elle semblait s'y plaire, et aussi – bien que ni l'un ni l'autre ne l'eût jamais formulé à voix haute – parce que c'était bon de ne pas l'avoir à la maison toute la journée.

Ce matin-là, Carol était particulièrement contente de la perspective de passer un peu de temps en tête à tête avec son mari : la veille au soir, elle avait décidé de lui annoncer sans plus attendre la décision qu'elle avait prise. Il avait sans doute abouti à la même conclusion, à l'heure qu'il était : cela ne rimait plus à rien. Elle rentrerait à New York avec le bébé et, sitôt qu'elle serait installée, elle se trouverait un emploi – de secrétaire, de réceptionniste, ou de n'importe quoi d'autre – et irait de l'avant. Ils s'écriraient, bien entendu, et, quand il aurait terminé son année de Fulbright, ils pourraient… réfléchir et discuter.

Sur le chemin du club Peter Pan, une Cathy gazouillante pendue à sa main, puis sur celui du retour, marchant d'un pas plus vif, Carol répéta son discours à voix basse ; mais, le moment venu, l'échange fut bien moins éprouvant qu'elle ne l'avait craint. Warren ne parut pas surpris – du moins, pas au point de minimiser ou de rejeter ses arguments.

— D'accord. D'accord, répétait-il, la mine sombre, sans la regarder.

Puis, après un silence, il lui posa une question troublante :

— Qu'allons-nous dire à Judith ?

— Euh, j'y ai déjà réfléchi. Il serait gênant de lui avouer la vérité. Penses-tu que nous pourrions lui dire qu'un des membres de ma famille est malade et que je dois rentrer à la maison ?

— Sauf que ta famille est aussi *sa* famille.

— Voyons, c'est la sœur de mon père, et il est mort. Elle n'a jamais rencontré ma mère, et, de toute façon, mes parents étaient divorcés depuis je ne sais combien d'années. Et elle n'a aucun autre… lien avec quiconque. Elle n'en saura jamais rien.

Warren réfléchit.

— D'accord, concéda-t-il. Si ce n'est pas moi qui le lui annonce. C'est toi qui lui parleras, d'accord ?

— Oui. Bien sûr, si cela te convient.

Et le débat sembla clos – celui qui concernait Judith en même temps que celui de leur séparation. Néanmoins, plus tard ce soir-là, après avoir passé un long moment à regarder rougeoyer les bûches de céramique de leur cheminée au gaz, Warren reprit :

— Dis, Carol ?

— Oui ?

Elle secouait et étalait des draps propres sur le canapé, où elle avait décidé de dormir seule.

— Tu crois qu'il sera comment ton homme ?

— Pardon ? De quel *homme* veux-tu parler ?

— Tu sais. Le type que tu espères rencontrer à New York. Oh, je sais qu'il sera mieux que moi à maints égards, et, je le crains, bien plus riche, mais je veux dire : physiquement ? À quoi ressemblera-t-il ?

— Je ne veux pas parler de cela.

— D'accord, mais réponds-moi. Comment sera-t-il ?

— Je ne sais pas, dit-elle, agacée. Fier comme un billet de un dollar, j'imagine.

Moins d'une semaine avant le départ du bateau de Carol, le club Peter Pan organisa une fête pour l'anniversaire de Cathy. C'était l'occasion d'ajouter un peu de glace et de cake à la tartine, pâté ou confiture, et à la boisson instantanée locale des goûters ordinaires. Warren et Carol restèrent tous deux à l'écart, souriant à leur fille heureuse, comme pour lui promettre que, quoi qu'il arrive, ils seraient toujours ses parents.

— J'apprends que vous allez vous retrouver seul parmi nous pendant un moment, monsieur Mathews, dit Marjorie Blaine, la directrice de la crèche.

C'était une femme soignée d'une quarantaine d'années, divorcée de longue date, qui fumait cigarette sur cigarette ; Warren avait noté à plusieurs reprises qu'elle n'était pas mal.

— Vous devriez passer boire un verre à notre pub. Vous connaissez le Finch's, dans Fulham Road ? C'est un petit pub un brin délabré, mais on y trouve des tas de gens sympathiques.

Il lui répondit qu'il y passerait sans doute.

Le jour de l'embarquement, Warren accompagna sa femme et son enfant à la gare ferroviaire et les laissa à la porte du train qui assurait la correspondance avec le bateau.

— Papa ne vient pas ? demanda Cathy, paniquée.

— Tout va bien, lui dit Carol. Papa doit rester ici, pour l'instant, mais tu le reverras bientôt.

Elles s'éloignèrent alors dans la foule qui les avala aussitôt.

L'un des cadeaux reçus par Cathy pour son anniversaire était une boîte à musique en carton avec un joyeux canard jaune et un message de carte de vœux sur le devant. Il y avait une petite manivelle sur le côté qui, lorsqu'on la tournait, égrenait une version suraiguë de « Joyeux anniversaire ». À son retour à l'appartement, ce soir-là, Warren la découvrit au milieu d'autres jouets bon marché oubliés par terre, sous le lit nu de Cathy. Il écouta la mélodie une ou deux fois, assis devant son bureau couvert de livres et de papiers en désordre, sirotant un whisky ; et puis, mû par une vaine curiosité enfantine, il tourna lentement la manivelle dans l'autre sens et écouta la mélodie inversée. Très vite, il fut incapable de s'arrêter, il n'en éprouvait même pas le désir : parce que cette petite mélodie disgracieuse exprimait toute la désolation et la solitude du monde.

Dum di dum da-da-da
Dum di dum da-da-da…

Warren était grand, très mince, et éternellement embarrassé par son air dégingandé, même quand il était seul – même quand la vie le réduisait à jouer seul avec une petite boîte en carton, à quatre mille kilomètres de chez lui. C'était en mars 1953, il avait vingt-sept ans.

— Oh, mon pauvre, fit Judith lorsqu'elle descendit prendre son bain le lendemain matin. C'est si *triste* de vous trouver seul ici. Elles doivent vous manquer affreusement.

— Bah, ce n'est que pour quelques mois.

— Je sais, mais c'est affreux. Est-ce qu'il y a quelqu'un, ici, pour prendre soin de vous ? Avez-vous rencontré des jeunes gens, avec Carol, qui pourraient vous tenir un peu compagnie ?

— Oui, bien sûr, quelques-uns. Mais personne avec qui je… personne que je voudrais inviter ici, en tout cas.

— Alors il va falloir que vous sortiez vous faire de *nouveaux* amis.

Peu après le premier avril, comme chaque année, Judith quitta Londres pour sa maison de campagne du Sussex, où elle séjournerait jusqu'au mois de septembre. Elle reviendrait passer quelques jours en ville de temps à autre, expliqua-t-elle à Warren, « mais, ne vous inquiétez pas, je prendrai toujours soin de vous prévenir bien en avance pour ne pas, comment dire… vous *tomber* dessus ».

Et là, il se retrouva vraiment seul. Il se rendit au Finch's un soir, avec la vague intention de persuader Marjorie Blaine de rentrer avec lui et de la prendre sur le lit qu'il avait partagé avec Carol. Quand il la découvrit seule dans le bar surpeuplé, elle lui parut vieille et éméchée.

— Oh, quelle surprise, monsieur Mathews. Venez donc vous joindre à moi.

— Warren, proposa-t-il.

— Pardon ?

— Les gens m'appellent Warren.

— Ah. Oui, mais vous êtes en Angleterre, voyez-vous, et nous sommes tous terriblement conventionnels, ici.

Un peu plus tard, elle lui confia :

— Je n'ai jamais vraiment compris ce que vous faisiez dans la vie, monsieur Mathews.

— Je bénéficie d'une Fulbright. C'est une bourse d'études américaine qui permet aux étudiants qui le souhaitent d'étudier à l'étranger. Le gouvernement paie le voyage et je…

— Oui, bien sûr, l'Amérique est douée pour ce genre de chose, n'est-ce pas ? J'imagine que vous êtes un esprit très brillant.

Elle lui coula un regard vacillant.

— Comme c'est souvent le cas des gens qui n'ont pas vécu, termina-t-il.

Elle grimaça, faisant mine d'encaisser un coup.

— Désolée, s'empressa-t-elle de répondre. Désolée d'avoir dit cela.

Elle s'éclaira aussitôt.

— Sarah ! Sarah, viens par ici que je te présente M. Mathews qui veut qu'on l'appelle Warren.

Une fille, grande et jolie, se détournait de son groupe d'amis pour lui sourire, la main levée, quand Marjorie Blaine ajouta :

— Il est américain.

Le sourire de la fille se figea et sa main retomba.

— Ah. C'est bien, fit-elle, leur tournant aussitôt le dos.

Il ne faisait pas bon être un Américain à Londres ces temps derniers. Eisenhower avait été élu et les Rosenberg exécutés ; Joseph McCarty entamait son ascension et la guerre de Corée, avec son contingent de soldats britanniques réticents, promettait de s'éterniser. Et, néanmoins, Warren Mathews soupçonnait que, même en des temps idéaux, il se serait senti étranger en ces lieux et aurait eu le mal du pays. L'anglais que l'on parlait ici était si peu semblable à sa langue propre que les risques de quiproquos étaient nombreux au cours d'un échange. Rien n'était clair.

Il s'entêta, seulement, même lors de soirées plus réussies, dans des pubs plus joyeux que le Finch's et en compagnie d'inconnus plus amicaux, il parvenait juste à se sentir un peu moins mal à l'aise que d'ordinaire – et jamais aucune femme séduisante n'apparaissait sans compagnon. Les filles – qu'elles soient jolies ou sublimes – étaient toujours suspendues au bras d'hommes dont la verve intarissable le remplissait parfois d'une perplexité souriante. Et il trouvait consternant chez eux le nombre de sous-entendus, de clins d'œil et d'exclamations supposés souligner les aspects comiques de l'homosexualité. Toute l'Angleterre était-elle obsédée par ce sujet, ou hantait-il uniquement cette partie paisible et « intéressante » de Londres, à l'endroit où Chelsea rencontrait South Kensington, le long de Fulham Road ?

Finalement, un soir, il prit le bus de nuit pour Piccadilly Circus. Carol lui aurait demandé : « Qu'est-ce que tu vas faire *là-bas* ? », et il passa presque la moitié du trajet à réfléchir à ces questions auxquelles il n'aurait plus à répondre.

En 1945, jeune soldat profitant de sa première permission de l'après-guerre, il avait découvert avec surprise la promenade nocturne des prostituées qu'on appelait alors les « commandos de Piccadilly ». Il n'oublierait jamais la manière dont son pouls s'était emballé quand il les avait regardées marcher, pivoter, marcher, pivoter : des filles à vendre. Elles étaient la risée des soldats les plus sophistiqués qui, adossés à des façades d'immeubles, jetaient des pennies à leurs pieds ; Warren aurait voulu avoir le courage de les défier pour leurs railleries. Il brûlait de choisir une fille, de se la payer, et de la prendre sans se soucier de son identité ; et il s'était méprisé d'avoir laissé filer ses deux semaines de permission sans passer à l'acte.

Il savait qu'une version différente de ce spectacle se jouait toujours là-bas, l'automne précédent. Carol et lui y avaient assisté sur le chemin d'un théâtre du West End, un soir. « Oh, je n'en crois pas mes yeux ! Ce sont vraiment des prostituées ? C'est la chose la plus triste que j'aie jamais vue », s'était-elle écriée.

Dernièrement, certains journaux soulignaient l'urgence de « nettoyer Piccadilly » avant le couronnement, mais la police s'était montrée laxiste parce que les filles étaient bel et bien là.

Elles étaient jeunes et très maquillées, pour la plupart, et portaient des vêtements voyants dont les couleurs évoquaient celles des bonbons ou des œufs de Pâques. Certaines marchaient et se retournaient, d'autres attendaient dans l'ombre. Il avala trois whiskies cul sec pour se donner du courage, ce qui ne suffit même pas à lui donner de l'assurance. Il se savait un peu négligé avec sa veste de costume gris, son vieux pantalon de l'armée et ses chaussures presque bonnes à jeter, mais même le plus beau vêtement au monde ne l'aurait empêché de se sentir tout nu lorsqu'il effectua sa sélection rapide parmi les quatre filles postées le long de Shaftesbury Avenue et qu'il s'approcha de celle qu'il avait choisie.

— Vous êtes libre ? lui demanda-t-il.

— Si je suis libre ? dit-elle, ne croisant son regard qu'une fraction de seconde. J'ai été libre toute ma vie, mon chou.

La première chose sur laquelle elle voulut se mettre d'accord avec lui, alors qu'ils n'avaient parcouru que quelques mètres, fut le prix – salé, mais dans ses moyens –, après quoi elle lui demanda d'appeler un taxi pour effectuer un petit trajet. Dans la voiture, elle lui expliqua qu'elle n'allait jamais dans les hôtels bon marché et les chambres à louer du coin, comme la plupart des autres filles : elle avait une petite de six mois qu'elle ne pouvait pas laisser seule longtemps.

— Je comprends, répondit-il. J'ai une fille, moi aussi.

Il se demanda aussitôt pourquoi il avait éprouvé le besoin de lui confier cela.

— Ah, oui ? Et où est votre femme ?

— Elle est retournée à New York.

— Vous êtes divorcés, ou quoi ?

— Disons, séparés.

— Ah ouais ? C'est bête.

Ils roulèrent un moment dans un silence gênant.

— Écoutez, finit-elle par reprendre, ça me va si vous voulez m'embrasser, mais pas de touche-touche dans le taxi, d'accord ? C'est vraiment pas mon genre.

Ce n'est qu'à cet instant, pendant qu'il l'embrassait, qu'il vit à quoi elle ressemblait. Les accroche-cœurs blonds qui auréolaient son visage s'allumaient chaque fois qu'ils passaient sous un lampadaire, elle avait de jolis yeux en dépit de la couche de mascara, une belle bouche, et, bien qu'il évitât de trop la « toucher », ses mains découvrirent bientôt qu'elle était mince et ferme.

Le trajet en taxi fut tout sauf bref, il dura tant que Warren commença à se demander s'il n'allait pas se retrouver devant un groupe de délinquants, qui le tabasseraient et lui voleraient son argent avant de repartir dans le taxi avec la fille. Mais ils s'arrêtèrent enfin devant un pâté de maisons d'un quartier calme du nord-ouest de Londres, lui sembla-t-il. Elle l'entraîna dans une maison un peu mastoc mais paisible sous le clair de lune. Elle lui imposa le silence d'un « chut », et ils traversèrent un couloir au linoléum grinçant sur la pointe des pieds. Elle alluma la lumière de sa chambre et ferma la porte derrière eux.

Elle alla jeter un œil au bébé : tout petit, immobile et bien couvert, au centre d'un grand berceau installé contre le mur. Le long du mur opposé, à deux mètres de là, se trouvait un lit double relativement propre d'aspect sur lequel Warren était supposé prendre son plaisir.

— Je voulais juste m'assurer qu'elle respirait, dit la fille en se détournant du berceau.

Elle le regarda compter l'argent et déposer les livres et les shillings sur sa commode, puis elle éteignit le plafonnier mais laissa la petite lampe de chevet allumée pour se dévêtir. Il la regarda faire tout en se déshabillant avec des gestes saccadés. Sa culotte en jersey faisait tristement bon marché, ses poils pubiens bruns démentaient la blondeur de sa chevelure, ses jambes étaient courtaudes, ses genoux un peu épais, mais, dans l'ensemble, elle n'était pas mal. Et elle était jeune.

— Tu prends du plaisir, parfois ? s'enquit-il, tandis qu'ils se couchaient, empruntés.

— Hein ? Qu'est-ce que tu entends par là ?

— Juste… que, tu sais… au bout d'un moment, on ne doit plus…

Il s'arrêta, paralysé par la gêne.

— Oh, non. Enfin, je veux dire : ça dépend beaucoup du *gars*, mais je ne suis pas… un bloc de marbre. Tu verras bien.

Et puis, par l'effet le plus inattendu de la grâce et de la satiété, elle devint pour lui une personne véritable.

Elle s'appelait Christine Phillips et avait vingt-deux ans. Originaire de Glasgow, elle habitait Londres depuis quatre ans. Il savait qu'il eût été crédule de sa part de prendre pour argent comptant tout ce qu'elle lui raconta, plus tard, quand ils s'installèrent devant des cigarettes et un quart de bière tiède, mais il garda l'esprit ouvert. Et si la plupart de ses révélations lui parurent banales – comme quand elle lui expliqua qu'elle n'aurait jamais échoué dans la rue si elle avait accepté de travailler comme « hôtesse » dans un « club », mais qu'elle avait refusé des tonnes de propositions de ce genre, sachant qu'il s'agissait de « pièges à touristes » –, des remarques plus naïves l'encouragèrent à la serrer un peu plus fort dans ses bras, avec tendresse, notamment lorsqu'elle lui avoua la raison pour laquelle elle avait prénommé son bébé Laura – « Parce que j'ai toujours pensé que c'était le plus joli prénom féminin du monde. Pas toi ? ».

Et il commença à deviner pourquoi il n'y avait presque aucune trace d'accent écossais, ni même anglais, dans son discours : elle avait connu tellement d'Américains – de soldats, de marins ou de civils errants –, qu'ils avaient envahi et pillé sa langue maternelle.

— Et toi, comment gagnes-tu ta vie, Warren ? Tu reçois de l'argent de chez toi ?

— En quelque sorte.

Et il expliqua, une fois de plus, en quoi consistait la Fulbright.

— Ah ouais ? Il faut être futé pour y avoir droit ?

— Non, pas nécessairement. Il ne faut plus être très futé pour rien, de nos jours, en Amérique.

— Tu plaisantes ?

— En partie.

— Quoi ?

— Je veux dire que je plaisante un peu.

Elle réfléchit un instant avant de reprendre :

— J'aurais bien aimé avoir la chance d'étudier davantage, moi aussi. J'aurais aimé être assez futée pour écrire un livre, parce que j'aurais écrit un sacré bouquin. Et tu sais quel titre je lui aurais donné ?

Elle plissa les yeux et ses doigts dessinèrent des lettres en l'air.

— *Bienvenue à Piccadilly*. Parce que, dans le fond, les gens *ignorent* tout de ce qui s'y passe vraiment. Mon Dieu, je pourrais raconter des trucs qui… bah, peu importe. Passons.

— Dis, Christine ? fit-il plus tard, quand ils furent retournés se coucher.

— Quoi ?

— Et si on se racontait nos vies ?

— D'accord, approuva-t-elle avec un enthousiasme enfantin.

Une fois encore, il dut lui avouer, penaud, qu'il plaisantait un peu.

Les cris du bébé les réveillèrent à six heures du matin. Christine se leva mais proposa à Warren de dormir encore un peu. Quand il se réveilla de nouveau, il était seul et une vague odeur de cosmétiques et d'urine planait dans la chambre. Il entendit des voix féminines rieuses, non loin, et se demanda s'il devait s'habiller et partir.

Christine ouvrit la porte et lui demanda s'il voulait une tasse de thé.

— Viens donc que je te présente mes amies, si tu es prêt, proposa-t-elle, en lui tendant sa tasse avec précaution.

Il la suivit dans un salon-cuisine dont les fenêtres ouvraient sur un carré de jardin envahi de mauvaises herbes. Une femme trapue d'une trentaine d'années repassait, son fer branché au plafonnier, et une fille de l'âge de Christine était étendue sur une chauffeuse. Elle était en pantoufles et portait une robe mi-longue qui dévoilait ses jolies jambes nues baignées du soleil du matin. Une cheminée au gaz chuintait sous un miroir ovale encadré, et une bonne odeur de vapeur et de thé emplissait toute la pièce.

— Warren, je te présente Grace Arnold, dit Christine.

La femme leva les yeux de sa planche à repasser et se déclara ravie de le rencontrer.

— … et Amy.

Amy se passa la langue sur les lèvres et lui sourit.

— Salut.

— Tu feras connaissance avec les enfants dans une minute. Grace a six petits. Grace et *Alfred*, je veux dire. Alfred est l'homme de la maison.

Tout en sirotant son verre, Warren écouta, opina du chef, souriant, et posa des questions aux moments opportuns, jusqu'à ce que, peu à peu, il assemble les pièces du puzzle. Alfred Arnold était peintre d'intérieur, ou plutôt « peintre décorateur ». Avec toutes ces bouches à nourrir, son épouse et lui avaient décidé d'arrondir leurs fins de mois en louant des chambres à Christine et à Amy ; et comme ils savaient parfaitement comment elles gagnaient leur vie, ils formaient une sorte de grande famille.

Combien d'hommes polis s'étaient-ils retrouvés assis sur ce canapé, à regarder le fer fumant de Grace glisser sur la planche, vainement captivés par le spectacle des jambes ensoleillées d'Amy, et à écouter ces trois femmes converser en se demandant, gênés, à quel moment ils pourraient prendre congé ? Pour sa part, comme personne ne l'attendait à la maison, il se prit à espérer que ce petit moment somme toute plaisant durerait un peu.

— Vous avez un joli prénom, Warren, dit Amy, en croisant les jambes. J'ai toujours aimé ce prénom-là.

— Peux-tu rester manger quelque chose avec nous, Warren ? demanda Christine.

Bientôt, des toast beurrés à l'œuf et une nouvelle tournée de thé les attendaient sur la table de cuisine impeccable, et ils se mirent à manger aussi élégamment que s'ils se trouvaient dans un lieu public. Christine s'était assise à côté de lui. À un moment, elle posa sa main libre sur la sienne et la serra.

— Si tu n'es pas pressé, dit-elle, tandis que Grace rassemblait leurs assiettes, on pourrait aller boire une bière. Le pub ouvre dans une demi-heure.

— Oui. Bonne idée, dit-il.

Parce que la dernière chose dont il avait envie, c'était de rentrer tout de suite. Même lorsqu'il entendit les six enfants arriver du bout de la rue en criant, de retour de leurs jeux matinaux, même quand ils se relayèrent sur ses genoux pour le taquiner et enfouir leurs doigts couverts de confiture dans ses cheveux. C'était une troupe chahuteuse et braillarde, mais resplendissante de santé. L'aînée, Jane, était une fillette enjouée aux traits étrangement négroïdes – elle avait le teint clair, mais son visage et ses cheveux étaient de type africain. Elle recula en gloussant.

— Tu es l'ami de Christine ? le questionna-t-elle.

— Sans nul doute, répondit-il.

Et il avait certainement l'impression d'être son ami quand il l'emmena au pub du coin. Il aimait sa démarche : elle ne ressemblait en rien à une prostituée avec son imper bien propre au col relevé haut sur ses joues, et il aimait la sentir près de lui sur la banquette en cuir de la vieille salle de bar marron où tout, même les rayons de lumière poussiéreuse, transpirait la bière.

— Dis, Warren. Ça te dirait de rester une nuit de plus ? lui demanda-t-elle au bout d'un moment, faisant tourner son verre qui étincelait sur la table.

— Euh, en fait… le problème, c'est que je n'en ai pas les moyens.

— Non, tu m'as mal comprise, dit-elle, pressant de nouveau sa main. Sans payer. Juste comme ça. Parce que j'en ai envie.

Personne n'eut besoin de lui expliquer le sentiment de triomphe viril qu'un homme était en droit d'éprouver quand une jeune pute s'offrait à lui gratuitement. Il n'était même pas nécessaire d'avoir lu *Tant qu'il y aura des hommes* pour le comprendre – même s'il ne pourrait jamais oublier que le roman s'imposa à son esprit au moment où il se pencha vers Christine. Elle l'avait rendu tout-puissant.

— Oh, c'est gentil, dit-il d'une voix rauque. C'est adorable, Christine.

Ils usèrent tous deux beaucoup du mot *gentil*, cet après-midi-là. Christine semblait répugner à s'éloigner de lui, et ne le faisait que pour de brefs instants, lorsqu'elle devait s'occuper du bébé ; une fois, tandis qu'il l'attendait seul au salon, elle revint en dansant, l'air rêveur, comme si des violons jouaient dans sa tête, et lui tomba dans les bras, telle une héroïne de cinéma. Plus tard, pelotonnée contre lui sur le canapé, elle se mit à fredonner une chanson en vogue – « Unforgettable » –, abaissant les paupières chaque fois qu'elle murmurait le mot « *unforgettable* ».

— Tu es si gentil, Warren, répétait-elle sans cesse. Sais-tu que tu es très gentil ?

Et, chaque fois, il lui répondait qu'elle l'était aussi.

Quand Alfred Arnold – un homme râblé au visage fatigué mais au physique agréable à sa manière discrète – rentra à la maison, sa femme et la jeune Amy s'empressèrent d'accomplir leur petit rituel de bienvenue quotidien : elles le débarrassèrent de son manteau, retapèrent le coussin de son fauteuil et lui apportèrent son verre de vin. Christine resta en retrait, suspendue au bras de Warren, jusqu'à ce que le temps soit venu de l'entraîner vers le maître des lieux pour les présentations de rigueur.

— Ravi de vous rencontrer, Warren, le salua Alfred Arnold. Soyez le bienvenu.

Ils dînèrent de corned-beef et de pommes de terre vapeur que tous trouvèrent excellents, puis, une fois rassasié, Alfred évoqua d'un ton laconique l'époque où il était prisonnier de guerre en Birmanie.

— Quatre ans, dit-il, levant quatre doigts et repliant son pouce dans sa paume. Quatre années.

Warren convint que ce devait être terrible.

— Montre donc ta citation à Warren, Alfred, dit Grace.

— Voyons, chérie, personne n'a envie de voir ces vieilleries ennuyeuses.

— Allons, montre-lui, insista-t-elle.

Cédant, Alfred tira timidement un épais portefeuille noir de sa poche de pantalon et extirpa de ses entrailles un morceau de papier taché très froissé. Il tombait presque en lambeaux au niveau des pliures, mais le message dactylographié était tout à fait lisible : l'armée britannique reconnaissait que le soldat A. J. Arnold, ancien prisonnier de guerre des Japonais en Birmanie, avait été décrit comme un ouvrier travailleur et digne de confiance par ses ravisseurs qui l'avaient affecté au chantier de construction d'un pont de chemin de fer, en 1944.

— Eh bien, c'est chouette, commenta Warren.

— Bah, vous connaissez les femmes, lui dit Alfred avec un sourire complice, remettant le bout de papier à sa place. Elles adorent qu'on exhibe ce genre de truc. Je préférerais oublier cette période, pour ma part.

Christine et Warren réussirent à s'éclipser de bonne heure, accompagnés d'un clin d'œil et d'un sourire de Grace Arnold. Puis, sitôt la porte de la chambre fermée à clef, ils s'étreignirent avec fougue, haletants, impatients et solennels de désir. Ils se dévêtirent en un rien de temps – et, néanmoins, ces fines entraves comme ce léger délai leur parurent insupportables – et ils s'enfoncèrent au creux du lit pour se délecter l'un de l'autre et s'unir à nouveau.

— Oh, Warren, soupira Christine. Mon Dieu. Oh, Warren, je t'aime.

Et il s'entendit lui répondre qu'il l'aimait aussi – de trop nombreuses fois, jugerait-il a posteriori.

Peu après minuit, étendu à ses côtés dans le silence de la chambre, il se demanda comment les mots avaient pu jaillir si aisément, et à plusieurs reprises qui plus est. C'est à peu près à cet instant que Christine se remit à parler et qu'il comprit qu'elle avait beaucoup bu. Une bouteille de gin aux trois quarts vide était posée par terre, près du lit, ainsi que deux verres maculés d'empreintes de doigts qui attestaient qu'ils en avaient tous deux usé abondamment. Elle paraissait toutefois avoir une bonne avance sur lui. Se versant néanmoins un autre verre, elle se carra dans les oreillers relevés contre le mur et se mit à parler d'une manière qui trahissait le soin qu'elle prenait à choisir chaque phrase pour ménager au mieux ses effets, telle une fillette jouant les actrices.

— Tu sais quoi, Warren ? Tout ce que j'ai pu aimer dans la vie, on me l'a enlevé. Toujours. Quand j'avais onze ans, je désirais avoir une bicyclette plus que tout au monde, alors mon père a fini par m'en acheter une. Oh, ce n'était qu'une bicyclette d'occasion bon marché, mais je l'adorais. Ce même été, il s'est mis en colère contre moi, je ne me souviens plus pourquoi, et il me l'a reprise pour me punir. Je ne l'ai jamais revue.

— Ouais, ça a dû être dur… Et quel genre de boulot fait ton père ? questionna Warren pour l'entraîner sur un terrain moins sentimental.

— Oh, il est gratte-papier à l'usine de gaz. On ne s'entend pas. Et je ne m'accorde pas non plus avec ma mère. Je ne rentre jamais chez moi. Non, mais c'est vrai ce que je te disais : tout ce que j'ai aimé… on a fini par me l'enlever.

Elle marqua une pause, comme pour se donner le temps de raffermir sa voix de comédienne, puis d'un ton plus assuré, d'un ton grave adapté à un public limité à une personne intime, elle demanda :

— Dis, Warren ? Es-ce que tu voudrais que je te parle d'Adrian ? Le père de Laura ? Parce que j'aimerais beaucoup te parler de lui, si ça t'intéresse.

— Bien sûr.

— D'accord. Adrian était un officier de l'armée américaine. Un jeune major. À moins qu'il ne soit devenu lieutenant-colonel depuis, où qu'il puisse être.

Je ne sais même pas où ils l'ont envoyé et, le plus drôle, c'est que je m'en moque. Ça ne me fait absolument ni chaud ni froid. Pourtant, on a passé des moments merveilleux ensemble, Adrian et moi. Jusqu'au jour où je lui ai annoncé que j'étais enceinte ; là, il s'est figé. Complètement figé. Oh, je ne m'attendais pas à ce qu'il me demande en mariage, ni à rien de tel – il y avait cette fille de riche distinguée qui l'attendait aux États-Unis ; j'étais au courant. Mais il est devenu de marbre et il m'a demandé d'avorter. J'ai refusé. J'ai dit : « J'ai l'intention de garder ce bébé, Adrian. » Il a répondu : « Bon. D'accord, mais dans ce cas, tu le garderas sans moi, Christine. Tu devras l'élever toute seule, cet enfant. » C'est à ce moment-là que j'ai décidé d'aller trouver son supérieur.

— Son supérieur ?

— Il fallait que je trouve *quelqu'un* à qui parler. *Quelqu'un* qui l'aiderait à prendre conscience de ses responsabilités. Mon Dieu, je n'oublierai jamais ce jour-là. Le commandant du régiment, le colonel Masters, un homme très digne, est resté assis derrière son bureau ; il m'a regardée, il m'a écoutée, et il a hoché la tête plusieurs fois. Adrian était là, muet comme une carpe. Il n'y avait que nous trois dans le bureau. Et alors, le colonel Masters a dit : « Ma foi, mademoiselle Phillips, pour autant que j'en sache, l'histoire se résume à ceci. Vous avez commis une erreur. Et cette erreur, vous allez devoir vivre avec. »

— Ouais, fit Warren, mal à l'aise. Ça a dû être…

Il n'eut pas besoin de finir sa phrase, ni d'ajouter quoi que ce soit qui aurait pu trahir qu'il ne croyait pas un traître mot de cette histoire, parce qu'elle était en larmes. Elle eut le temps de replier les genoux et de poser sa tempe ébouriffée dessus avant que les premiers sanglots ne la secouent. Une minute plus tard, elle déposa son verre vide par terre et se glissa sous les couvertures pour pleurer tout son saoul, recroquevillée sur elle-même.

— Oh, allons. Allons, mon chou, ne pleure pas, dit-il, se sentant obligé de l'attirer à lui et de la serrer dans ses bras jusqu'à ce que ses sanglots s'apaisent.

Au bout d'un long moment, elle se remit à parler :

— Il reste du gin ?

— Un peu.

— On termine la bouteille ? Grace ne nous en voudra pas. Je la rembourserai si c'est nécessaire.

Le lendemain matin, le visage boursouflé par l'émotion et par le sommeil, elle tenta de se dissimuler derrière ses mains.

— Mince, j'ai l'impression que j'étais un peu saoule, hier.

— Ce n'est rien, on a beaucoup bu tous les deux.

— Je suis désolée, reprit-elle du ton agacé, presque arrogant, des personnes trop habituées à s'excuser. Je suis désolée.

Elle venait de s'occuper du bébé et marchait d'un pas mal assuré autour de la chambre, dans son peignoir de bain vert terne.

— Tu reviendras, dis, Warren ?

— Bien sûr. Je te téléphone, d'accord ?

— Non, il n'y a pas le téléphone, ici. Mais tu reviendras bientôt, dis ?

Elle le suivit jusqu'à la porte d'entrée. Quand il pivota pour lui dire au revoir, il lut une supplique crue dans son regard.

— Si tu reviens pendant la journée, je serai forcément à la maison.

Les jours qui suivirent, qu'il paresse à son bureau ou qu'il traîne dans les rues ou les parcs réchauffés par les premiers jours de vrai printemps, Warren n'arrivait pas à détacher ses pensées de Christine. Il n'aurait jamais cru pouvoir se retrouver dans une telle situation : une jeune prostituée écossaise était tombée amoureuse de lui. Plein d'une belle assurance qui n'était en rien caractéristique de sa personnalité, il se faisait l'effet d'un preux chevalier en route pour l'aventure. Il revoyait Christine dans ses bras lui murmurer : « Oh, je t'aime », il souriait au soleil, tel un imbécile, et il éprouvait un plaisir plus singulier, plus subtil encore, lorsqu'il songeait à tout ce qu'elle avait de pathétique : cette ignorance crasse dénuée d'humour, ses sous-vêtements mous et bon marché, ses sanglots d'ivrogne. Même l'histoire d'« Adrian » (un nom à coup sûr pioché dans un magazine féminin) était facile à pardonner – ou le serait, une fois qu'il aurait découvert une manière sage et délicate de lui dire qu'il la savait inventée de toutes pièces. Et il faudrait aussi trouver un moyen de lui avouer qu'il n'était pas sincère quand il lui avait dit qu'il l'aimait – mais cela pouvait attendre. Rien ne pressait. C'était le printemps.

— Tu sais ce que j'aime le plus chez toi, Warren ? lui confia-t-elle, très tard, la troisième ou quatrième nuit. Tu sais ce que j'adore chez toi ? C'est que j'ai le sentiment que je peux te faire confiance. J'attends ça depuis toujours : de trouver un être en qui je pourrais avoir confiance. Et je persiste à faire et à refaire la même erreur, je persiste à accorder ma confiance à des êtres qui n'en sont pas…

— Chut, chut. Ça va, mon chou. Allons, il faut dormir, maintenant.

— Non, attends un peu. Écoute-moi une minute, s'il te plaît. C'est important, Warren ; je veux que tu saches… J'ai connu un garçon qui s'appelait Jack. Il n'arrêtait pas de répéter qu'il voulait m'épouser, seulement, il y avait un hic : Jack était joueur. Depuis toujours. Tu comprends ce que ça sous-entend ?

— Non, qu'est-ce que ça sous-entend ?

— Qu'il avait besoin d'argent, pardi. Pour payer ses mises, couvrir ses pertes, tenir jusqu'à sa prochaine paie. Mon Dieu, j'en suis malade rien que d'y repenser. Ça a duré près d'un an. Et tu sais tout ce que ça m'a rapporté, au bout du compte ? Tu ne vas pas me croire mais je vais quand même te le dire… ou non, je vais te le montrer, attends une seconde.

Elle se leva, trébucha et alluma le plafonnier. L'explosion de lumière surprit le bébé qui gémit dans son sommeil.

— Tout va bien, Laura, dit-elle d'une voix douce tout en fouillant dans le tiroir du haut de la commode.

Elle trouva ce qu'elle cherchait et le lui apporta.

— Tiens. Regarde. Lis ça.

C'était une feuille de papier bon marché arrachée à un bloc-notes semblable à ceux qu'utilisaient les écoliers ; la lettre n'était pas datée.

Chère mademoiselle Phillips,

Je joins à ce pli la somme de deux livres et dix shillings. C'est tout ce dont je dispose pour le moment, et il n'y aura aucun autre versement puisqu'on me renvoie aux États-Unis la semaine prochaine, où je serai libéré de mes obligations militaires.

Mon supérieur m'a informé que vous lui aviez téléphoné quatre fois le mois dernier, et trois fois ce mois-ci, il faut que cela cesse, c'est un homme très occupé qui ne peut pas se permettre d'être dérangé par des appels de la sorte. Ne l'appelez plus, ni lui, ni le premier sergent, ni aucun autre membre de l'armée.

Caporal John F. Curtis.

— Tu ne trouves pas que c'est le comble ? demanda Christine. Franchement, Warren, tu ne trouves pas que c'est le comble ?

— Si.

Il relut la lettre. C'était la phrase qui débutait par « Mon supérieur » qui la trahissait. Elle traçait un trait net sur le nom d'« Adrian » et laissait peu de doute quant à l'identité du véritable père de son enfant : John F. Curtis.

— Tu veux bien éteindre la lumière, maintenant, Christine ? demanda-t-il en lui rendant sa lettre.

— Bien sûr, mon amour. Je voulais juste que tu voies ça.

Et sans nul doute voir s'il était assez crétin pour avaler cette histoire, aussi.

Quand la pièce fut de nouveau plongée dans le noir et qu'elle se pelotonna contre son dos, il prépara un petit discours calme et posé. Ne te fâche pas, mon chou, mais écoute : j'aimerais que tu arrêtes de me débiter toutes ces sornettes. Je n'ai pas cru à l'histoire d'Adrian et je ne crois pas plus à celle de Jack le joueur. Alors pourquoi ne pas m'épargner tout ça ? Tu ne penses pas qu'on pourrait s'en tenir à la vérité ?

Cependant, à bien y réfléchir – et c'est ce qui le dissuada de parler –, elle risquait fort de réagir à l'humiliation par la colère. Elle bondirait du lit et se mettrait à hurler et vilipender, usant du pire vocabulaire des femmes de son commerce, jusqu'à ce que le bébé se réveille en pleurs ; et la suite serait insupportable.

Il trouverait bien une occasion plus propice pour en appeler à sa sincérité – sûrement même, et bientôt –, et s'il se faisait l'effet d'un lâche, à fixer le mur, le bras doux de Christine sur ses côtes, force était de reconnaître que le moment était mal choisi.

Un soir, quelques jours plus tard, répondant à un appel téléphonique, il fut étonné d'entendre sa voix :

— Salut, mon amour.

— Christine ? Euh, salut, mais… comment as-tu eu ce numéro ?

— C'est toi qui me l'as donné. Tu ne te souviens plus ? Tu me l'as griffonné.

— Ah, oui, bien sûr, fit-il, souriant bêtement au combiné, paniqué.

Le téléphone de l'appartement du bas n'était qu'une extension de l'appareil de Judith. Ils sonnaient simultanément et, quand Judith se trouvait à la maison, elle décrochait toujours dès la première ou la deuxième sonnerie.

— Dis-moi. Est-ce que tu pourrais venir jeudi au lieu de vendredi ? Parce que c'est l'anniversaire de

Jane et nous allons organiser une petite fête. Elle va avoir neuf ans…

Quand il eut raccroché, il resta assis, replié sur lui-même un long moment, comme un homme qui tourne et retourne des questions graves dans sa tête. Comment avait-il pu être assez bête pour lui donner le numéro de Judith ? Et, soudain, il se souvint alors d'une seconde bévue qui le fit bondir sur ses pieds et arpenter la pièce avec une mine tragique : elle connaissait aussi son adresse. Une fois, au pub, il s'était aperçu qu'il n'avait plus assez d'argent liquide pour payer toutes leurs bières, il avait signé un chèque à Christine pour la rembourser.

« La plupart des clients trouvent pratique d'avoir leur adresse imprimée avec leur nom sur chaque chèque », leur avait indiqué un conseiller quand Warren et Carol avaient ouvert un compte bancaire l'année précédente. « Je vous commande ceux-là ? » « Oui, je suppose, avait répondu Carol. Pourquoi pas ? »

Il était presque arrivé chez les Arnold, le jeudi suivant, quand il s'aperçut qu'il avait oublié d'acheter un cadeau pour Jane. Par chance, il trouva une confiserie non loin. Il demanda à la fille du comptoir de verser des pelletées de bonbons dans le sac en papier jusqu'à ce qu'il lui paraisse assez lourd pour présenter quelque intérêt aux yeux d'une fillette de neuf ans.

Et que son cadeau ait plu ou non à Jane, son anniversaire fut un énorme succès. Toutes les pièces du joyeux appartement délabré étaient remplies d'enfants et, quand le moment fut venu de prendre place autour de la table – ou plutôt, des trois tables rassemblées –, Warren resta en retrait et sourit, un bras autour de Christine, repensant à la fête du club Peter Pan. Alfred rentra à la maison avec un énorme panda en peluche qu'il poussa en riant dans les bras de Jane, puis il s'accroupit pour recevoir un gros baiser donné du fond du cœur. Elle dut néanmoins contrôler son enthousiasme car le gâteau d'anniversaire fut aussitôt déposé devant elle. Elle fronça les sourcils, ferma les yeux, fit un vœu et éteignit les neuf bougies d'un seul souffle glorieux, sous des acclamations enthousiastes.

Les enfants invités n'avaient pas encore regagné leurs domiciles et les petits Arnold n'étaient pas encore couchés que l'alcool coulait déjà à flots pour les adultes. Christine les quitta pour aller coucher le bébé, son verre à la main. Et, quand Alfred s'excusa pour aller se reposer un peu, Grace, qui s'était mise à préparer le dîner à contrecœur, baissa les brûleurs et abandonna la cuisinière afin de l'accompagner.

Warren se retrouva seul avec Amy, qui se maquillait devant le miroir de la cheminée, très concentrée. Elle était vraiment beaucoup plus jolie que Christine, décida-t-il en s'installant sur le canapé avec son verre pour l'observer. Elle était grande, avait de longues jambes parfaites, un petit cul ferme qu'on brûlait de saisir à pleines mains et des petits seins ronds qui pointaient droit devant. Ce soir, ses cheveux bruns caressaient ses omoplates et elle avait décidé de porter une jupe noire ajustée avec un chemisier pêche. C'était une jeune et fière beauté et il ne voulait pas penser à l'homme qui allait pouvoir se la payer ce soir.

Quand elle eut terminé de maquiller ses yeux, elle s'occupa de sa bouche, dessinant lentement chaque courbe avec son bâton de rouge jusqu'à ce que ses lèvres luisent comme du massepain, puis elle les écarta pour chercher d'éventuelles traces rouges sur ses jeunes dents parfaites. Puis elle rangea son matériel dans une petite sacoche en plastique qu'elle ferma et demeura devant le miroir une trentaine de secondes, sans bouger. Warren comprit qu'elle venait de s'apercevoir qu'on avait espionné son petit moment d'intimité silencieuse. Elle pivota d'un coup, les épaules droites, le regard empreint d'une bravoure capable de surmonter toutes les peurs, et il résista à l'envie de traverser la pièce pour la prendre dans ses bras.

— Tu es très jolie, Amy, lança-t-il du canapé.

Ses épaules s'affaissèrent et elle soupira, soulagée, mais pas assez pour se laisser aller à sourire.

— Mon Dieu, tu m'as fait une de ces peurs, dit-elle, avant d'enfiler son manteau et de sortir.

Christine revint au salon avec l'air langoureux et satisfait d'une personne qui s'est trouvé une bonne raison de rester à la maison au lieu d'aller travailler.

— Pousse-toi, dit-elle en s'asseyant à côté de lui. Comment vas-tu ?

— Plutôt bien. Et toi ?

— Bien.

Elle hésita, puis, comme si elle se sentait obligée de lui faire la conversation, reprit :

— Tu es allé au cinéma ?

— Non.

Elle lui prit la main et la serra dans les deux siennes.

— Je t'ai manqué ?

— Bien sûr.

— Sans blague !

Elle relâcha sa main comme s'il s'agissait d'un vil objet.

— Je suis passée chez toi, l'autre soir, pour te faire une surprise, je t'ai vu rentrer avec une fille.

— C'est faux. Allons, Christine, tu sais bien que tu n'es pas venue. Pourquoi tiens-tu toujours à me raconter des… ?

Elle plissa les yeux et pinça les lèvres.

— Tu me traites de menteuse ? dit-elle, un brin menaçante.

— Bon sang, arrête ça. Pourquoi tu joues à ça ? Laissons tomber, tu veux ?

Elle réfléchit.

— D'accord. Bah, il faisait nuit et j'étais de l'autre côté de la rue : j'ai pu me tromper de maison, c'est peut-être quelqu'un d'autre que j'ai vu rentrer avec une fille ; d'accord, laissons tomber. Mais je tiens à ce qu'une chose soit claire entre nous : ne me traite jamais de menteuse, Warren. Je te préviens. Parce que je te jure devant Dieu... – elle désigna sa chambre à coucher d'un geste mélodramatique – et je te jure sur la vie de ce bébé que je ne suis pas une menteuse.

— Oh, regardez-moi ces tourtereaux, fit Grace Arnold, à l'entrée de la pièce, un bras passé autour de son mari. Ma foi, vous n'arriverez pas à me rendre jalouse de vous. Alfred et moi aussi sommes deux tourtereaux, pas vrai, mon amour ? Mariés depuis des lustres et éternels tourtereaux.

Le dîner se composa, pour l'essentiel, de haricots brûlés, et Grace pérora à l'envi sur la nuit inoubliable de sa rencontre avec Alfred. Dans une soirée. Alfred était venu seul, il paraissait tout timide et emprunté dans son uniforme de l'armée, mais à l'instant où elle l'avait remarqué, debout à l'autre bout de la pièce, elle s'était dit : « C'est lui ! C'est l'homme que j'attendais. » Ils avaient dansé sur des disques de phonographe, même si Alfred n'était pas très doué comme danseur ; puis ils étaient sortis s'asseoir sur un muret de pierre, dans la rue, et ils avaient discuté. Juste discuté.

— De quoi avons-nous parlé, Alfred ?

— Oh, je ne sais pas, mon cœur, répondit-il, rose de plaisir et d'embarras. – Il joua avec ses haricots du bout de sa fourchette. – De tout et de rien, je dirais.

Grace se tourna vers son auditoire leur confia à voix basse.

— Vous comprenez… c'était comme si nous savions, comme si nous avions senti que nous étions faits l'un pour l'autre.

Elle éclata de rire, trouvant elle-même ce dernier commentaire un brin trop sentimental.

— Oh, et le plus drôle, reprit-elle, riant toujours, le plus drôle, c'est que mes amis avaient quitté la soirée peu après nous pour aller au cinéma. Ensuite, ils sont allés au pub et ils y sont restés jusqu'à sa fermeture, si bien qu'il faisait presque jour quand ils sont repassés dans la rue et qu'ils nous ont découverts là, Alfred et moi, toujours assis sur notre muret, toujours en train de discuter. Mon Dieu, ils nous taquinent encore à ce sujet, quand on les voit. Ils me demandent : « Mais de *quoi* diable pouviez-vous donc parler, Grace ? » Je ris et je leur réponds : « Bah, ça n'a aucune importance. On parlait, voilà tout. »

Un silence respectueux s'abattit sur la tablée.

— N'est-ce pas magnifique ? murmura Christine. N'est-ce pas magnifique, deux personnes qui se trouvent de cette manière ?

Warren répondit, oui, en effet.

Plus tard, quand ils se retrouvèrent assis nus au bord du lit, pour boire un peu, elle lui dit :

— Tu sais quoi : ça ne me déplairait pas du tout d'avoir ne serait-ce que la moitié de ce qu'a Grace.

La moitié qui commence *après* sa rencontre avec Alfred, j'entends ; pas la première moitié.

Il y eut un silence.

— J'imagine qu'à la voir aujourd'hui tu ne devinerais jamais… que c'était une fille de Piccadilly, elle aussi.

— C'est vrai ?

— Ha ! Tu vois ? Bien sûr que c'est vrai. Pendant la guerre. Elle s'est retrouvée là-bas parce qu'elle était jeune et ignorante, comme nous toutes. Ensuite, elle a eu Jane et il n'y avait plus moyen de s'en sortir.

Elle lui adressa un petit clin d'œil souriant.

— Dieu seul sait d'où vient Jane.

— Oh…

Jane venait de fêter ses neuf ans, elle avait donc été conçue à une époque où des dizaines de milliers de soldats noirs américains étaient stationnés en Angleterre et où ils avaient la réputation de bien se débrouiller auprès des Anglaises, au point de donner lieu à des combats et à des émeutes entre troupes blanches et troupes noires, qui ne s'étaient achevées que parce qu'elles avaient été étouffées par le remue-ménage, plus vaste encore, du débarquement en Normandie. Alfred Arnold devait toujours être prisonnier en Birmanie, à l'époque ; il ne devait pas être libéré avant une bonne douzaine de mois.

— Oh, elle n'a pas essayé de nier, dit Christine. Elle n'a jamais menti à ce sujet ; il faut lui accorder cela. Alfred a su à quoi s'en tenir dès le départ. Elle lui a sans doute tout raconté dès le premier jour : elle n'aurait pas su comment le lui cacher, de toute façon. Ou peut-être qu'il était déjà au courant, que toutes les filles présentes ce soir-là venaient de Piccadilly. Je n'en sais rien. Je sais juste qu'il était au courant. Il l'a sortie de là, il l'a épousée et il a adopté son enfant. Il n'y a pas beaucoup d'hommes comme lui. Et, même si Grace est ma meilleure amie et qu'elle m'a beaucoup aidée, il faut avouer que, parfois, elle se comporte comme si elle ne mesurait pas sa chance. Il y a des jours – pas ce soir, ça non, ce soir elle nous a offert une petite représentation en ton honneur –, mais il y a des jours où elle le traite comme un moins que rien. Tu te rends compte ? Un homme comme Alfred ? Et ça me met vraiment en boule.

Elle se baissa pour remplir leurs verres, et lorsqu'elle se redressa pour boire, il sut de quelle manière réagir à ses propos.

— Dans ce cas, j'imagine que tu cherches un mari, toi aussi, mon chou. C'est tout à fait compréhensible, et tu peux être sûre que je t'aurais volontiers… demandé de m'épouser si j'avais pu. Mais c'est impossible.

— Je sais, oui, dit-elle d'une petite voix, baissant les yeux sur la cigarette éteinte entre ses doigts. C'est bon, oublie ça.

Il se félicita de sa réplique – en dépit du mensonge criant qu'elle contenait, ce « je t'aurais volontiers ». Il était temps de mettre un terme à son intrusion aussi déconcertante qu'incongrue dans la vie de cette fille.

— Je suis sûr que tu finiras par rencontrer le type qu'il te faut, Christine, ajouta-t-il d'une voix vibrante de gentillesse. Et ça ne devrait pas tarder à arriver, parce que tu es une chic fille. Vraiment. D'ailleurs, je voulais te dire…

— Hé, j'ai dit on oublie ça, d'accord ? Bon sang, tu crois que ça me fait quoi que ce soit ? Tu crois que j'en ai quelque chose à foutre, de toi ? – Elle était plantée devant lui, nue, pleine d'aplomb dans la lumière pâle, un index rageur pointé à quelques centimètres de son visage grimaçant. – Écoute, mon gars. Je peux avoir qui je veux, quand je veux, tu ferais bien de te le mettre dans la tête. Tu es ici parce que j'ai eu pitié de toi, un point c'est tout ; ça aussi tu ferais bien de ne pas l'oublier.

— Pitié de moi ?

— *Et comment*. T'étais tout larmoyant parce que ta femme s'était tirée avec ta gamine. Tu m'as fait de la peine, alors je me suis dit : Bah, pourquoi pas ? C'est mon éternel problème : je ne retiens jamais la leçon. T'as une idée de l'argent que j'aurais pu me faire pendant tout ce temps ? Non, tu n'y as même pas réfléchi, dis ? Que non ! T'as sorti les violons et tu ne pensais qu'à jouer ta sérénade, hein ? Ben, tu veux savoir ce que t'es ? Un souteneur.

— C'est quoi un souteneur ?

— Je ne sais pas d'où tu viens, mais dans ce pays c'est un homme qui vit des gains d'une… et merde, laisse tomber. Je m'en fous. Je suis fatiguée. Pousse-toi de là, tu veux ? Parce que, si on est là pour dormir, autant dormir tout de suite.

Au lieu de se pousser, il se leva avec la dignité muette et frémissante d'un homme insulté, et se rhabilla. Elle fit mine de l'ignorer, ou de se moquer de ce qu'il pouvait faire, et se recoucha pesamment. Il était en train de boutonner sa chemise quand il sentit qu'elle l'observait, contrite.

— Warren ? s'éleva une petite voix craintive. Ne pars pas. Je suis désolée d'avoir dit ça, je ne recommencerai plus. Reviens, s'il te plaît. Reste avec moi, tu veux ?

Il n'en fallut pas davantage pour que ses doigts s'immobilisent, pas davantage non plus pour qu'il déboutonne de nouveau sa chemise. Partir maintenant, sans avoir rien réglé, aurait sans doute été pire que rester. En outre, il y avait un avantage indéniable à passer pour le chic type capable de pardonner.

— Ah… c'est mieux, fit-elle quand il revint se coucher. C'est bien mieux. Viens plus près et laisse-moi… voilà. Voilà. Non. Je ne connais personne qui ait envie de passer une nuit tout seul. Et toi ?

Ce fut une trêve fragile et agréable qui se termina à une heure avancée du matin par une séparation aimable quoique crispée.

Et durant tout le trajet de retour en métro, il regretta de n'avoir rien dit de définitif. Il envisagea plusieurs entrées en matière – « Écoute, Christine, je ne crois pas qu'on puisse continuer ainsi… » ou « Tu sais, mon chou, si tu commences à me considérer comme un souteneur ou je ne sais quoi, c'est qu'il est grand temps pour nous… » – jusqu'à ce que, constatant que les autres voyageurs évitaient de le regarder, il se rende compte qu'il remuait les lèvres et faisait des petits gestes avec les mains.

— Warren ? demanda la vieille voix mélodieuse de Judith, au téléphone, cet après-midi-là. Je pensais venir en ville mardi, pour une semaine ou deux. Cela vous ennuierait-il terriblement ?

Il lui répondit de cesser de dire des sottises, et qu'il était impatient de la revoir. Il venait de raccrocher quand le téléphone sonna de nouveau.

— Salut, mon cœur, lança Christine.

— Oh, salut. Comment vas-tu ?

— Bien, sauf que je n'ai pas été très gentille avec toi, hier soir. Je suis comme ça, parfois. C'est affreux, mais je ne peux pas m'en empêcher. Tu peux passer mardi soir ?

— C'est que… je ne sais pas, Christine, j'ai bien réfléchi. Peut-être qu'on devrait…

— Tu viens, oui ou non ? demanda-t-elle sur un tout autre ton.

Il laissa passer une ou deux secondes de silence avant d'accepter – et il n'accepta que parce qu'il savait qu'il valait mieux lui dire les choses de vive voix plutôt qu'au téléphone.

Pas question de dormir là-bas. Il ne resterait que le temps de bien lui faire comprendre ; et s'il y avait trop de monde à la maison, il l'emmènerait au pub pour avoir une conversation en privé. Et il se promit de ne plus préparer de discours : il trouverait les mots et le ton adéquats le moment venu.

Mais outre qu'il devait couper net, le plus important – la difficulté vertigineuse – serait de couper en douceur. S'il échouait et la quittait pleine de ressentiment, il faudrait s'attendre à toutes sortes de représailles téléphoniques, ou autres – risque qu'il ne pouvait courir avec l'arrivée de Judith. Il se vit prenant le thé dans le salon de la vieille dame avec Christine (« Venez donc avec votre amie, Warren »), comme ils l'avaient souvent fait avec Carol. Il se représenta Christine, attendant une pause dans la conversation pour poser fermement sa tasse sur sa soucoupe afin de ménager ses effets, et déclarer : « Dites, madame. J'en ai une bonne à vous annoncer. Savez-vous ce qu'est votre neveu chéri ici présent ? Non ? Eh bien, je vais vous le dire. Un souteneur. »

Il s'était arrangé pour arriver après dîner, mais ils devaient avoir commencé plus tard, ce soir, parce qu'il les trouva encore attablés. Grace Arnold lui offrit une assiette.

— Non, merci, refusa-t-il, s'asseyant néanmoins à côté de Christine avec son verre, pour ne pas paraître grossier.

— Cela te dirait de passer un moment au pub, Christine, quand tu auras fini de manger ?

— Pour quoi faire ? demanda-t-elle la bouche pleine.

— J'aimerais qu'on discute.

— On peut discuter ici.

— Non, on ne peut pas.

— Ben tant pis, il n'y a pas le feu, non. On parlera plus tard.

Warren sentit son beau projet s'évanouir.

Amy était d'excellente humeur, ce soir. Elle rit de bon cœur à chaque réflexion d'Alfred et de Warren, chanta le refrain d'« Unforgettable » avec au moins autant d'émotion que Christine l'avait fait avant elle, puis alla se poster au milieu de la pièce, se débarrassa de ses chaussures et offrit à son public un joli petit spectacle, ondulant lentement des hanches sur la musique du film *Moulin Rouge*.

— Comment se fait-il que tu ne sortes pas ce soir, Amy ? s'enquit Christine.

— Oh, je ne sais pas, ça ne me dit rien. J'aime bien rester au calme à la maison, parfois.

— Alfred ? Veux-tu bien aller voir s'il nous reste du jus de citron vert, on pourrait se faire du gin lime, s'il y en a, proposa Grace.

Ils trouvèrent une station de radio qui diffusait de la musique et Grace se fondit dans les bras d'Alfred, le temps d'une bonne vieille valse.

— J'adore la valse. J'ai toujours adoré cette danse.

Ils furent stoppés net dans leur élan par la planche à repasser qui s'écroula à terre, ce qui leur parut à tous la chose la plus amusante du monde.

Sans doute pour rivaliser avec Amy, Christine voulut leur offrir une démonstration de jitterbug, mais Warren faisait un trop piètre partenaire : il sautait, glissait et se démenait sans savoir quand l'envoyer pirouetter au bout de son bras ou la ramener contre lui, de sorte que leur prestation s'acheva dans le chaos et les rires.

— Oh, n'est-ce pas formidable de si bien s'entendre, tous les cinq ? fit remarquer Grace Arnold, dévissant avec application une nouvelle bouteille de gin. D'être ici, à nous amuser comme si rien d'autre monde n'avait d'importance ?

Mouais. Un peu plus tard, Alfred et Warren s'installèrent sur le canapé et débattirent des points communs et des différences entre l'armée britannique et l'armée américaine, tels deux anciens combattants en temps de paix, puis Alfred s'excusa et partit se servir un autre verre. Amy prit sa place, souriante, et en guise d'entrée en matière, posa une main légère sur sa cuisse.

— Amy ! gronda Christine de l'autre bout de la pièce. Enlève tes sales pattes de Warren ou t'es morte.

Tout alla de mal en pis, ensuite. Amy bondit sur ses pieds, impatiente de nier toute mauvaise intention de sa part ; la condamnation de Christine fut aussi bruyante que ridicule ; Grace et Alfred les observèrent avec de pâles sourires de passants gênés ; et Warren eut envie de disparaître sous terre.

— C'est *toujours* la même chose avec toi ! cria Christine. Depuis que je t'ai fait venir ici, tu le remues et tu le frottes contre tous les hommes que je ramène à la maison. Tu n'es qu'une garce, une pute, une petite salope.

— Et toi une *putain*, cria Amy avant de fondre en larmes.

Elle se rua sur la porte mais s'arrêta avant de l'atteindre : elle pivota, le poing sur la bouche, les yeux luisants de terreur, pour écouter ce que Christine disait à Grace Arnold, d'une voix suraiguë et inquiétante de fermeté.

— Écoute, Grace. Tu es ma meilleure amie et tu le seras toujours, mais il va falloir que tu choisisses. C'est elle ou moi. Je suis sérieuse. Parce que, si elle reste, je jure sur la tête de ce bébé (elle désigna sa chambre d'un geste théâtral), je jure sur la vie de ce bébé que je ne passerai pas un jour de plus sous ce toit.

— Oh, fit Amy, avançant vers elle. C'est pourri de ta part. Tu es une sale…

Et, tout à coup, elles s'empoignèrent et se mirent à lutter au poing – ou tentèrent de le faire –, déchirant leurs vêtements et se tirant les cheveux. Tel un arbitre strident et tremblant, Grace essaya de les séparer, mais ne réussit qu'à se faire molester. Elle finit par tomber à la renverse, et c'est alors qu'Alfred Arnold intervint.

— Arrêtez ça. Merde ! *Arrêtez tout de suite.*

Il obligea Christine à lâcher la gorge d'Amy, la repoussa rudement sur le côté, et neutralisa Amy en la jetant sur le canapé, où elle se couvrit le visage et se mit à sangloter.

— Grognasses, dit-il, trébuchant et se rétablissant de justesse. Sales grognasses.

— Va nous faire du café, lui demanda Grace qui avait rampé jusqu'à un fauteuil.

Alfred gagna la cuisinière d'un pas furieux et abattit une casserole pleine d'eau sur le brûleur. Il chercha le sirop de café instantané dans un placard et versa une cuillerée de la mixture dans cinq tasses propres, haletant ; il se mit alors à arpenter la pièce, avec les yeux exorbités d'un homme furieux de voir sa vie tourner ainsi.

— Sales grognasses, ragea-t-il.

Et il envoya son poing dans le mur de toutes ses forces.

— Je me rendais bien compte qu'Alfred était furieux, avoua Christine à Warren, quand ils furent couchés. Mais je ne m'attendais pas à ce qu'il se blesse la main comme ça. C'était affreux.

On frappa un coup timide à la porte.

— Je peux entrer ? questionna Grace, apparaissant, toute souriante et ébouriffée.

Elle portait toujours sa robe, mais s'était débarrassée de son porte-jarretelles – ses bas nylon noirs tombaient en accordéon sur ses chaussures, révélant des jambes blanches légèrement poilues.

— Comment va la main d'Alfred ? s'enquit Christine.

— Bien, il l'a plongée dans l'eau chaude – mais il n'arrête pas de la ressortir pour se la coller dans la bouche. Bah, il s'en remettra. Écoute, Christine. Tu as raison au sujet d'Amy. Ce n'est pas une fille bien. Je m'en suis rendu compte à l'instant où tu nous l'as amenée ici. Je ne voulais pas te le dire parce que c'était ton amie, mais c'est l'entière vérité. Je voulais que tu saches que c'est toi que je préfère, Christine. Tu as toujours été ma préférée.

Allongé, les couvertures remontées jusqu'au menton, Warren se languissait du silence de son appartement.

— … Tu te souviens du jour où elle a perdu les tickets de pressing et qu'elle a menti ?

— Oui, et tu te souviens qu'on était sur le point de partir pour le cinéma ? renchérit Grace. On n'avait pas le temps de se préparer des sandwiches alors on s'était fait des toasts aux œufs. Et elle n'arrêtait pas de traîner dans nos pattes et de nous demander : « Pourquoi vous faites des *œufs* ? » Elle mourait de jalousie, qu'on ne l'ait pas invitée à nous accompagner. Quelle gamine.

— Ouais, c'est une vraie *gamine*. Elle n'a… aucune maturité.

— Tu as entièrement raison, Christine. C'est pour ça que, demain matin, dès qu'elle apparaîtra, je lui dirai juste : « Désolée, Amy, mais tu n'es plus la bienvenue chez moi… »

Warren sortit de la maison avant le lever du jour. Une fois chez lui, il essaya de se rendormir, sachant qu'il devrait se lever et s'habiller d'ici une heure ou deux pour recevoir Judith avec le sourire, quand elle descendrait prendre son bain.

— Je dois reconnaître que vous avez très bonne mine, Warren, déclara la vieille dame. Vous avez l'air serein et vigoureux d'un homme qui tient bien en main les rênes de sa vie. Je ne vois plus aucune trace de la mine hagarde qui m'inquiétait parfois.

— Oh, merci Judith. Vous semblez en pleine forme, vous aussi, comme toujours.

Il savait que le téléphone sonnerait, il espérait seulement que cela n'arriverait pas avant midi. C'était l'heure à laquelle Judith sortait déjeuner, ou – les jours où elle décidait de se montrer économe – c'était l'heure à laquelle elle sortait faire de modestes provisions et parcourait les boutiques du quartier, tendant son filet aux vendeurs respectueux et admiratifs – ces Anglais entraînés depuis des générations à reconnaître une grande dame quand ils en croisaient une.

À midi, il se posta devant les fenêtres donnant sur la rue et observa la digne et vieille silhouette descendre le perron, puis s'engager dans la rue d'un pas prudent. Il lui sembla qu'il ne s'était pas encore écoulé une minute quand le téléphone sonna et il était si nerveux que la sonnerie lui parut plus retentissante que d'ordinaire.

— Tu t'es dépêché de filer, ce matin, dis.

— Ouais. Je n'arrivais pas à dormir. Comment ça s'est passé avec Amy ?

— Oh, c'est réglé. Terminé. Nous avons eu une grande discussion, toutes les trois. J'ai fini par persuader Grace de la laisser rester.

— C'est bien… même si je suis étonné qu'elle *veuille* rester.

— Amy ? Tu plaisantes ? Où crois-tu qu'elle irait ? Ben mince, si tu t'imagines qu'elle a le choix, tu te mets le doigt dans l'œil. Enfin, tu me connais,

Warren, je peux me mettre en colère, mais, je ne pourrais jamais jeter quelqu'un à la rue.

Quand elle se tut, il entendit le petit bruit rythmé d'un mâchonnement.

Il songea soudain que cet état d'esprit placide de mâcheuse de chewing-gum était sans doute celui qui se prêtait le mieux à une rupture – au téléphone, ou de vive voix –, malheureusement, il n'avait pas encore trouvé son entrée en matière quand elle reprit :

— Dis-moi, mon cœur, je crois qu'on va devoir attendre un moment avant de se voir. Ce soir c'est impossible, et pareil pour demain soir et ce week-end. (Elle eut un petit rire rauque.) Il faut bien que je gagne un *peu* d'argent.

— Oui, bien sûr. Je sais.

Et les mots étaient déjà sortis quand il se rendit compte qu'un souteneur aurait sans doute dit ce genre de chose.

— Mais je devrais pouvoir passer chez toi un après-midi.

— Oh, non, ne fais pas ça. Je… je passe presque tous mes après-midi à la bibliothèque.

Ils convinrent de se retrouver chez elle, un soir de la semaine suivante, à cinq heures, mais le ton de sa voix trahissait qu'elle avait déjà décidé de ne pas respecter ce rendez-vous : ce serait une manière de se débarrasser de lui, ou au moins d'entamer le processus de rupture ; même les souteneurs ne duraient pas éternellement. De sorte que, le jour dit, il ne fut pas surpris de découvrir qu'elle était sortie.

— Christine n'est pas ici, Warren, lui annonça Grace Arnold, reculant gentiment pour le laisser entrer. Elle a dit qu'elle te téléphonerait. Elle a dû monter en Écosse pour quelques jours.

— Oh ? Des… problèmes familiaux ?

— Qu'est-ce que tu entends par « problèmes familiaux » ?

— J'espère qu'il n'y a pas de…

Warren se surprit à formuler l'alibi bancal que Carol et lui avaient jugé assez bon pour Judith, dans une vie antérieure lui semblait-il.

— J'espère qu'elle n'a pas appris qu'un de ses parents était malade, ni rien de ce genre ?

— Si, c'est ça, répondit Grace, d'une voix reconnaissante. Elle a appris qu'un de ses parents était malade.

Il répondit qu'il était désolé de l'apprendre.

— Je peux te servir un verre, Warren ?

— Non, merci. Au revoir, Grace.

Il pivotait pour partir, quand il trouva une formule de rupture de départ définitive et détachée. Cependant, il n'avait pas encore atteint la porte qu'Alfred rentra du travail, l'air emprunté, son avant-bras coincé dans un grand plâtre qui partait de l'attelle qui immobilisait ses doigts et montait jusqu'à son coude. Le tout pendait sur une écharpe de mousseline.

— Mince ! Ça n'a pas l'air commode du tout.

— Bah, on s'y fait, comme à tout, fit Alfred.

— Sais-tu le nombre de fractures qu'il a ? demanda Grace, presque fière. Trois. Trois fractures.

— Waou. Mais, comment arrives-tu à travailler, Alfred, avec une main dans cet état ?

— En fait, ils me réservent toutes les tâches peinardes, expliqua-t-il avec un petit sourire contrit.

Sur le seuil, empoignant le bouton de la porte, Warren se retourna et lança :

— Tu veux bien dire à Christine que je suis passé, Grace ? Et aussi que je n'ai pas cru un traître mot de cette histoire d'Écosse. Oh, et j'oubliais, qu'elle évite de se donner la peine de m'appeler. À un de ces jours.

Sur le chemin du retour, il se persuada qu'il n'entendrait plus jamais parler de Christine. Il aurait certes souhaité une fin plus satisfaisante, mais une fin satisfaisante n'était sans doute pas du domaine du possible. D'ailleurs, plus il y réfléchissait, plus il était content de sa dernière phrase : « Qu'elle évite de se donner la peine de m'appeler. » Au vu des circonstances, c'était le bon message, délivré avec le ton adéquat.

Il était très tard quand le téléphone sonna de nouveau, un soir ; Judith dormait sûrement et Warren bondit pour décrocher avant qu'elle ne se réveille.

— Écoute, commença Christine, d'une voix sans aucune trace d'affection, ni même de courtoisie. Je t'appelle pour t'informer d'une chose importante. Alfred est furieux contre toi. Vraiment furieux, j'entends.

— Ah oui ? Pourquoi ça ?

Il la voyait d'ici plisser les yeux et pincer les lèvres.

— Parce que tu as traité sa femme de menteuse.

— Oh, je t'en prie. Je ne crois pas…

— Tu ne me crois pas ? Tant pis pour toi, tu verras bien. Je voulais t'informer pour ton bien. Quand un homme comme Alfred a le sentiment qu'on a insulté sa femme, ce n'est pas bon.

Le lendemain, un dimanche, l'homme de la maison serait chez lui. Warren mit presque toute la matinée à décider s'il devait ou non se rendre sur place pour lui parler. La démarche lui semblait ridicule et il redoutait de croiser Christine, mais, ensuite, il pourrait enfin tous se les sortir de la tête.

Il n'eut pas besoin d'aller jusqu'à la maison. Il tournait à l'angle de la dernière rue quand il tomba sur Alfred accompagné de ses six enfants endimanchés, en route pour le zoo ou ailleurs. Jane avait un ruban rose vif dans ses cheveux crépus et elle tenait la main valide d'Alfred. Elle sembla contente de le voir.

— Salut, Warren, lança-t-elle, tandis que les plus jeunes approchaient pour l'encercler.

— Salut, Jane. Tu es bien jolie, aujourd'hui. – Il se tourna vers son père. – Je crois comprendre que je te dois des excuses, Alfred.

— Des excuses ? Pourquoi ça ?

— Christine affirme que tu es fâché à cause de ce que j'ai dit à Grace.

Il eut l'air déconcerté, comme si les tenants et les aboutissants de cette histoire étaient trop complexes pour être analysés.

— Non, dit-il. Pas du tout.

— D'accord. Parfait. En tout cas, sache que je ne voulais pas… tu sais…

Alfred repositionna son plâtre sur l'écharpe avec une petite grimace.

— Un petit conseil, Warren. Évite de trop te fier à ce que racontent les femmes, dans la vie.

Il ponctua ses mots d'un clin d'œil complice de vieux camarade.

Quand Christine le rappela, elle parlait d'une voix euphorique de collégienne, comme si tout allait bien entre eux ; mais Warren se moquait des raisons de ce changement subit, il n'avait plus besoin de se donner la peine de trier le faux du vrai.

— Écoute, mon cœur, je crois que les choses se sont tassées à la maison, dit-elle. Je veux dire que tout le monde s'est calmé. Alors si tu veux passer demain soir, ou le soir suivant, ou quand tu auras un moment, on pourrait passer un bon…

— Attends un peu, veux-tu. À toi de m'écouter un instant, mon chou… oh, et tant qu'on y est, je pense qu'il est temps qu'on laisse tomber les « mon cœur » et « mon chou », tu ne crois pas ?

Il se leva, se campa solidement sur ses pieds, le fil du téléphone lui barrant la poitrine, et il brandit un poing, tel un orateur fougueux qui s'apprête à prononcer ses paroles de rupture.

— C'est à ton tour de bien m'écouter. Alfred ne comprenait pas un traître mot de ce que je disais quand je lui ai présenté des excuses, si tu vois ce que je veux dire. Voilà pour le premier point. Et le deuxième point, c'est que j'en ai assez. Je ne veux plus que tu m'appelles, Christine, tu m'entends ? Ne m'appelle *plus*.

— D'accord, mon cœur, fit-elle d'une toute petite voix qui se perdit derrière le clic de coupure de la ligne.

Il haletait, le combiné serré contre l'oreille quand il entendit Judith raccrocher délicatement, à l'étage.

Oh, et zut, quelle importance à la fin ? Il avança vers un gros carton de livres et l'envoya un ou deux mètres plus loin d'un violent coup de pied, soulevant un gros nuage de poussière. Il chercha alors d'autres objets à frapper, cogner, renverser ou briser, mais finit par retourner vers le canapé, se laissa tomber dedans et se frappa la paume du poing. Ils pouvaient tous aller au diable. Il n'en avait plus rien à faire.

Quand les battements de son cœur s'apaisèrent, enfin, il se rendit compte qu'il ne pouvait s'empêcher de repenser à la manière dont la voix de Christine avait basculé dans le néant sur les mots « D'accord, mon cœur ». Il n'avait jamais rien eu à redouter de sa part. S'il avait adopté un ton plus ferme, dès le début, elle serait sortie de sa vie en un instant – « D'accord, mon cœur ». Peut-être même avec un sourire craintif, en prime. Ce n'était qu'une petite prostituée londonienne ignare, dans le fond.

Quelques jours plus tard, une lettre de sa femme changea tout. Il recevait d'elle de courtes missives aimables, une fois par semaine, depuis son retour à New York ; toutes tapées sur le papier chic du bureau où elle travaillait désormais, sauf celle-ci, qui était manuscrite, écrite sur du papier bleu et présentait tous les signes d'une lettre rédigée avec soin. Elle lui avouait qu'elle l'aimait toujours, qu'il lui manquait terriblement et qu'elle voulait qu'il rentre à la maison – même si elle ajoutait aussitôt que la décision lui revenait entièrement.

« … quand je repense aux années que nous avons passées ensemble, je m'aperçois que nos problèmes venaient davantage de moi que de toi. J'ai commis l'erreur de prendre ta douceur pour de la faiblesse – c'est sûrement mon erreur la plus grave, car c'est la plus douloureuse avec du recul, mais il y en a d'autres ; oh, tant d'autres… »

Comme à son habitude, elle dédiait un long paragraphe à des sujets d'ordre immobilier. Le manque d'appartements disponibles à New York était terrible, mais elle s'était trouvé un logement plutôt correct : un trois-pièces au deuxième étage, dans un quartier pas trop mal, dont le loyer était étonnamment…

Il passa vite les passages qui concernaient le loyer, le bail, les dimensions des fenêtres et des pièces, pour s'attarder sur la fin de la lettre.

« Les responsables de la Fulbright ne s'opposeraient pas à ce que tu rentres plus tôt, si tu en exprimais le *désir*, n'est-ce pas ? Oh, j'espère tellement que c'est le cas : que tu le désires, j'entends. Cathy n'arrête pas de demander quand son papa rentrera à la maison, et je ne cesse de lui répondre "Bientôt". »

— J'ai une terrible confession à vous faire, dit Judith, quand ils prirent le thé dans son salon, cet après-midi-là. J'ai écouté votre conversation téléphonique, l'autre soir ; et ensuite, bien entendu, j'ai commis l'erreur idiote de raccrocher avant vous, si bien que vous êtes sans doute déjà au courant. Je suis affreusement désolée, Warren.

— Oh, cela n'a pas d'importance.

— Non, je ne pense pas que cela en ait vraiment. Quand on vit si près les uns des autres, il faut s'attendre à subir des petites violations de sa vie privée.

Puis, avec un regard hardi, plus taquin, elle reprit :

— Je ne vous soupçonnais pas de posséder un tel tempérament, Warren. Quelle violence. Quelle fougue dominatrice. Je dois reconnaître que la voix de la fille ne m'a guère plu. Un peu trop vulgaire à mon goût.

— Ouais. C'est une longue histoire.

Rougissant, il garda les yeux sur sa tasse jusqu'à ce qu'il estime que le temps était venu de changer de sujet.

— Judith, je crois que je ne vais pas tarder à rentrer à la maison. Carol nous a trouvé un appartement à New York, alors, dès que j'aurai…

— Oh, alors tout est arrangé ? Oh, c'est merveilleux !

— Arrangé ?

— Ce qui vous a rendus si malheureux, l'un et l'autre. Oh, je suis si contente. Vous ne pensiez tout de même pas me faire avaler ces idioties sur ce parent malade ? Est-ce qu'une jeune épouse a jamais traversé l'océan seule pour un tel motif ? J'étais un peu *vexée* que Carol ait pu supposer que je la croirais. Je me retenais de lui demander : Allons, dis-moi la vérité, chérie. Raconte-moi tout. Parce que, voyez-vous, Warren, quand vous vieillissez…

Des larmes roulèrent sur ses joues et elle les essuya d'une main inefficace.

— Quand vous vieillissez, vous ne voulez rien tant que les êtres qui vous sont chers soient heureux.

La veille de son embarquement, ses bagages bouclés et l'appartement du bas aussi propre qu'il pouvait l'espérer après avoir passé une journée entière à le récurer, Warren effectua la dernière tâche qui consistait à débarrasser son bureau. La plupart des livres iraient à la poubelle et il entasserait les documents dont il avait encore besoin dans la dernière valise qui n'était pas tout à fait pleine. Bon sang, il rentrait à la maison… Il soulevait le dernier tas de papier quand il tomba sur la petite boîte à musique en carton.

Il prit le temps de tourner la manivelle à l'envers, lentement, comme pour graver sa petite musique mélancolique dans sa mémoire. Il la laissa convoquer l'image de Christine murmurant dans ses bras : « Oh, je t'aime », parce que de cela aussi il voulait se souvenir ; et il la laissa tomber dans la corbeille.

Une permission exceptionnelle

Rien n'avait jamais paru tourner rond pour la 57e division. Elle avait traversé la mer juste à temps pour emporter les grands blessés de la bataille des Ardennes. Et, renforcée de manière trop hâtive par des remplacements massifs, elle s'était traînée jusqu'à l'est de la France, puis de l'Allemagne où elle avait combattu sans démériter mais sans s'illustrer non plus, jusqu'à la fin de la guerre, au mois de mai.

En juillet de la même année, quand leur service au sein de l'armée d'occupation commença à promettre d'être le meilleur moment de leur existence – il y avait alors un nombre extraordinaire de filles sans attaches en Allemagne –, tous les hommes de la malchanceuse 57e division furent chargés sur des trains de marchandises et renvoyés en France.

Beaucoup se demandèrent si on les punissait d'avoir été de médiocres soldats. Certains allèrent même jusqu'à formuler la question à haute voix, au cours de ce long trajet en wagon de marchandises, et d'autres leur demandèrent de la fermer. Ils ne nourrissaient guère d'espoir de réconfort à l'arrivée : le peuple français était, à l'époque, réputé pour détester les Américains.

Et le train s'arrêta dans un champ d'herbes folles baigné de soleil des alentours de Reims – un nom que personne n'avait envie d'apprendre à prononcer correctement –, et les hommes se déversèrent des wagons pour traîner leur matériel jusqu'aux camions qui devaient les transporter sur leur nouveau lieu de résidence : un campement de tentes militaires vert olive monté à la va-vite quelques jours auparavant ; là, on leur fournit des tas de paille pour garnir des housses à matelas en mousseline et, au creux des fentes formées par les pieds croisés de leurs lits de camp en bois, ils déposèrent leurs fusils déchargés, à l'envers. Le capitaine Henry R. Widdoes, le type bourru très porté sur la bouteille qui commandait la compagnie C, exposa la situation à ses hommes le lendemain, quand ils furent rassemblés dans les hautes herbes jaunies de l'allée de la compagnie.

— La manière dont je vois les choses, commença-t-il, faisant ses petits pas nerveux caractéristiques en avant, puis en arrière, c'est que nous sommes ici dans ce qu'ils appellent un camp de redéploiement. Ils en ont tout un tas autour de cette zone. Ils vont sortir des hommes d'Allemagne selon le système des points et les faire passer par ces camps pour les enregistrer sur le chemin de la maison. Et ce que nous allons faire, nous, c'est ce qu'on appelle l'enregistrement. Nous serons l'équipe de permanence. Je ne sais pas quels seront nos devoirs – du travail d'approvisionnement et de bureau pour l'essentiel, j'imagine. Je vous tiendrai au courant dès que j'aurai davantage d'informations. OK ?

Le capitaine Widdoes avait reçu la Silver Star pour avoir mené une offensive dans la neige jusqu'aux genoux, l'hiver précédent ; une offensive qui lui avait permis de réaliser une avancée tactique mais qui lui avait aussi coûté presque la moitié d'un régiment. Aujourd'hui encore, beaucoup d'hommes le craignaient.

Quelques semaines après leur arrivée au camp, alors que leurs matelas de paille étaient bien aplatis et leurs fusils légèrement rongés par la rouille causée par la rosée du matin, un incident amusant se produisit sous l'une des tentes. Myron Phelps, un caporal-chef qui faisait beaucoup plus vieux que ses trente-trois ans, et travaillait comme mineur dans la vie civile, fit tomber la cendre de son gros cigare PX d'une petite pichenette délicate, et lança :

— Ah, j'aimerais vraiment que vous arrêtiez de parler de l'Allemagne, les jeunes.

Il s'allongea sur le dos, faisant vaciller son lit de camp sur le sol inégal, replia un bras sous sa tête pour suggérer la sérénité et, remuant son cigare d'une manière indolente, reprit :

— C'est vrai, mince, qu'est-ce que vous pourriez bien foutre en Allemagne, à l'heure qu'il est ? Vous seriez dehors, en train de vous choper la chtouille, la syphilis et les couilles bleues, rien de plus, et vous descendriez tellement de schnaps et de bière que vous en seriez bouffis et flasques. Pas vrai ? Pas vrai ? Ben, si vous voulez mon avis, on est bien mieux ici. On respire de l'air frais, on est à l'abri, on a de quoi manger, on est soumis à une bonne discipline. C'est tout ce dont un *homme* a besoin.

Au début, tout le monde pensa qu'il plaisantait. Pendant au moins cinq secondes, les hommes dévisagèrent Phelps, bouche bée, échangèrent des regards, dévisagèrent encore Phelps, puis le premier rire éclata.

« Nom de Dieu, Phelps, *tout ce dont un homme a besoin* », s'éleva une voix. Puis une autre : « T'es vraiment un connard, Phelps. T'as toujours été un connard. »

Phelps tenta de se lever pour faire face à l'attaque, ses yeux et sa bouche mimant piètrement la colère, les joues rougies par la honte.

— … Et ta putain de mine de *charbon*, Phelps ? C'est « tout ce dont un homme a besoin », ça aussi ?

Il essaya de se faire entendre, en vain, désemparé d'abord, puis totalement abattu. Une chose était certaine : l'expression « tout ce dont un homme a besoin » allait circuler de tente en tente, déclencher d'autres éclats de rire, et le hanter aussi longtemps qu'il serait attaché à cette compagnie.

Le soldat de première classe Paul Colby riait encore lorsqu'il quitta la tente pour honorer son rendez-vous avec le capitaine Widdoes, cet après-midi-là ; néanmoins, il ne fut pas déçu d'entendre les rires s'estomper, puis se taire dans son dos. Ce pauvre Myron Phelps avait été nommé caporal-chef parce que c'était l'un des deux uniques survivants du bombardement, et il ne tarderait pas à perdre ses galons s'il continuait à se ridiculiser ainsi.

En outre, qu'il l'admette ou non, Paul Colby était d'accord avec au moins l'une des composantes de la formule de Phelps : lui aussi appréciait la simplicité, la rigueur et l'oisiveté de cette vie sous leurs tentes plantées dans l'herbe. Personne n'avait rien à prouver, ici.

Colby était l'un des nombreux remplaçants qui avaient rejoint la compagnie en Belgique, en janvier ; et, au cours de ces derniers mois de guerre, il avait tour à tour éprouvé de la fierté, de la terreur, de la fatigue et de la consternation. Il avait dix-neuf ans.

Une fois devant le bureau du capitaine Widdoes, installé sous la tente des rapports, Colby attendit d'être remarqué avant de saluer.

— Monsieur, je demande l'autorisation de solliciter une permission exceptionnelle.

— Une quoi ?

— Une permission exc…

— Repos.

— Merci, monsieur. En fait, aux États-Unis il est possible de solliciter une permission exceptionnelle pour rentrer chez soi en cas de décès ou de maladie grave dans la famille, par exemple. Et, depuis la fin de la guerre, des gars en ont obtenu pour rendre visite à leurs parents proches installés en Europe – même quand ils n'étaient pas malades, j'entends.

— Ah ouais ? fit Widdoes. Ouais, je crois avoir lu ça quelque part. Vous avez des parents ici ?

— Oui, monsieur. Ma mère et ma sœur. En Angleterre.

— Vous êtes anglais ?

— Non, monsieur. Je suis du Michigan : c'est là-bas que vit mon père.

— Dans ce cas, je ne comprends pas… Comment votre père peut-il… ?

— Ils sont divorcés, monsieur.

— Ah.

La grimace de Widdoes exprimait clairement qu'il ne comprenait toujours pas, mais il se mit à griffonner sur un bloc-notes.

— O K… euh… Colby. Alors vous allez m'écrire le nom de votre mère et son adresse, juste ici, et je vais demander à quelqu'un de rassembler le reste de la paperasse. Vous serez informé si votre demande aboutit, mais je préfère vous prévenir, il y a un tel bordel dans toute la zone, au niveau de la paperasserie, que vous feriez mieux de ne pas trop y compter.

Aussi Colby décida-t-il de ne pas trop y compter, ce qui allégea un peu le poids qui pesait sur sa conscience. Il n'avait pas revu sa mère et sa sœur depuis l'âge de onze ans et ne savait presque rien d'elles. Il avait surtout fait cette demande par sens du devoir, et parce qu'il ne semblait pas y avoir d'autre alternative. À présent, il y avait deux possibilités, et, à son grand soulagement : deux possibilités indépendantes de sa volonté.

Si sa demande aboutissait, il endurerait les dix jours de politesse excessive, de rires artificiels et de silences gênants, durant lesquels elles tenteraient de lui faire croire qu'il n'était pas un étranger. Ils feraient de lentes visites de Londres pour tuer les longs après-midi ; elles l'initieraient à toutes les coutumes que les Anglais jugeaient « typiquement anglaises », comme picorer du *fish and chips* ; et ils s'émerveilleraient, encore et encore, d'être réunis, tout en comptant secrètement les heures qu'il leur restait avant que tout cela soit enfin terminé.

Et, si sa demande n'aboutissait pas, il ne les reverrait sans doute jamais ; mais, à cela, il s'était résigné bien des années auparavant, à une époque où elles comptaient encore beaucoup pour lui – à une époque où, à cette simple idée, il ressentait un sentiment d'abandon quasi insupportable.

— Bah, ta mère était une de ces jeunes Anglaises qui s'imaginaient que les rues d'Amérique étaient pavées d'or, lui avait maintes fois expliqué son père, le plus souvent en arpentant le salon, un verre à la main. Alors nous nous sommes mariés, et toi et ta sœur êtes arrivés. Et, assez vite, je dirais, elle s'est demandé : « Où sont donc les belles promesses de ce pays ? Où est le bonheur ? Où est l'or ? » Tu comprends ce que je veux dire, Paul ?

— Bien sûr.

— Alors elle a commencé à tourner en rond – bon sang, c'était affreux ce qu'elle tournait en rond, mais je t'épargnerai cette partie – et elle n'a pas tardé à demander le divorce. Je me suis dit : Bon, d'accord, c'est dans tes cartes. Mais, nom de Dieu, quand elle m'a lancé : « J'emmène les enfants », j'ai dit : « Holà, attends un peu. » Je lui ai dit : « Retiens tes chevaux, jeune princesse d'Angleterre ; ici, on joue *fair play.* »

« Heureusement, j'avais un très bon ami à l'époque, Earl Gibbs, un avocat de premier ordre. Il m'a dit : "Fred, elle ne fera pas un pli dans un procès de droit de garde." J'ai répondu : "Tu m'obtiens les enfants, Earl, un point c'est tout." Je lui ai dit : "Tu m'obtiens les enfants, c'est tout ce que je demande." Et il a essayé. Earl a fait de son mieux, seulement, vois-tu, elle est partie pour Detroit et elle vous a emmenés avec elle, alors ça n'a pas été simple. Je suis descendu une fois pour vous emmener voir un match, mais ta sœur a dit qu'elle n'aimait pas le base-ball et qu'elle ne se sentait pas bien de toute façon – Seigneur, la douleur qu'une si petite chose peut vous causer ! Alors on est allés au Briggs Stadium, toi et moi, voir le match des Tigers – tu te souviens ? Tu te souviens de tout ça, Paul ? »

— Bien sûr.

— Et ensuite, je t'ai ramené ici, avec moi. Oh, pour sûr, ta mère a piqué une crise. Il n'y a pas d'autre mot. Elle était complètement irrationnelle. Elle avait déjà les billets de bateau pour l'Angleterre pour vous trois, tu vois. Elle a déboulé ici comme une furie au volant de cette petite Plymouth brinquebalante qu'elle ne savait même pas conduire, et elle s'est mise à beugler et à hurler que je t'avais « kidnappé ». Tu t'en souviens ?

— Oui.

— Un foutu après-midi. Par chance, Earl Gibbs et sa femme étaient ici. Ça m'a sauvé… enfin, à moitié, je veux dire. Parce qu'à nous trois on a réussi à la calmer un peu. Earl l'a prise à part et il lui a parlé un long moment, et pour finir, il lui a dit : « Saisis ta chance, Vivien. Contente-toi de prendre ce que tu peux obtenir. »

« Alors, tu vois, elle n'a pas eu le choix. Elle est repartie dans sa vieille guimbarde, ta sœur assise à l'avant, à côté d'elle ; et, deux semaines plus tard, elles étaient à Londres. Voilà, c'est tout.

« Bref, ce que j'essaie de te dire, Paul, c'est que, en fin de compte, tout le monde s'en est mieux trouvé, après ça. J'ai eu la chance de rencontrer ta belle-mère, et on était faits l'un pour l'autre. Tout le monde peut voir qu'on est faits l'un pour l'autre, pas vrai ? Quant à ta mère, elle n'a jamais été heureuse avec moi. N'importe quel homme est capable de se rendre compte qu'une femme n'est pas heureuse avec lui, Paul, *n'importe* lequel. Mince, la vie est trop courte, je lui ai pardonné depuis longtemps la douleur qu'elle m'a causée quand nous étions mariés. Il n'y a qu'une chose que je ne peux pas lui pardonner : elle m'a pris ma petite fille. »

La sœur de Paul Colby, Marcia, avait une année de moins que lui, presque jour pour jour. À cinq ans, elle lui avait appris à faire de grosses bulles avec l'eau savonneuse du bain ; à huit, elle avait donné un coup de pied dans son train électrique pour le persuader que les poupées à découper pouvaient se révéler plus distrayantes – et elle avait raison ; près d'un an plus tard, tremblants de peur, ils s'étaient mutuellement mis au défi de sauter d'une branche haute d'un érable, et ils l'avaient fait, chacun leur tour – même s'il ne pourrait jamais oublier qu'elle avait sauté en premier.

Le jour de l'hystérie parentale, durant le long prêche sonore de l'avocat, dans le salon, il avait observé Marcia depuis la maison. Elle attendait, assise sur le siège passager de la Plymouth éclaboussée de boue, dans l'allée du garage. Et parce qu'il était à peu près sûr que personne ne s'apercevrait de son absence, il était allé la voir.

En le voyant arriver, elle avait abaissé sa vitre.

— Qu'est-ce qu'ils font, là-dedans ? avait-elle demandé.

— Euh… je ne sais pas. Il y a beaucoup de… je ne sais pas vraiment ce qu'ils font. Mais je pense que ça va se calmer.

— Ouais, sûrement. Tu ferais mieux de retourner à l'intérieur, Paul. Je pense que papa n'apprécierait pas de te voir ici.

— D'accord.

Il s'était retourné, sur le chemin, et ils avaient échangé un petit signe de la main.

Au début, les lettres d'Angleterre furent fréquentes – celles de Marcia, joyeuses, parfois idiotes, écrites à la va-vite, et celles de sa mère, soignées et de plus en plus ampoulées avec le temps.

Après le Blitz de 1940, quand tous les commentateurs des journaux des radios américaines suggérèrent que Londres n'était plus qu'un tas de cendres et de gravats, Marcia lui écrivit une lettre assez longue, lui laissant entendre que ces rapports étaient quelque peu exagérés. La situation était certes dramatique dans l'East End – ce qui était d'autant plus « cruel » que c'était là que vivaient les gens les plus pauvres –, mais des « zones très vastes » de la ville demeuraient intouchées. Et la banlieue où elles vivaient, sa mère et elle, à douze kilomètres de là, était « tout à fait sûre ». Elle avait treize ans à l'époque où elle avait écrit cette lettre d'une intelligence et d'une sensibilité remarquables de la part d'une personne si jeune, lui avait-il toujours semblé.

Au fil des années, ils perdirent l'habitude de s'écrire, pour ne s'envoyer que des cartes de vœux, aux anniversaires et à Noël. Cependant, les lettres de sa mère continuèrent à arriver avec une régularité obstinée, qu'il y réponde ou non, et, aujourd'hui, c'était au prix d'un gros effort de volonté qu'il ouvrait les enveloppes bleues en papier fin, dépliait la page, et les lisait. Elle peinait si visiblement en écrivant qu'il ne pouvait peiner moins en la lisant, de sorte qu'il accueillait toujours le paragraphe final, vainement enjoué, avec un soulagement égal à celui qu'elle avait dû ressentir à l'idée de toucher au but. Elle s'était remariée un an ou deux après son retour en Angleterre, et le nouveau couple n'avait pas tardé à donner naissance à un fils – son « petit demi-frère » – que, toujours selon ses dires, Marcia « adorait littéralement ». En 1943, elle lui écrivit que Marcia « travaillait au sein de l'ambassade des États-Unis à Londres », une formule qu'il trouva d'autant plus étrange que sa sœur n'avait que seize ans et qu'elle ne lui donnait aucun autre détail à ce sujet.

Il avait écrit à sa sœur d'Allemagne, une fois, s'arrangeant pour glisser quelques allusions à ses états de service dans l'infanterie, mais n'avait pas reçu de réponse. Sans doute en raison du manque de fiabilité de la poste militaire, à l'époque ; il se pouvait aussi qu'elle ait négligé de lui répondre et son amour-propre en souffrait toujours un peu.

Après avoir quitté la salle des rapports, il écrivit une brève missive à sa mère pour lui expliquer que l'obtention de cette permission ne dépendait pas de lui. Quand il l'eut achevée et postée, il décida qu'il pouvait s'autoriser un petit moment de repos sur son lit de camp ; la tente couverte de rosée du matin était silencieuse et quasi déserte. De l'autre côté de l'allée de terre battue, ce pauvre vieux Myron Phelps dormait pour oublier sa honte – ou, plus vraisemblablement, faisait mine de dormir, incapable d'oublier sa honte.

Le mois suivant apporta une grande nouvelle : des sauf-conduits de trois jours pour Paris allaient être distribués aux soldats de la compagnie C. Les tentes se mirent à résonner du joyeux brouhaha de leurs discussions lubriques. Certes, les Français détestaient les Américains – c'était de notoriété publique –, mais tout le monde savait ce que « Paris » signifiait. À en croire la rumeur, une fois sur place, vous n'aviez plus qu'à aborder une fille dans la rue – *n'importe* quel genre de fille, même bien habillée et très classe – et demander : « Vous êtes de la partie, poulette ? » Soit elle se contentait de sourire et de vous répondre que non, soit elle en était – ou n'en était pas mais se sentait d'humeur à faire une exception –, et dans ce cas, ô Seigneur tout-puissant…

Paul Colby s'arrangea pour partager son sauf-conduit avec George Mueller, un type calme et réfléchi qui était devenu son ami le plus proche dans leur division d'infanterie. Un soir, peu avant leur départ pour Paris, au cours d'une de ces conversations à voix basse que seuls des amis pouvaient avoir, après quelques hésitations, il confia à George Mueller une chose qu'il n'avait jamais dite à personne et à laquelle il ne voulait même pas penser : il ne s'était jamais envoyé en l'air.

Et Mueller ne se moqua pas de lui. Il était puceau, lui aussi, expliqua-t-il, jusqu'à cette fameuse nuit passée dans un bunker avec une Allemande, une semaine avant la fin de la guerre. Et il n'était même pas sûr que cela pouvait compter, parce qu'elle n'avait pas arrêté de rire – il ne savait fichtrement pas pourquoi – et qu'il n'avait pas vraiment réussi à la pénétrer avant d'éjaculer tant il était nerveux ; et, ensuite, elle l'avait tout de suite repoussé.

Colby l'assura que cela comptait, que cela comptait infiniment plus que ses risibles tentatives. Et il aurait pu lui en conter une ou deux, mais il préféra garder cela pour lui.

Peu avant de quitter l'Allemagne, la compagnie C s'était retrouvée avec à sa charge deux cents Russes

« déplacés » : des prisonniers civils que les Allemands faisaient travailler dans l'usine de plastique d'une petite ville. Sur les ordres du capitaine Widdoes, ces Russes fraîchement libérés avaient été installés dans les habitations du quartier le plus résidentiel de la petite ville en question – fait de jolies maisons proprettes bâties sur une colline, bien à l'écart de l'usine –, et les Allemands qui les occupaient (ceux qui n'avaient pas fui devant l'arrivée des troupes plusieurs jours auparavant) avaient été envoyés dans les baraquements des travailleurs esclaves.

Il y avait peu de choses pour distraire des fantassins dans cette petite ville tranquille en partie rasée, en dehors des promenades sous le doux soleil printanier et des quelques corvées qui permettaient de « garder le contrôle », comme le disait Widdoes. Paul Colby accomplissait son tour de garde, au sommet de la colline du quartier résidentiel, un soir, au coucher du soleil, quand une jeune Russe s'était approchée de lui en souriant, comme si elle l'avait espionné d'une fenêtre. Elle devait avoir dix-sept ans, elle était mince et jolie, et portait le même genre de robe vieillotte usée par de trop nombreux lavages que toutes les autres femmes russes et, à travers le tissu, ses seins semblaient fermes et tendres comme des pêches mûres à tétons. Il ressentait le désir pressant de poser les mains sur elle, mais ne savait pas comment s'y prendre. Il n'y avait pas âme qui vive en bas de la colline, ni d'un côté ni de l'autre.

Il avait exécuté ce qu'il espérait être une petite révérence courtoise en lui serrant la main – un geste qui lui semblait approprié pour lier connaissance sans pouvoir se servir des mots, et qu'elle n'avait pas semblé trouver idiot ou déroutant. Il s'était penché pour poser son fusil et son casque dans l'herbe, et l'avait prise dans ses bras – une sensation merveilleuse – et embrassée sur la bouche, constatant avec délice qu'elle ne craignait pas de trop utiliser sa langue pour répondre à son baiser. Bientôt, il tenait l'un de ses seins splendides dans sa main (il l'avait caressé, de manière aussi impersonnelle que s'il s'agissait en effet d'une pêche nantie d'un téton) et son sang courait furieusement dans ses veines ; c'est alors que la timidité et la maladresse, inévitables et redoutables, avaient pris le dessus, comme chaque fois qu'il touchait une fille.

Cette fois encore, il s'était empressé de se trouver des excuses : de toute façon, ils ne pouvaient pas aller chez elle, il y avait trop de Russes dans cette maison ; et il ne pouvait pas non plus la prendre ici : on les surprendrait à coup sûr ; sans compter que le camion de garde n'allait pas tarder à passer le récupérer.

Il ne lui restait plus qu'à libérer la fille, à se poster à côté d'elle, un bras passé autour de ses épaules, et à laisser son regard glisser vers l'horizon et le soleil couchant. Le moment s'étirait, immobile, quand il avait songé que cela aurait fait une excellente scène finale – juste avant le fondu au noir – pour un film soviéto-américain : *Victoire sur les nazis*. Et, quand le camion de garde était arrivé pour le prendre, il n'avait même pas pu faire semblant d'être en colère ou frustré, tant il était soulagé.

Deux jours après le fondu au noir du grand film soviéto-américain, Jesse O. Meeks, un fantassin taciturne de seconde division – l'un des quatre ou cinq hommes du régiment à devoir signer d'un X pour recevoir sa solde – avait pris pleinement possession de cette douce jeune fille.

— Pas la peine de chercher c'bon vieux Meeks, s'était élevée une voix dans les quartiers du régiment, ce soir-là. Et pas la peine de l'chercher demain non plus, ni l'jour d'après. Ce bon vieux Meeks s'est joliment maqué.

Mais ils étaient en France, à présent, et, par un matin à l'éclat prometteur, Colby et Mueller se présentèrent devant le bureau du premier sergent pour réclamer leur sauf-conduit de trois jours. Sur le bord droit du bureau, un gros distributeur rotatif de capotes enveloppées dans du papier aluminium était vissé au bois. Chacun pouvait en détacher la quantité nécessaire. Colby laissa Mueller se servir en premier, pour voir combien il en prenait – six. Mal à l'aise, il en déroula également six et les fourra dans sa poche ; puis ils sortirent pour gagner l'aire de stationnement.

Ils portaient leurs blousons Eisenhower tout neufs et arboraient leur modeste assortiment de rubans et le bel insigne d'assaut d'infanterie bleu et argent ; ils avaient soigneusement noirci et astiqué leurs boots. Et si leur démarche était un peu gauche, c'était parce qu'ils avaient caché des cartouches de cigarettes PX volées dans les jambes de leurs pantalons : ils avaient appris qu'on pouvait en tirer vingt dollars pièce au marché noir de Paris.

Quel spectacle, dès leur arrivée. La tour Eiffel, l'Arc de triomphe, tout y était, exactement comme dans *Life Magazine*, et la ville s'étendait sur des kilomètres dans toutes les directions : il y avait tant à voir qu'on ne savait où donner de la tête.

Le camion les déposa au centre de la Croix-Rouge américaine, qui devait leur tenir lieu de modeste base des opérations. On leur y fournissait des dortoirs, des douches, des repas à heures régulières, et des salons pour jouer au ping-pong ou pour s'assoupir dans de profonds fauteuils. Mais seul un idiot pouvait avoir envie de passer du temps ici quand maints mystères et défis l'attendaient au-dehors. Toutefois, comme il était midi, Colby et Mueller décidèrent de déjeuner sur place.

Ensuite, ils jugèrent qu'il était temps de se débarrasser de leurs cigarettes. L'affaire d'un instant. À quelques rues de là, ils rencontrèrent un petit gars de quatorze ou quinze ans au visage crispé qui les conduisit à l'étage d'un immeuble, dans une pièce fermée à triple tour, remplie de paquets de cigarettes américaines du sol au plafond. Il paraissait si avide de conclure le marché et son mutisme était si intimidant quand il leur tendit un énorme rouleau de beaux billets français qu'il y avait fort à parier que, d'ici trois ou quatre ans, ce gars serait une figure importante de la contrebande européenne.

George Mueller avait apporté son appareil photo pour envoyer quelques clichés de la ville à ses parents. Ils optèrent pour une grande compagnie de visites guidées dont les bus partaient encore tard dans l'après-midi.

— Il nous faut une carte. Allons en acheter une, décréta Mueller quand ils furent enfin débarrassés du babillage lassant de leur guide.

Des vieux types malpropres en vendaient aux soldats un peu partout – tels des ballons de baudruche à des enfants. Colby et Mueller déplièrent la leur et l'étalèrent à plat contre la façade d'un immeuble de bureaux, puis, alors qu'ils posaient l'index çà et là, parlant en même temps, ils eurent leur première discorde de la journée.

Pour avoir lu *Le soleil se lève aussi* au lycée, Colby savait que la rive gauche était le lieu où il ne pouvait vous arriver que de belles choses. Mueller l'avait lu lui aussi, mais, pour avoir passé de longues semaines à écouter les gars discuter sous les tentes, sa préférence allait à la place Pigalle et à ses environs.

— Mais c'est le quartier des prostituées, George. Tu ne veux quand même pas te rabattre d'emblée sur une prostituée ? Sans même essayer de trouver mieux ?

Ils optèrent pour un compromis : ils tenteraient d'abord leur chance sur la rive gauche – ils avaient tout leur temps –, puis passeraient de l'autre côté.

— Waou, tu as vu comment ça marche ? fit Mueller dans la station de métro – il avait toujours été doué pour comprendre le mécanisme des choses. Tu appuies sur le bouton de l'endroit où tu te trouves et sur celui de l'endroit où tu veux aller, et toute la foutue trajectoire s'éclaire. Il faudrait être idiot pour se perdre dans cette ville.

— Ouais.

Colby dut bientôt reconnaître que Mueller avait raison, pour la rive gauche. Même après y avoir passé deux longues heures, ces rues et ces boulevards interminables étaient loin de suggérer qu'il puisse vous arriver quoi que ce soit d'intéressant dans les parages. Il y avait des centaines de personnes assises dans chacun des cafés profonds qui bordaient les trottoirs, toutes riant ou discutant avec animation – et, parmi elles, beaucoup de filles séduisantes ; seulement, il suffisait de voir les regards froids qu'elles vous lançaient pour comprendre qu'elles appartenaient à cette majorité de Français qui détestaient les Américains. Et quand vous aviez la chance de croiser une jolie fille seule dans la rue, vous n'aviez aucune envie de vous risquer à attirer son attention, même timidement, pour lui demander si elle était dans les affaires, de crainte qu'elle ne sorte un sifflet de son sac à main et ne se mette à souffler dedans de toutes ses forces.

Mais du côté de la place Pigalle : oh ! bonté divine ! À la lueur du jour déclinant, le monde vibrait d'une énergie purement sexuelle ; même si cette pénombre et tous ces visages circonspects avaient quelque chose de sinistre. La vapeur qui s'élevait des plaques d'égout en acier virait au rouge, au bleu et au vert sous la lumière vive des lampes à gaz et des enseignes électriques. Partout, des jeunes filles et des femmes marchaient ou attendaient, entourées de centaines de soldats à l'affût.

Colby et Mueller prirent le temps d'observer la scène, assis à une table de café, cajolant leur whisky soda avec, au dire du serveur, du vrai « whisky américain ». La question du dîner était réglée : ils avaient fait escale à la Croix-Rouge pour se laver et manger, et Mueller avait abandonné son appareil photo sur place (il ne voulait pas passer pour un touriste, ce soir) ; aussi n'avaient-ils rien de mieux à faire que d'observer la scène.

— Tu vois la fille qui vient de sortir avec le gars, de l'autre côté de la rue ? dit Mueller, les yeux plissés. Tu les vois ? La fille en bleu ? Et le gars qui s'éloigne d'elle, maintenant ?

— Ouais.

— Je jurerais les avoir vus entrer là-dedans il n'y a pas cinq minutes. La garce. Elle ne lui a laissé que cinq minutes – *moins* de cinq minutes – et elle lui a sûrement pris vingt billets.

— Mince.

Colby but une gorgée de sa boisson pour se donner le courage de trier la profusion de vilaines images qui lui vinrent aussitôt à l'esprit. Que pouvait-on faire en cinq minutes ? C'était tout juste le temps qu'il fallait pour se déshabiller et se rhabiller. Une éjaculation précoce pouvait-elle être si tristement précoce ? Peut-être lui avait-elle taillé une pipe ; mais, à en croire les discussions exhaustives des soldats sur le sujet, même cela était supposé prendre bien plus de cinq minutes. Ou – et cette éventualité lui glaça le sang – peut-être l'homme avait-il été pris de panique une fois dans la chambre. Peut-être qu'en la voyant se préparer il avait soudain compris qu'il n'y arriverait pas, que c'était sans espoir, que cela ne valait même pas la peine d'essayer, ou de faire semblant d'essayer ; il avait bafouillé une excuse dans un français de lycéen en glissant l'argent dans sa main, elle l'avait suivi dans l'escalier, le noyant de paroles (grossières ? méprisantes ? cruelles ?) jusqu'à ce que leurs chemins se séparent enfin.

Colby décida d'éviter les prostituées, pour sa part, même s'il prenait son temps pour la choisir, et guettait les signes de jeunesse, de bonne santé et de douceur. Il préférait se trouver une fille dans un bar – celui-ci ou un autre –, discuter un peu, même s'il était mal à l'aise, et se plier au rituel plaisant d'une invitation à boire un verre ensemble. Parce que, même si certaines filles des bars n'étaient que des prostituées au repos (et s'il s'agissait de prostituées de classe supérieure, aux tarifs supérieurs ? Comment faire la distinction ?), même dans ce cas, on avait au moins la possibilité de lier connaissance avant de se retrouver devant un lit.

Il mit une minute à attirer l'attention du serveur pour commander une autre tournée ; quand il se retourna, George Mueller conversait avec une femme assise seule à la table voisine, à quelques centimètres de lui. Une femme (elle n'avait rien d'une fille) soignée et plutôt séduisante, qui, à en juger par les bribes de conversation qui parvenaient à ses oreilles, s'exprimait essentiellement en anglais. Mueller avait tourné sa chaise vers elle et Colby ne distinguait qu'une partie du visage de son ami, rouge, tendu, un sourire timide aux lèvres. Tout à coup, la main de la femme se mit à monter et à redescendre le long de sa cuisse.

— Écoute, Paul, lui dit Mueller, tandis qu'ils se levaient pour partir, il est possible qu'on ne se revoie pas ce soir, alors, euh, on se retrouve demain matin, d'ac ? À la Croix-Rouge. Ou peut-être pas le matin… on verra.

— Bien sûr, ça marche.

Paul Colby ne trouva de fille, ou de femme, assise seule, dans aucun autre bar de la place Pigalle. Et il les essaya tous, un à un – certains deux ou trois fois, même ; il but tellement, au cours de cette vaine quête, qu'il se retrouva à des kilomètres de son point de départ, dans une tout autre partie de Paris, où le son d'un piano exubérant l'attira dans un drôle de petit bar américain. Là, il se joignit à cinq ou six autres soldats, qui pour la plupart ne semblaient pas se connaître ; debout dans leurs blousons Eisenhower, se tenant par les épaules, ils chantèrent les dix couplets de « Roll Me Over[1] » à pleins poumons, accompagnés par le pianiste qui martela la mélodie monotone jusqu'au bouquet final. À un moment, entre le sixième et le septième couplet, Colby songea que, tout compte fait, c'était une manière plutôt mémorable de terminer sa première soirée à Paris, mais il changea d'avis avant la fin de la chanson – tout comme les autres chanteurs, manifestement.

George Mueller estimait qu'il fallait être idiot pour se perdre dans cette ville ; pourtant, Paul Colby passa une demi-heure dans la station de métro à presser les boutons pour allumer des trajectoires multicolores de plus en plus sophistiquées, jusqu'à ce qu'un très vieil homme s'approche et lui explique comment regagner la Croix-Rouge américaine. Arrivé dans ce lieu où seul un crétin aurait envie de s'éterniser, il se faufila jusqu'à son lit de dortoir, comme si c'était le dernier lit au monde.

1. Comptine américaine.

Et ce fut pire le lendemain. Il se réveilla avec une gueule de bois telle qu'il fut incapable de s'habiller avant midi ; après quoi, il descendit discrètement et chercha George Mueller dans toutes les parties communes, les pieds douloureux, s'abandonnant aux mornes satisfactions de l'irascibilité. Qu'est-ce qu'on pouvait bien trouver de foutrement génial à Paris ? Personne n'avait donc les tripes de dire que ce n'était qu'une ville parmi tant d'autres, comme Detroit, Chicago ou New York : pleine de types pâles et sinistres en costume d'hommes d'affaires qui se bousculaient sur les trottoirs, pleine de bruit, de gaz d'échappement et de grossièreté crasse ? Quelqu'un avait-il déjà avoué avoir été consterné, déconcerté et lassé par ce foutu cirque, et s'être senti seul comme un pauvre diable ?

Plus tard dans la journée, il découvrit le vin blanc, qui soulagea, puis dissipa sa gueule de bois, et transforma son aigreur en mélancolie presque savoureuse. C'était bon, sec, doux et il en but une grande quantité, peu à peu, dans une longue succession de cafés au calme obligeant. Il chercha différentes attitudes à adopter à diverses tables, et ne tarda pas à s'interroger sur l'impression qu'avaient de lui les observateurs décontractés – d'aussi loin que remontaient ses souvenirs, c'était son obsession secrète la moins admirable. L'effet du vin commençait à s'étioler quand il songea qu'il avait sans doute l'air d'un jeune homme sensible jetant un regard narquois sur la jeunesse, l'amour, la mort – un jeune homme « intéressant ». Et c'est en se laissant porter par cette vague d'autosatisfaction qu'il reprit le chemin du foyer et se mit au pieu.

Le dernier jour fut celui des réflexions étriquées et des espoirs vacillants, sa dépression était si profonde qu'elle sembla submerger et inonder tout Paris, à mesure qu'approchait l'heure du départ.

À minuit, de retour place Pigalle, de nouveau saoul – ou se faisant croire qu'il l'était –, il découvrit qu'il ne lui restait presque plus un sou en poche. Il n'avait même plus les moyens de se payer la pute la plus vulgaire et la moins jeune du lot, et, au plus profond de son être, il savait qu'il avait tout fait pour en arriver là. Il ne lui restait plus qu'à retourner vers la partie la plus sombre de la ville, là où les camions de l'armée les attendaient.

Personne n'espérait vous voir arriver à temps pour monter dans le premier camion ; vous pouviez même vous permettre de manquer le dernier sans que quiconque ne s'en soucie beaucoup. Mais ces règles de conduite tacites ne concernaient plus Paul Colby : l'unique soldat, dans toute l'Europe, à avoir passé trois jours à Paris sans s'envoyer en l'air. Et il savait qu'il n'y aurait plus moyen de mettre son problème sur le dos de sa timidité ou de sa gêne, désormais : il avait peur, c'était incontestable. Bien pire : il était lâche.

— Comment se fait-il que tu n'aies pas pris mes messages ? lui demanda George Mueller sous la tente le lendemain.

Mueller avait laissé trois mots à Colby au bureau des messages de la Croix-Rouge : un le lendemain de la première nuit et deux autres plus tard.

— Je n'ai même pas remarqué qu'il y avait un bureau des messages.

— Bon sang, mais il était dans le grand salon, près de l'accueil, dit Mueller, troublé. Je ne comprends pas comment tu as pu le manquer.

Alors, plein de mépris de soi, Colby lui expliqua qu'il n'avait pas passé beaucoup de temps à la Croix-Rouge, et détourna aussitôt les yeux.

Moins d'une semaine plus tard, il fut convoqué au bureau des rapports où on l'informa que sa demande de permission exceptionnelle avait abouti. Quelques jours plus tard, il débarqua à Londres et se fit admettre au centre local de la Croix-Rouge, un lieu rempli de murmures et d'échos ressemblant en tout point à celui de Paris.

Il passa un long moment sous la douche et enfila son second uniforme, fraîchement lavé, avec un soin méticuleux – faisant durer le moment le plus longtemps possible –, puis, la main tremblante sur le cadran d'un gros téléphone à pièces britannique, il appela sa mère.

— Oh, mon Dieu, répondit-elle. C'est vraiment toi ? Oh, c'est si étrange…

Ils convinrent qu'il passerait « prendre le thé » dans l'après-midi, et il monta dans un train brinquebalant pour gagner la banlieue où elle résidait.

— Oh, quelle joie ! s'exclama-t-elle devant la porte de sa jolie petite maison mitoyenne. Comme tu es beau dans ton superbe uniforme américain. Mon Dieu, oh, mon Dieu !

Il lui sembla qu'elle sanglotait quand elle pressa sa tempe contre ses rubans et l'insigne d'assaut, mais il ne l'aurait pas juré. Il lui dit à son tour que c'était vraiment bon de la voir et ils gagnèrent ensemble son petit salon.

— Seigneur, dit-elle, ayant apparemment séché ses larmes. Comment recevoir un grand et bel Américain dans cette petite maison délabrée ?

Ils ne tardèrent pas à se détendre un peu – autant que possible –, assis dans des fauteuils face à face, alors que le charbon de céramique de sa petite cheminée au gaz chuintait et virait au bleu et à l'orange. Elle lui expliqua que son mari n'allait pas tarder à rentrer, ainsi que leur fils de six ans qui « brûlait » de faire sa connaissance.

— Ah, c'est bien, dit-il.

— J'ai essayé de joindre Marcia, mais je l'ai manquée d'une fraction de seconde au standard de l'ambassade ; j'ai appelé à son appartement, un peu plus tard, et personne n'a répondu. Elles ont dû sortir. Elle partage un appartement avec une autre fille depuis environ un an.

Elle renifla fort et détourna un peu la tête : une mimique qui lui rappela soudain la mère de son enfance.

— C'est une jeune femme indépendante, à présent. J'essaierai de la joindre plus tard, dans la soirée, et peut-être que nous…

— Non, c'est bon. Je l'appellerai demain, la coupa-t-il.

— Oh, à ta convenance.

Et tout fut à sa convenance, durant le reste de cet après-midi qui s'assombrissait à vue d'œil ; même après le retour de son mari – un homme d'une quarantaine d'années à la mine fatiguée dont le chapeau laissait une marque très nette au sommet de son crâne, et qui ne tenta aucune entrée en matière – et de leur garçonnet, qui ne paraissait guère brûler de faire sa connaissance quand il sortit de sa cachette pour lui tirer la langue.

Paul désirait-il une autre tartine beurrée avec son thé ? Bon. Avait-il envie de boire quelque chose ? Ah, bon. Était-il certain de ne pas vouloir rester encore un peu pour partager leur petit dîner merdique – des haricots blancs en sauce sur une tranche de pain de mie –, ou encore dormir sur place ? Parce qu'il y avait toute la place nécessaire. À sa convenance.

Paul ne songeait qu'à sortir de cette maison et, durant tout le trajet de retour, il se persuada qu'il ne s'était pas montré trop grossier.

Il se réveilla le lendemain, trop nerveux pour supporter la vue de son petit déjeuner : le temps était venu d'appeler l'ambassade américaine.

— Qui ? répondit une opératrice du standard. Quel service, je vous prie ?

— Euh, je ne sais pas ; je sais juste qu'elle travaille chez vous. N'y aurait-il pas moyen de… ?

— Un moment… oui, voilà : nous avons effectivement une Mlle Colby, Marcia, aux déboursements. Je vous mets en relation.

Et après une série de bourdonnements, de cliquetis, et une longue attente, une voix s'éleva, claire et flûtée – une douce voix d'Anglaise.

— … Oui, ce serait merveilleux, dit-elle. Pourrais-tu passer ici vers cinq heures ? C'est le premier bâtiment derrière l'enceinte principale, juste à gauche de la statue de Franklin Roosevelt en arrivant de Berkeley Square, tu ne peux pas la manquer ; il me faut trente secondes pour descendre, si tu arrives avant moi ; sinon, je serai là à t'attendre.

Il mit un moment à s'apercevoir qu'elle n'avait pas prononcé son prénom une seule fois. La timidité, sans doute.

Au sous-sol de la Croix-Rouge, dans une boutique étouffante, deux cockneys suants vous repassaient votre uniforme en papotant pour une demi-couronne ; plusieurs soldats attendaient d'être servis, Colby choisit de tuer une partie de l'après-midi avec eux. Ses vêtements n'avaient pas vraiment besoin d'un coup de fer, mais il voulait paraître à son avantage, ce soir.

Enfin, il remonta Berkeley Square, essayant à chaque pas de perfectionner sa démarche qu'il espérait nonchalante. Il trouva la statue de Franklin Roosevelt, l'immeuble de bureaux et le couloir, où une fille avec de grands yeux et un sourire hésitant qui ne pouvait être que Marcia se détacha d'un groupe de femmes.

— Paul ? C'est bien toi ?

Il courut à elle, l'immobilisa dans une étreinte, enfouit son nez dans ses cheveux, et eut soudain envie de la faire virevolter et rire. Il s'exécuta avec une belle aisance – sans doute grâce à sa maîtrise de la démarche nonchalante – et, quand les chaussures de sa sœur touchèrent de nouveau le sol, elle *riait* et avait tout l'air d'avoir apprécié l'instant.

— … Dis donc ! Mais regardez-moi ça !

— J'en ai autant à ton service, dit-il en lui offrant son bras.

Ils se rendirent d'abord dans ce qu'elle lui présenta comme un « pub plutôt sympa et mignon non loin d'ici », et il se félicita secrètement de si bien s'en tirer. Il s'exprimait d'une voix assurée – réussissant même à la faire rire une ou deux fois – et l'écoutait avec un mélange d'attention et de compassion. Seule fausse note : il savait que les Anglaises aimaient la bière, mais il se sentit un peu idiot de ne pas l'avoir interrogée pour s'en assurer lorsqu'elle modifia sa commande et demanda un « pink gin » ; en dehors de cela, il ne trouva rien à redire à sa prestation.

S'il y avait eu un miroir derrière le bar, il n'aurait sans doute pas manqué de jeter un petit coup d'œil heureux à son reflet sur le chemin des toilettes des hommes ; il avait donné les deux coups de talon réglementaires sur le vieux parquet, pour que son pantalon tombe bien droit sur ses boots, et s'était éloigné de sa démarche nonchalante vers la foule auréolée de fumée, espérant qu'elle le suivait du regard.

— … Que signifie « déboursements » ? questionna-t-il lorsqu'il regagna leur table.

— Oh, pas grand-chose. Dans le domaine des affaires, je suppose qu'on appellerait ça le service des salaires. Je suis employée au service des salaires. Oh, je sais, ajouta-t-elle, souriante, une pointe d'ironie dans la voix, maman t'a raconté que je « travaillais pour l'ambassade américaine ». Seigneur. Je l'ai entendue présenter les choses comme ça au téléphone un certain nombre de fois, quand je vivais encore là-bas ; c'est à cette époque que j'ai décidé de partir.

Il était tellement absorbé par sa propre personne qu'il ne s'était pas rendu compte avant cet instant, alors qu'il lui offrait du feu pour allumer sa cigarette, à quel point elle était jolie. Et ce n'était pas seulement son visage qui était beau, elle était belle de la tête aux pieds.

— … Je crains que tu n'arrives au mauvais moment, Paul, disait-elle. Je n'ai plus qu'un jour de travail avant mes vacances et, comme je ne me doutais pas que tu viendrais, je me suis organisée pour passer la semaine avec un ami à Blackpool. Mais il reste demain soir, si tu veux qu'on se voie encore une fois. Tu pourrais venir dîner à l'appartement, par exemple ?

— Oui, ce serait chouette.

— Oh, c'est décidé, alors. Ce sera simple, mais on n'a qu'à se donner des forces en s'offrant un vrai dîner ce soir. Jésus, ce que j'ai faim, pas toi ?

Il supposa que beaucoup d'Anglaises avaient appris à dire « Jésus » pendant la guerre.

Elle l'emmena alors dans un « bon restaurant du marché noir » : une chambre fermée à l'étage d'un immeuble, d'aspect tout à fait clandestin, et ils s'installèrent parmi les officiers américains et leurs compagnes qui piquaient leurs fourchettes dans d'épaisses tranches de viande – du steak de cheval, l'informa-t-elle. Là, ils se montrèrent étrangement timides l'un envers l'autre, un peu comme des enfants en visite dans une maison inconnue, mais, peu après, ils se rendirent dans un pub où ils évoquèrent des souvenirs.

— C'est drôle, dit-elle. Au début, papa m'a terriblement manqué, j'en étais presque malade, et puis, avec le temps, je n'arrivais plus très bien à me souvenir de lui. Et ces temps derniers, comment dire… ses lettres me paraissent si… bruyantes et si creuses. Insipides.

— Ouais. C'est qu'il est très… ouais.

— Et une fois, pendant la guerre, il m'a envoyé un prospectus du ministère de la Santé sur les maladies vénériennes. Ce n'était pas très délicat, tu ne crois pas ?

— Non. Pas très.

Elle aussi se souvenait du train électrique et des poupées à découper. Et du terrible saut de la branche d'érable – le pire, se rappela-t-elle, c'était qu'il fallait éviter une autre branche, énorme, un peu plus bas –, elle se souvenait aussi du jour où elle avait attendu seule dans la voiture, l'après-midi où leurs parents s'étaient disputés. Elle n'avait pas oublié le moment où Paul était venu la voir, pour lui dire au revoir.

Ils s'installèrent dans un second bar pour finir la soirée, et c'est alors qu'elle lui parla de ses projets. Elle allait peut-être rentrer aux États-Unis pour étudier à l'université, l'année prochaine – c'était ce que leur père souhaitait pour elle –, mais elle n'excluait pas la possibilité de revenir en Angleterre pour se marier.

— Ah ouais ? Sans blague ? Avec qui ?

Elle sourit, et ce fut son premier sourire artificiel depuis leurs retrouvailles.

— Je n'ai pas encore décidé. J'ai reçu des tas de propositions, vois-tu… enfin, *presque* des tas.

Elle tira de son sac un de ces gros portefeuilles américains bon marché comportant des pochettes en plastique pour les photos. Elle fit défiler des visages d'hommes, certains souriants, d'autres grimaçants, dont la plupart portaient des casquettes de marin : une galerie de portraits de soldats américains.

— … là, c'est Chet, disait-elle. Il est gentil. Il est rentré à Cleveland, maintenant. Et voilà John, qui ne devrait pas tarder à regagner sa petite ville de l'est du Texas ; et Tom, il est gentil, lui aussi il est…

Il vit cinq ou six photos, mais il semblait y en avoir davantage. Il y en avait une plutôt impressionnante d'un officier décoré de la 82e aéroportée, mais aussi celle d'un membre du service et support logistique – un « blue-star commando » – et Colby avait appris à mépriser ces gens-là.

— D'accord, mais je ne vois pas le problème. Je me moque de ce qu'il a « fait » ou n'a « pas fait » pendant la guerre ; je ne vois pas en quoi ça me concerne.

— Ouais, tu as sans doute raison, dit-il en la regardant ranger son portefeuille. Mais, tu es amoureuse d'un de ces gars-là ?

— Oh, bien sûr. C'est plutôt facile, non ?

— Qu'est-ce qui est facile ?

— De tomber amoureuse d'un homme, s'il est gentil et que tu l'apprécies.

Il réfléchit beaucoup à ses paroles toute la journée qui suivit.

Le lendemain soir : le soir où il avait été invité à « venir dîner à l'appartement, par exemple », il inspecta le domicile blanc et peu meublé de Marcia, la mine grave, et fit la connaissance de sa colocataire, Irene. Elle avait la trentaine bien sonnée, et chacun de ses regards et de ses sourires indiquait qu'elle était ravie de cohabiter avec une fille beaucoup plus jeune qu'elle. Irene le mit d'emblée mal à l'aise en déclarant qu'il était « joli garçon », puis elle tourna autour de Marcia, l'air inquiet, pendant qu'elle préparait l'apéritif : du whisky américain bon marché coupé de tonic, sans glaçons.

Le dîner se révéla encore moins formel qu'il ne s'y attendait – un ragoût de viande de porc en conserve avec des tranches de pommes de terre et du lait en poudre – et, à un moment, Irene rit de bon cœur d'une réflexion de Colby qui n'était pas censée être drôle du tout. Retrouvant son sérieux, elle se tourna vers Marcia, les yeux brillants et déclara :

— Oh, ton frère est adorable… et tu sais quoi ? Je crois que tu avais raison. Il est puceau.

Il existe différentes manières d'endurer un moment de gêne intense : il aurait pu baisser la tête, rougissant ; coincer une cigarette entre ses lèvres et l'allumer ; ou toiser cette femme les yeux plissés et rétorquer : « Qu'est-ce qui vous rend si sûre de votre fait ? » ; Colby, lui, se contenta d'éclater de rire. Il rit à gorge déployée pour souligner le ridicule de cette supposition, plié en deux sur sa chaise, incapable de s'arrêter.

— … *Irene !* gronda Marcia, rougissante, elle aussi. Je ne vois vraiment pas de quoi tu veux parler, je n'ai jamais rien dit de tel.

Irene s'excusa :

— Ah, bon, pardon, pardon, je suis seule coupable.

Cependant une étincelle de malice brillait toujours dans son regard, de l'autre côté de la table en désordre, quand il finit par se calmer, un peu nauséeux.

Le train de Marcia partait à neuf heures, d'une gare située au nord de Londres ; il fallait qu'elle se dépêche.

— Pas la peine de m'accompagner jusque là-bas, Paul, tu sais, dit-elle, bouclant sa valise à la hâte. Je vais filer.

Il insista pour l'accompagner, impatient de s'éloigner d'Irene, et ils se retrouvèrent seuls dans une rame de métro, nerveux. Ils descendirent à la mauvaise station – « Jésus, que c'est idiot, il va falloir qu'on marche, maintenant », dit-elle – et ce n'est qu'à ce moment, en marchant, qu'ils se remirent à parler.

— Je ne sais pas ce qu'il a pris à Irene de dire une chose pareille.

— Ça va, c'est oublié.

— Parce que j'ai juste dit que tu avais l'air très jeune. Était-ce si affreux comme réflexion ?

— Je suppose que non.

— C'est vrai, mince, qui ne s'est jamais soucié de paraître *jeune* ? n'est-ce pas ce que tout le monde souhaiterait ?

— Je suppose que oui.

— Oh, tu supposes que non, tu supposes que oui. Il n'y a rien à supposer, c'est un fait : tout le monde a envie d'être jeune. J'ai dix-huit ans et je regrette déjà ne plus en avoir seize, moi.

— Pourquoi donc ?

— Pour agir plus intelligemment, je dirais ; essayer de courir un peu moins après les uniformes – britanniques ou américains. Je ne sais pas…

Donc elle avait commencé à coucher à seize ans ; avec un brave petit pilote de la RAF, ou avec un Américain salivant – sans doute plusieurs de chaque.

Il était si fatigué de marcher et de porter la valise, qu'il dut faire un effort pour se rappeler qu'il était lui-même soldat d'infanterie.

— Regarde, nous sommes arrivés ! dit-elle.

Ils coururent les derniers deux cents mètres qui les séparaient de la gare et traversèrent le parvis en marbre sonore au même rythme, mais son train était déjà parti ; le suivant ne partait que dans une heure. Ils se reposèrent un instant sur un vieux banc raide, puis ils retournèrent dans la rue pour respirer un peu d'air frais.

Elle lui prit sa valise des mains, la posa au pied d'un réverbère et s'assit dessus, croisant gracieusement ses jolies jambes. Ses genoux aussi étaient beaux. Elle paraissait très décontractée. Elle s'en irait sachant qu'il était puceau, et il le demeurerait à jamais dans son esprit, qu'ils se revoient ou non.

— Paul ?

— Ouais ?

— Tu sais, tous ces gars sur les photos, c'était pour te taquiner. Je ne sais pas pourquoi j'ai dit ça ; pour faire l'idiote, sans doute.

— Bah. Je savais que tu me taquinais.

Il fut toutefois soulagé d'en recevoir la confirmation.

— J'ai rencontré ces types quand j'allais aux bals de la Croix-Rouge, au Rainbow Corner. Aucun d'eux ne m'a jamais demandé en mariage, à part Chet ; et encore, c'était pour plaisanter, parce qu'il me trouvait jolie. Si je l'avais pris au mot, il aurait eu une attaque.

— Ouais.

— Et c'était idiot de ma part de dire que je courais après les uniformes quand j'avais seize ans, tout à l'heure – Seigneur, les garçons me terrifiaient quand j'avais seize ans. Tu as une idée de ce qui pousse les jeunes de notre âge à prétendre tout savoir sur le sexe… alors qu'ils n'ont encore rien fait ?

— Non, aucune idée.

Il commençait à l'apprécier de plus en plus, mais il craignait de la laisser continuer, et qu'elle finisse par lui dire qu'elle était vierge, elle aussi, pour le réconforter : un doux mensonge qui le plongerait dans un embarras plus profond encore.

— Parce qu'on a *toute* la vie devant nous, pas vrai ? Toi, par exemple : tu vas bientôt retourner chez toi et entrer à l'université ; les filles vont aller et venir dans ta vie pendant quelques années, jusqu'au jour où tu tomberas amoureux. Ainsi va la vie, n'est-ce pas ?

Il hésitait entre lui être reconnaissant de sa gentillesse et se sentir plus honteux encore.

— Quant à moi… je suis déjà amoureuse, déclara-t-elle, sans qu'il puisse distinguer l'ombre d'un sourire taquin sur son visage. J'ai envie de te parler de lui depuis que nous nous sommes retrouvés, mais nous avons eu si peu de temps. C'est l'homme avec lequel je vais passer une semaine à Blackpool. Il s'appelle

Ralph Kovacks, il a vingt-trois ans. Il était mitrailleur sur un B-17, mais il n'a accompli que treize missions en vol ; ses nerfs ont lâché, il fait des allers-retours à l'hôpital depuis. Il est petit et a un physique un peu étrange ; tout ce qu'il veut, c'est passer ses journées assis en sous-vêtements à lire de grands classiques. Il voudrait devenir philosophe, et je commence à avoir l'impression que je ne pourrais plus vivre sans lui. Il est possible que je ne mette même pas les pieds aux États-Unis l'année prochaine, et que je le suive à Heidelberg, c'est là que Ralph aimerait vivre. Seulement, il y a un hic : me laissera-t-il l'accompagner ?

— Oh. Je vois.

— Qu'est-ce que tu vois ? Tu n'es pas très loquace, tu sais. Tu « vois » ? Qu'est-ce que tu peux bien voir, quand je ne t'ai presque rien dit ? Jésus, comment peux-tu voir quoi que ce soit avec ces grands yeux virginaux ?

Il s'éloigna, la tête basse, ne trouvant rien de mieux à faire ; mais il n'eut pas le temps d'aller très loin avant qu'elle ne s'élance pour le rattraper, ses petits talons hauts cliquetant sur le trottoir.

— Oh, Paul. Ne pars pas. Reviens, je t'en prie. Je suis vraiment désolée.

Ils retournèrent jusqu'au réverbère, où l'attendait sa valise, mais elle resta debout, cette fois.

— Je suis vraiment désolée, répéta-t-elle. Écoute. Tout ira bien pour toi, j'en suis convaincue. Tout ira bien pour nous deux. Il faut y croire, c'est l'essentiel. Allez. Dieu te bénisse.

— Ouais. Toi aussi. Toi aussi, Marcia.

Puis elle leva les bras, les noua autour de son cou et pressa un instant son corps élancé contre le sien.

— Oh, mon frère, soupira-t-elle d'une voix enrouée par les larmes.

Il marcha longtemps, après leur séparation, et il n'y avait plus rien de nonchalant dans sa démarche. Les talons de ses boots battaient le sol calmement, à une cadence régulière, et il avait le visage d'un jeune homme posé qui a une ou deux idées en tête. Demain, il téléphonerait à sa mère pour lui annoncer qu'il était rappelé en France, « pour accomplir son devoir » : une phrase qu'elle ne comprendrait pas et ne chercherait pas à comprendre ; ensuite, il pourrait tourner la page. Alors, il lui resterait sept jours à passer dans cette grande ville compliquée où l'on s'exprimait en anglais, et il avait toutes les raisons d'espérer pouvoir y rencontrer une fille.

Bonjour chez toi

— Ma foi, je sais que ça paraît étrange, dit le jeune homme en se levant de sa planche à dessin, mais je ne pense pas que nous ayons été présentés. Je m'appelle Dan Rosenthal.

C'était un homme grand et pesant, dont le visage suggérait qu'il souffrait de timidité.

— Bill Grove, lui dis-je, échangeant une poignée de main avec lui, après quoi nous pûmes feindre une certaine décontraction.

Nous venions d'être engagés par la société Remington Rand et nous devions partager l'un des grands box vitrés du labyrinthe murmurant qui occupait le onzième étage de l'immeuble ; c'était au printemps de l'année 1949, à New York.

Le boulot de Dan Rosenthal consistait à concevoir et à illustrer le « journal externe de l'entreprise », un magazine mensuel de luxe illisible intitulé *Systems*, et le mien à en assurer la rédaction. C'était un de ces hommes capables de parler et d'écouter tout en exécutant les tâches les plus complexes, de sorte que je me pris bientôt à négliger les miennes pendant plusieurs heures, puis plusieurs jours d'affilée, entretenant le flux continu de la conversation qui se déroulait dans l'espace réduit qui comprenait sa table à dessin immaculée et le fatras toujours plus consternant qui recouvrait mon bureau.

C'était l'année de mes vingt-trois ans ; Dan était mon aîné d'un ou deux ans, et il s'exprimait avec une douceur bourrue qui semblait promettre une bonhomie à toute épreuve. Il habitait Brooklyn avec ses parents et son jeune frère – « à deux pas de Coney Island, si c'est plus évocateur pour toi » –, et il était fraîchement diplômé en art de la Cooper Union – une école gratuite réputée pour être très sélective. J'avais entendu dire qu'ils ne retenaient qu'une candidature sur dix, là-bas ; lorsque je lui demandai si c'était exact, il me répondit qu'il l'ignorait.

— Et toi, où as-tu étudié, Bill ?

Une question toujours gênante.

J'avais quitté l'armée avec une G I Bill[1] à ma disposition, mais je n'en avais pas profité – et je ne comprendrais jamais vraiment pourquoi. En partie parce que j'avais peur : je n'avais guère brillé au lycée, l'armée avait estimé mon Q I à 109, et je ne voulais pas risquer d'essuyer un nouvel échec. En partie parce que j'étais arrogant : j'avais décidé de devenir écrivain

1. Loi de 1944 permettant aux anciens G I d'étudier gratuitement.

professionnel au plus vite et repousser le moment de quatre ans pour faire des études universitaires me paraissait une pure perte de temps. Il y avait une troisième raison à cela ; une raison qui exigeait davantage d'explications que je n'étais prêt à en donner, mais qui, dans sa version très simplifiée, pouvait s'avérer plus facile à invoquer que mon couplet sur la peur ou l'arrogance ; aussi était-elle devenue ma réponse privilégiée quand on me demandait pourquoi je n'avais pas fait d'études.

— En fait, j'ai dû m'occuper de ma mère.

— Oh, c'est dommage, répondit Dan Rosenthal, compatissant. Que tu n'aies pas pu aller à l'université, j'entends.

Il sembla réfléchir un instant, faisant aller et venir son pinceau délicat dans la bonne odeur d'huile de banane qui planait toujours de son côté du box.

— Tout de même, si la G I Bill offre des allocations pour les épouses et les enfants à charge, pourquoi ne tient-elle pas compte des mères à charge ?

Je ne m'étais jamais renseigné sur la question, pire, cela ne m'était même pas venu à l'esprit. Mais, aussi faiblarde et évasive que fut ma réponse, elle passa inaperçue parce qu'il s'intéressait déjà à une autre zone marécageuse du terrain vague de mon autobiographie.

— Es-tu marié ? demanda-t-il.

— Oui.

— Et qui s'occupe de ta mère, à présent ? Elle est toujours à ta charge ?

— Non, elle est... comme qui dirait retombée sur ses pieds, à présent, mentis-je.

Je savais qu'il n'insisterait pas, et il n'insista pas. Les amitiés de bureau obéissaient à des règles particulières. Néanmoins, feuilletant nerveusement un exemplaire de *Systems*, je compris que j'aurais intérêt à faire attention à ce que je dirais, à l'avenir, devant Dan Rosenthal.

D'aussi loin que remontaient mes souvenirs, ma mère avait toujours vécu de sa pension alimentaire, si bien qu'à la mort de mon père, en 1942, elle s'était retrouvée dans le dénuement le plus total. Au début, elle avait accepté des petits boulots ingrats et dégradants – poncer des verres correcteurs dans des boutiques, fabriquer des mannequins pour les grands magasins dans des usines improvisées dans des lofts miteux –, mais ce genre d'activités était très nuisible à une femme déconcertée par la vie qui vieillissait trop vite, s'abandonnait souvent à l'hystérie et s'était toujours considérée comme une sculpteuse, et ce avec au moins autant de fougue que je me considérais moi-même comme un écrivain. À l'époque où je faisais mon temps à l'armée, elle recevait un tout petit quelque chose grâce à son statut de « personne à charge d'un soldat de première classe ». Et, pendant un temps, elle avait vécu avec ma grande sœur et sa famille, dans la banlieue de Long Island, jusqu'à ce que le choc de leurs deux personnalités au sein de ce triste foyer la ramène vers New York, et vers moi. Ma sœur m'avait écrit, comme si c'était un sujet trop délicat pour en parler au téléphone ; dans sa lettre elle m'exposait le « point de vue » de son époux sur son aptitude à cohabiter avec sa belle-mère : « une belle idée en théorie, mais terriblement difficile à réaliser en pratique » ; elle était persuadée que je comprendrais.

C'était ainsi que tout avait commencé. Ma mère et moi vivions alors de mes petits boulots d'apprenti – d'abord dans un journal d'entreprise, puis chez United Press où j'étais correcteur – et partagions l'appartement qu'elle nous avait trouvé dans Hudson Street. Et si je ne pouvais me défaire du sentiment agaçant que ce n'était une vie ni très séduisante ni très aventureuse pour un jeune homme, les premiers temps avaient été agréables. Nous nous accordions étonnamment bien – il faut reconnaître que nous nous étions toujours plutôt bien accordés.

Depuis l'enfance, j'admirais son attitude désinvolte face à nos problèmes d'argent : c'était cette qualité, peut-être davantage que son attitude par rapport à l'art auquel elle aspirait avec ténacité, ou son amour pour moi, qu'elle invoquait souvent et qui la rendait si singulière et si précieuse à mes yeux. Et s'il nous arrivait d'être expulsés de nos logements, si nos vêtements étaient à peine présentables, si nous devions jeûner deux ou trois jours avant l'arrivée du chèque mensuel de mon père, nos difficultés ne faisaient que renforcer la douce tension dramatique que nous éprouvions, ma sœur et moi, lorsque ma mère nous lisait *Les Grandes Espérances* à voix haute dans son lit. C'était un esprit libre. *Nous* étions des esprits libres, et seul un monde peuplé de créditeurs ou de « gens tels que notre père » pouvait demeurer insensible au romantisme de nos existences.

À l'époque, elle m'assurait souvent que notre cohabitation n'était que provisoire, qu'elle ne doutait pas de trouver un moyen de « retomber sur ses pieds » en un rien de temps, seulement les mois s'accumulaient sans qu'elle ait fait le plus petit effort, ni échafaudé le moindre projet raisonnable, et je finis par perdre patience. Tout cela ne rimait à rien. Je ne voulais plus écouter ses discours torrentiels, je ne voulais plus rire avec elle ; je trouvais qu'elle buvait trop ; son comportement était infantile et irresponsable (deux mots empruntés à mon père) ; je ne pouvais même plus supporter la vue de sa petite silhouette courbée dans ses vêtements élégants mais jamais très nets, de ses cheveux blonds épars en bataille et de ses lèvres molles qui mimaient tantôt la pétulance, tantôt l'hilarité.

Elle avait de vilaines dents depuis des années, qui, en plus d'être disgracieuses, commençaient à la faire souffrir. Je finis par l'emmener au dispensaire du nord, un grand immeuble triangulaire en brique, haut lieu du Village, qui passait pour être la clinique publique la plus ancienne de New York. Un jeune dentiste aimable l'examina et nous annonça qu'il fallait lui enlever toutes les dents.

— Oh ! non, s'écria-t-elle.

L'opération ne pouvait pas être réalisée sur place, lui expliqua-t-il, mais si elle se présentait à son cabinet privé du Queens, il la prendrait en charge là-bas et l'équiperait d'un appareil dentaire ; et comme c'était une patiente de la clinique il ne lui facturerait que la moitié de son tarif habituel.

Le marché fut conclu. Nous prîmes le train pour Jamaica et je restai à côté d'elle durant toute la procédure, écoutant les grognements et les hoquets de surprise à chaque extraction, puis regardant le dentiste lâcher les vilaines dents, les unes après les autres, sur son petit plateau de porcelaine. J'avais les orteils recroquevillés et les cheveux hérissés sur la nuque : c'était une vision à la fois horrible et étrangement satisfaisante. Voilà, me disais-je, chaque fois qu'une dent ensanglantée tombait sur le plateau. Voilà… voilà… voilà. Je ne voyais pas comment elle pourrait insuffler du romantisme à *cela*. Peut-être allait-elle accepter d'affronter la réalité, maintenant.

Durant le trajet du retour, cet après-midi-là, elle fixa la vitre du train, un tas de Kleenex pressés contre sa bouche et son menton affaissé qu'elle dissimulait résolument aux regards. Elle semblait terrassée. Cette nuit-là, au plus fort de la douleur, se tortillant dans son lit en gémissant, elle me supplia de lui apporter un verre.

— C'est que… je ne pense pas que ce soit une bonne idée. L'alcool réchauffe le sang, et comme tu saignes, vois-tu, cela ne ferait qu'aggraver les choses.

— Téléphone-lui, m'ordonna-t-elle. Téléphone à… je ne sais plus son nom… au dentiste. Appelle les renseignements du Queens. Je me fous de l'heure qu'il est. Je suis en train d'agoniser. Tu m'entends ? Je suis en train de mourir.

Alors, j'obéis.

— Je suis désolé de vous déranger chez vous, docteur… mais je me demandais s'il serait possible de donner quelque chose à boire à ma mère ?

— Oh, certainement, répondit-il. Tous les liquides sont bienvenus. Jus de fruits, thé glacé, n'importe quel soda en vogue ou autre boisson sucrée ; aucun problème.

— Non, je voulais dire… du whisky. De l'alcool.

— Oh.

Et il m'expliqua avec tact que l'alcool n'était pas conseillé du tout.

Je finis néanmoins par lui en servir un verre ou deux, et j'en bus moi-même trois ou quatre, une fois seul, debout devant la fenêtre, le dos voûté, incarnation mélodramatique du désespoir. Je ne pensais jamais pouvoir quitter cet appartement en vie.

Lorsqu'elle eut ses nouvelles dents et qu'elle put les porter sans éprouver de gêne, elle rajeunit de vingt ans. Elle se mit à sourire et à rire plus fréquemment, et passait beaucoup de temps devant le miroir. Cependant, l'idée qu'on puisse deviner que ses dents étaient fausses l'intimidait.

— Tu n'entends pas ce claquement quand je parle ? me demandait-elle.

— Non.

— *Moi* si. Et vois-tu cet horrible petit pli sous mon nez, là où elles commencent ? Est-ce très visible ?

— Non. Bien sûr que non. Personne ne va remarquer ça.

À l'époque où elle sculptait, elle adhérait à trois organisations pour artistes payantes : l'Association nationale des sculpteurs, l'Association nationale des femmes artistes et La Plume et le Pinceau, un cercle réunissant des femmes du Village – un vestige du Greenwich Village d'antan, avec ses robes à smocks, son encens, ses cigarettes égyptiennes à monogramme, et son Edna St Vincent Millay[1]. Sur mon insistance, elle avait suspendu ses adhésions aux deux associa-

1. Poétesse et dramaturge (1892-1950), premier prix Pulitzer de poésie.

tions les plus onéreuses, mais s'était accrochée à La Plume et le Pinceau : trop importante « socialement » pour elle.

Je n'y voyais pas d'inconvénient, puisque son coût était faible et qu'ils organisaient parfois des expositions de tableaux et de sculptures – ces horribles après-midi où l'on buvait du thé en mangeant de la génoise, et où des dames à drôles de chapeaux faisaient craquer le parquet – au cours desquelles une des vieilles statuettes maculées d'empreintes de doigt de ma mère pouvait décrocher une mention « honorable ».

— Et, vois-tu, ce n'est que récemment qu'ils ont élargi le *cercle* de La Plume et le Pinceau aux sculpteurs, expliquait-elle plus souvent que nécessaire. L'organisation était réservée aux écrivains et aux peintres, avant ; bien entendu, il est trop tard pour qu'elle change de nom afin d'y inclure les sculpteurs, néanmoins, nous nous appelons les « couteaux » entre nous.

Une formule qu'elle trouvait si drôle qu'elle éclatait alors d'un rire inextinguible qui, jadis, l'obligeait à cacher ses vilaines dents d'une main et, désormais, lui permettait d'exhiber joyeusement la blancheur des nouvelles.

Je ne rencontrais presque jamais personne de mon âge, à l'époque, sauf quand je traînais dans les bars du Village pour me faire une idée de ce qu'il s'y passait.

Et puis, un jour, quelqu'un m'entraîna dans une petite soirée où je rencontrai Eileen, une fille aussi seule que moi mais qui le cachait mieux. Elle était grande et mince, avec de beaux cheveux d'un roux sombre et un joli visage anguleux qui paraissait parfois trop sérieux et méfiant, comme si elle se sentait acculée par le monde. Elle aussi avait eu une enfance qu'elle qualifiait de « misérable mais digne » (je n'avais jamais entendu cette expression avant ce jour et je l'intégrais immédiatement à mon vocabulaire) ; comme les miens, ses parents étaient divorcés de longue date ; elle n'avait pas étudié à l'université non plus ; et elle gagnait sa vie aussi comme employée de bureau. Elle était secrétaire dans une société commerciale. Une différence importante, toutefois : elle affirmait qu'elle aimait son travail et que c'était un « bon boulot » ; mais j'imaginais que j'aurais tout le temps de creuser la question.

Dès lors, et durant toute l'année qui suivit, nous ne nous séparâmes que pendant les heures de bureau. Ce n'était peut-être pas de l'amour, mais personne n'aurait réussi à nous convaincre du contraire : nous n'arrêtions pas de nous faire de grandes déclarations et de nous persuader que c'en était bel et bien. Et, si nous nous disputions souvent, les films ne prouvaient-ils pas sans cesse que tel était l'amour ? Nous étions incapables de rester éloignés l'un de l'autre, même si je pense qu'avec le temps nous en vînmes à nous soupçonner de n'avoir rien de mieux à faire que d'être ensemble.

Et puis Eileen voulut rencontrer ma mère ; je compris que ce serait une erreur d'accepter, mais ne trouvai pas le moyen de refuser. Comme c'était à prévoir, elle lui déplut.

— Oh, c'est une gentille fille, chéri, mais je ne vois pas ce que tu lui trouves de si *séduisant*, commenta ma mère, après coup.

Et un jour, alors qu'elle me parlait d'un homme ennuyeux d'une quarantaine d'années qui vivait dans son immeuble, Eileen riposta :

— Il touche à l'art depuis tant d'années et en parle tellement qu'il s'arroge les prérogatives d'un artiste sans avoir jamais créé quoi que ce soit. Je veux dire que… c'est un clochard de l'art, comme ta mère.

— Un clochard de l'art ?

— Ouais, tu sais, ces gens qui s'amusent toute leur vie à essayer d'impressionner les autres avec une chose qu'ils n'ont jamais eue, et qu'ils n'auront sans doute jamais. Ne trouves-tu pas cela ennuyeux ? N'est-ce pas une perte de temps pour tout le monde ?

Un reste de loyauté me poussa à prendre la défense de ma mère contre cette accusation d'être une clocharde de l'art, mais mes arguments furent si faibles, si boiteux et si tirés par les cheveux, que nous nous serions encore disputés si je n'avais trouvé le moyen de changer de sujet.

Certains matins, quand je rentrais à la maison après le lever du jour, ayant tout juste le temps de passer une chemise propre avant de partir travailler, ma mère m'accueillait avec un air tragique – à une ou deux reprises, elle alla même jusqu'à me dire : « J'espère que tu sais ce que tu fais », comme si j'étais une fille. Finalement, un soir, vers la fin de l'année, elle entra dans une de ses colères noires incontrôlables et parla d'Eileen comme de ma « sale petite garce irlandaise ». Une crise que je supportai assez bien puisqu'elle m'autorisa à me lever et à quitter la maison dans un silence dédaigneux, l'abandonnant à sa crainte de ne plus jamais me revoir.

Cet hiver-là j'attrapai une pneumonie, un état qui s'accordait bien à cette période de malchance. Un après-midi, à l'heure des visites de l'hôpital où j'effectuais ma convalescence, ma mère et Eileen – qui s'étaient brillamment évitées jusque-là – se retrouvèrent nez à nez dans l'ascenseur et durent gagner le service ensemble. Elles s'installèrent chacune d'un côté du lit en fer et entretinrent une conversation hésitante par-dessus mon corps étendu, tandis que mon regard allait de l'une à l'autre et que je constatais la remarquable différence entre leurs deux visages – le vieux et le jeune –, tout en essayant de prendre un air de circonstance pour chacun d'eux.

C'est alors qu'Eileen écarta un pan de ma chemise de nuit d'hôpital ; elle jeta un œil dessous et me massa les côtes du bout des doigts.

— Ne trouvez-vous pas qu'il a une belle couleur de peau ? dit-elle d'une voix faussement enjouée.

— Si, c'est vrai, j'ai toujours pensé qu'il avait un beau teint, dit ma mère d'une voix posée.

— Et vous savez le meilleur ? C'est qu'il est pareil de la tête aux pieds.

La réflexion aurait prêté à rire si ma mère n'avait pas décidé de réagir par un silence, de baisser les paupières et de relever le menton, telle une douairière forcée de tancer une fille de cuisine impudente. Eileen ne put que reposer la main sur ses genoux et baisser les yeux.

Je fus libéré quelques jours plus tard, après qu'un médecin aimable et consciencieux m'eut fait la leçon sur les vertus d'une alimentation équilibrée à des heures régulières.

— Vous êtes maigre, m'expliqua-t-il, comme si j'en doutais, comme si ma maigreur n'avait pas toujours été une source d'embarras pour moi.

— Vous avez été atteint de plusieurs affections des poumons, et, d'une manière générale, votre condition physique induit une susceptibilité à la tuberculose.

Je ne sus que penser de tout cela dans le métro qui me ramena chez moi, le petit sac en papier brun malpropre contenant mes affaires de toilette dans la main ; et, de toute façon, ce n'était pas le plus important dans l'immédiat. Pour l'heure, et Dieu savait jusqu'à quand, j'avais d'autres problèmes à affronter.

Et celui que je redoutais le plus, le pire problème imaginable, se présenta un ou deux mois plus tard, par une nuit chaude, dans l'appartement d'Eileen, lorsqu'elle m'annonça qu'elle voulait rompre. Nous nous « courtisions » – je cite – depuis un an, et elle pensait que notre relation n'avait aucun avenir. Elle m'avoua qu'elle « s'intéressait toujours aux autres hommes », et quand je lui demandai : « *Quels* autres hommes ? », elle détourna les yeux et me fit une réponse énigmatique que je pris pour le signe que je perdais la partie.

Je savais que j'avais raison : elle ne connaissait pas d'autres hommes ; et néanmoins, elle aussi avait ses raisons. Elle voulait recouvrer sa liberté, avoir la possibilité d'attendre devant son téléphone jusqu'à ce que quelqu'un l'invite dans un endroit où il y *aurait* d'autres hommes, et là, parmi plusieurs candidats, elle en choisirait un. Il serait sans doute plus vieux que moi, plus séduisant et mieux habillé, et il aurait quelques dollars à la banque et une idée de ce qu'il voulait faire de sa vie ; et il n'aurait sûrement pas sa mère sur le dos.

C'était fini, et les premiers temps, prenant ma situation au tragique, je crus que je n'y survivrais pas. Je n'avais pas encore l'âge de John Keats, un autre tuberculeux sous-alimenté, mais, d'un autre côté, je n'avais encore rien fait qui pût établir mon génie, de sorte que, par son anonymat, ma mort serait plus poignante encore – un jeune homme consumé avant l'âge, un soldat inconnu que personne ne pleurerait, à part peut-être la seule et unique fille qu'il avait jamais connue.

Seulement, j'étais toujours censé abattre mes huit heures de relecture chez United Press, prendre le métro et regarder où je mettais les pieds dans la rue, or force me fut bientôt de reconnaître qu'il était nécessaire d'être vivant pour accomplir ce type de tâches.

Un soir, de retour à la maison, je trouvai ma mère presque incapable de contrôler son enthousiasme devant la nouvelle qu'elle devait m'annoncer. L'espace d'un instant, à voir son visage heureux, je nourris le fol espoir qu'elle ait trouvé un emploi digne de ce nom. Je me trompais.

La Plume et le Pinceau organisait un spectacle qui serait suivi d'une petite fête. Chaque groupe d'adhérents devait interpréter une chanson humoristique ou un sketch, et elle avait été choisie pour représenter les sculpteurs.

Dernièrement, un petit jingle commercial ridicule faisait la réclame des bananes à la radio. Une fille à l'accent sud-américain y poussait la chansonnette sur un air latino :

Je suis Chiquita Banana et je suis…
venue pour vous dire
Que les bananes ont besoin… de bien

Et voici la petite parodie composée par ma mère pour le plaisir des dames de La Plume et le Pinceau, qu'elle me récita les yeux brillants, en sautillant à travers notre misérable salon :

Nous sommes les sculpteurs et nous sommes…
venus pour vous dire…
Que les sculpteurs ont besoin d'être… bien traités…

Elle avait cinquante-sept ans. Il m'était souvent arrivé de penser qu'elle était folle – et il s'était toujours trouvé des personnes pour affirmer qu'elle l'était, d'aussi loin qu'il m'en souvenait –, mais je crois que c'est ce soir-là, ou très peu de temps après, que je décidai de partir.

J'empruntai trois cents dollars à la banque, je les lui tendis en lui expliquant que je ne lui demanderais pas de m'aider à les rembourser, et lui dis, en substance, qu'elle était seule à présent.

Puis je courus chez Eileen – comme si je craignais que les « autres hommes » n'arrivent avant moi – et lui demandai de m'épouser sur-le-champ. Elle accepta.

— C'est drôle notre histoire, me dit-elle plus tard. Nous ne nous ressemblons pas du tout, nous n'avons rien en commun, mais il y a tout de même cette… affinité chimique, tu ne dirais pas ?

— Si.

Et, sur une simple affinité chimique, semblait-il, dans un appartement qui s'effritait sur la côte paisible du Village, nous survécûmes à l'été 1948.

Les premiers temps, ma mère appelait parfois, toute humble et angoissée, pour me demander vingt, dix ou cinq dollars, de sorte qu'Eileen et moi redoutions la sonnerie du téléphone ; mais elle ne tarda guère à subvenir presque entièrement à ses besoins. Elle sculptait des têtes de mannequins pour les grands magasins, travaillait à son compte, à domicile – il n'était plus question pour elle de travailler à l'usine, au moins –, mais elle était persuadée qu'un travail plus intéressant se présenterait bientôt. Elle avait entendu dire que l'Association nationale des femmes artistes voulait recruter une personne pour se charger de l'administration et des relations publiques. Ne serait-ce pas un boulot merveilleux ? Nul n'était besoin de savoir taper à la machine – un miracle –, seulement, ils lui demanderaient sans doute de faire du bénévolat avant de lui offrir un salaire. Et comment pourrait-elle modeler ses têtes de mannequins si elle devait travailler plusieurs mois à plein temps sans être payée ? N'était-ce pas ironique, ces difficultés qui se dressaient toujours sur sa route ?

Ouais.

Plus tard, cet automne-là, je fus renvoyé de United Press – pour incompétence pure et simple, je dirais, bien que le mot n'ait pas été prononcé au cours du petit discours de renvoi cordial auquel j'eus droit ; suivirent quelques semaines éprouvantes, jusqu'à ce que je retrouve du travail dans le journal d'un syndicat travailliste. Puis, au printemps, je fus embauché chez Remington Rand, et ainsi débuta une ère paresseuse et bavarde dans ce petit bureau vitré glacial que je partageais avec Dan Rosenthal.

Une fois que j'eus appris à ne pas trop parler de moi, nous nous entendîmes très bien. Et il devint très important à mes yeux de gagner et de conserver son estime.

Il parlait surtout de sa famille. Il m'expliqua que son père était tailleur dans l'industrie textile et que c'était un « autodidacte remarquable », puis il soupira :

— Et merde. C'est impossible de dire une chose pareille sans le rabaisser. On se représente un petit type rigolo courbé sur une machine toute la journée et débattant de Kierkegaard toute la nuit. Ce n'est pas du tout ce que je veux dire. Tu sais quoi ? Quand on est proche d'une personne, quand on l'aime, on ne peut que se ridiculiser en essayant de la décrire. Pareil pour ma mère.

Et il était incroyablement fier de son frère Phil, qui, à l'époque, était scolarisé dans un lycée de la ville réservé aux élèves les plus doués.

— C'est moi qui l'ai voulu, déclara-t-il un jour. Quand j'avais sept ans, j'ai dit à mes parents que je voulais un petit frère et que je n'accepterais pas de refus de leur part. Ils n'ont pas eu le choix. Ils ont accepté et j'étais content, mais je n'avais pas songé qu'il faudrait que j'attende plusieurs années avant de pouvoir jouer avec lui, lui parler, lui enseigner quoi que ce soit, ou partager quoi que ce soit avec lui ; la pilule a eu du mal à passer. Mais dès qu'il a atteint l'âge de six ans, je n'ai plus eu à me plaindre. Nous avons fait venir un piano à la maison et, deux mois plus tard, Phil jouait de la musique classique. Je ne plaisante pas. Quand il fut en âge d'entrer au lycée, il était en position de choisir parmi les meilleurs du coin. Il se montre toujours très timide envers les filles, et je crois qu'il s'en inquiète, même s'il est clair que les filles ne sont pas du tout intimidées par lui. Ce foutu téléphone sonne tous les soirs. Des filles. Elles appellent juste pour parler un peu avec Phil. Mince, ce gamin a tout pour lui.

À plusieurs reprises, Dan affirma qu'il se sentait prêt à quitter la maison et il m'interrogea, un peu hésitant, sur le prix des locations dans les différentes parties du Village. Ses projets ne posaient aucun problème à sa famille, et même, lui semblait-il, son déménagement était attendu par tous, au vu de son âge et de son niveau d'études. Or Dan voulait faire ce qu'on attendait de lui.

Et puis, un matin, il arriva au bureau la voix enrouée par l'émotion et le manque de sommeil.

— Écoute, Bill. Je vais devoir m'absenter quelques jours. Je ne sais pas combien. Mon père est mort hier soir.

Quand il reprit le travail, il était livide et paraissait avoir rapetissé un peu. Il marmonnait sans cesse « merde » dans sa barbe, à chaque souci de bureau. Environ une semaine plus tard, il eut envie de me parler de l'existence que son père avait menée.

— Tu sais ce que fait un tailleur ? Il manipule une petite machine du matin au soir. Une machine équipée d'une lame électrique, semblable à celle d'une scie. Il prend vingt-cinq couches de tissu – flanelle, laine peignée, ou je ne sais quoi d'autre – et il taille dans l'épais matelas, en suivant le patron d'une manche, d'un revers ou d'une poche de veste. Et il y a des peluches partout. Il en a plein le nez et la gorge. Il passe toute son existence à respirer ces satanées *peluches*. Tu imagines un homme doté d'une grande intelligence, un homme d'une intelligence supérieure, exercer ce genre de boulot pendant trente-cinq années ? Pour la simple raison qu'il n'a jamais eu le temps d'apprendre autre chose ? Merde et re-merde. Partir à cinquante-deux ans. C'est à vous briser le cœur.

Dan se mit à fumer le cigare, cet été-là ; il en avait toujours une poignée dans sa poche de chemise et les mâchonnait ou les fumait toute la journée, courbé sur sa table de travail. J'avais le sentiment qu'il n'appréciait pas beaucoup cela – il était parfois secoué de quintes de toux –, mais c'était comme s'il s'agissait d'une étape nécessaire à la formation de l'homme mûr de vingt-cinq ans qu'il avait décidé de devenir.

— Tu te souviens du gars du boulot dont je t'ai parlé ? demandai-je un soir à Eileen. L'artiste ? Dan Rosenthal ? Je pense qu'il s'entraîne à devenir un vieil homme.

— Ah bon ? Comment cela ?

— Il devient tellement… bah, c'est difficile à expliquer. Je ne suis même pas certain d'avoir bien compris.

Elle non plus n'arrivait pas à me parler des gens de son bureau. Nos conversations s'essoufflaient souvent jusqu'à ce que nous reconnaissions que nous n'étions pas certains de bien comprendre la situation, et le silence qui suivait était souvent rompu par une dispute qui démarrait à tout autre propos.

Nous étions loin d'être le couple idéal. Avec du recul, nous pensions tous deux nous être mariés trop jeunes, et pour des raisons qui, avec du recul, nous paraissaient mauvaises. Par moments, nous avions de longues conversations plaisantes, comme pour nous persuader que nous étions de bons compagnons l'un pour l'autre ; mais certains de ses tics de langage me faisaient tressaillir. Comme sa manière de dire « oué » au lieu de « ouais », le plus souvent en plissant les yeux derrière un nuage de fumée de cigarette, ou « comme il est d'usage » – expression fort goûtée dans les services de comptabilité, imaginais-je –, et elle préférait « tout le tintouin » à « tout le reste ». C'était ainsi que s'exprimaient les secrétaires new-yorkaises futées et directes, et elle ne s'autorisait jamais à être davantage qu'une secrétaire new-yorkaise futée et directe.

Enfin, presque jamais. L'hiver précédent, à ma grande surprise, elle s'était inscrite à un cours de théâtre de la New School. Elle rentrait à la maison, essoufflée par tout ce qu'elle avait appris, et s'empressait de me raconter son cours par le menu, sans jamais user du jargon de secrétaire : ce furent nos meilleurs moments de vie commune. Personne n'aurait soupçonné, ces soirs-là, que cette douce étudiante en art dramatique consacrait quarante heures hebdomadaires au dur labeur de secrétaire de la fabrique de tissus Botany Mills.

À la fin de l'année scolaire, tous les élèves de sa classe de la New School se produisirent devant un public essentiellement composé de parents et d'amis, dans un vieux théâtre poussiéreux de la Deuxième Avenue. Certains jouèrent des scènes à deux et trois personnages tirées de célèbres pièces américaines, mais d'autres étudiants choisirent d'être seuls sur scène, comme Eileen. Elle opta pour un texte léger qui, pour autant, ne manquait pas de profondeur : un long monologue subtil et autonome du *Dream Girl* d'Elmer Rice[1] ; et tout le monde la trouva aussi merveilleuse à regarder qu'à écouter.

Elle se débrouilla si bien, ce soir-là, que la New School lui offrit une bourse d'études pour l'année suivante. Et c'est alors que les ennuis commencèrent. Elle y réfléchit pendant plusieurs jours – il y eut de longs silences dans l'appartement, tandis qu'elle pelait les pommes de terre ou repassait –, puis elle annonça sa décision de refuser la bourse. Elle n'imaginait pas pouvoir étudier le soir, après une journée de travail fatigante. Certes, tout s'était bien passé cette année, et c'était « amusant », mais ce serait pure folie que de continuer à vivre ainsi : cela ne lui coûterait peut-être rien, financièrement, mais elle le paierait cher sur d'autres plans. Sans compter qu'on n'apprenait pas grand-chose du vrai métier de comédien dans ces petits cours pour adultes. Et, pour espérer devenir professionnelle, il faudrait qu'elle étudie à temps plein, ce qui était hors de question.

— Pourquoi ?

— Qu'est-ce que tu entends par « pourquoi » ?

— Dieu du ciel, Eileen, tu n'as pas besoin de ce petit boulot idiot. Tu pourrais démissionner demain, si tu le voulais. Je peux subv…

---

1. Elmer Rice (1892-1967). Dramaturge, metteur en scène, scénariste et écrivain.

— Tu peux subvenir à *quoi* ?

Elle fit volte-face et me dévisagea, les poings sur les hanches – une posture qui indiquait que j'allais passer un mauvais moment.

J'étais amoureux de la fille qui brûlait de tout me raconter en rentrant du « théâtre », de la fille discrète et timide sous le tonnerre d'applaudissements qui avait suivi sa scène de *Dream Girl*. Je n'aimais pas tellement la dactylo digne de confiance de Botany Mills, l'éplucheuse de pommes de terre hargneuse, ni la femme lasse qui repassait péniblement, la mine renfrognée, pour souligner combien nous étions pauvres. Et je ne voulais plus être marié à une personne capable de dire : « *Tu* peux subvenir à *quoi* ? »

Et ce fut effectivement un mauvais moment. Qui se prolongea jusqu'à ce que nous finissions par réveiller les voisins, ce qui ne résolut rien, à l'instar de chacune de nos pires querelles. Nos vies semblaient alors régies par nos nerfs à vif et nos plaies ouvertes ; je pense que nous aurions rompu cet été-là, et sans doute pour de bon, si nous n'avions découvert qu'Eileen était enceinte.

En apprenant qu'il y avait un bébé en route, Dan Rosenthal se redressa gaiement devant sa table à dessin pour me serrer la main. Cette brève cérémonie achevée, nous nous assîmes et il me regarda, pensif :

— Comment peux-tu être père, alors que tu ressembles encore à un fils ?

Un week-end, peu après, l'un des premiers jours frisquets de l'automne, je sortis ramasser des bouts de bois sur un terrain vague près de la rivière. Notre immeuble était très ancien et mal entretenu, mais nous avions une cheminée qui « fonctionnait ». Je ne pris que les planches faciles à fendre et à casser afin qu'elles entrent dans le foyer, et quand j'en eus assez pour quelques jours, je les jetai de l'autre côté du grillage qui entourait le terrain vague. De loin, cette clôture pouvait paraître difficile à escalader, mais il y avait suffisamment de mailles lâches pour y passer les pieds. Je l'escaladai et sautai de l'autre côté quand j'aperçus Dan Rosenthal qui venait à ma rencontre.

— Eh bien. Tu avais fière allure, à l'instant, quand tu as escaladé cette clôture. Tu sembles très agile.

J'étais ravi. Et je me souviens de l'avoir été d'autant plus qu'il me surprenait avec mon vieux blouson de l'armée et mon jean. Lui-même portait un costume cravate et un léger pardessus qui semblait neuf.

En marchant vers mon immeuble avec nos tas de bois – Dan en avait pris un peu et s'appliquait à ne pas salir son manteau –, il m'expliqua qu'il était en ville pour rencontrer un ami de la Cooper Union, quand il s'était aperçu qu'il avait deux heures à tuer ; aussi avait-il décidé de se promener dans le Village. Il espérait qu'il ne me dérangeait pas.

— Bien sûr que non, lui dis-je. C'est super, Dan. Allez viens, montons, j'aimerais te présenter ma femme.

Et, bien qu'habitant ici, Eileen et moi, nous n'avions rien de commun avec les gens du Village. Les bohèmes nous mettaient mal à l'aise. Et même les mots *dans le vent* avaient quelque chose d'angoissant pour nous, tout comme l'idée de fumer de l'herbe – ou du « thé », ainsi qu'on l'appelait communément alors, me semble-t-il –, et dans les rares occasions où nous nous rendions à des soirées, elles se composaient presque toujours d'employés de bureau aussi rangés que nous l'étions.

Néanmoins, quand je fis entrer Dan Rosenthal chez nous, cet après-midi-là, je me pris à marcher le dos voûté et à marmonner, les yeux plissés. Eileen n'aurait pu mieux compléter le tableau : nous la découvrîmes étendue sur le canapé de notre grand studio, en col roulé noir et pantalon mou assorti. Je l'avais toujours adorée dans cette tenue, d'abord parce qu'elle était terriblement seyante et mettait en valeur ses longs cheveux roux, et aussi parce qu'elle semblait arrondir tous les angles de son corps. Il lui arrivait de la passer lorsqu'elle se rendait à ses cours de théâtre, et elle la portait presque toujours le soir quand nous allions au San Remo ou dans un autre pub prisé du coin, où nous restions assis des heures sans parler, essayant de surmonter la gêne que nous éprouvions au milieu de tous ces jeunes hommes voûtés qui marmonnaient les yeux plissés, à côté de leurs compagnes au teint pâle et aux cheveux longs : une pleine salle de ces gens-là, rugissant sporadiquement de rire à propos de choses que nous étions incapables de comprendre, à n'en pas douter.

On peut éprouver une certaine jubilation à feindre d'être ce que l'on n'est pas, pour peu qu'on soit encore assez jeune d'esprit. Et après avoir été agile en escaladant la clôture, et dans le vent en montant l'escalier, il était temps que je fasse montre d'un peu de rudesse. Je m'accroupis et, usant de beaucoup plus d'énergie que nécessaire, je me mis à briser les planches de bois sur la poignée d'un fer à repasser que j'avais tiré du foyer ; et quand elles furent réduites en morceaux faciles à brûler, je les cassai à nouveau en deux, voire en trois, sur mon genou déjà douloureux. Voyant qu'il restait des rangées de clous rouillés sur certaines planches, Dan lança :

— Attention aux clous !

Je lui signifiai d'un regard que j'étais capable de prendre soin de moi-même sans recevoir d'aide. Ne le faisais-je pas depuis toujours ? N'étais-je pas dans l'infanterie, jadis ? S'imaginait-il que j'avais toujours été un col blanc ? Sans blague, peu de choses demeuraient un mystère pour des gars qui avaient battu la campagne comme je l'avais fait : comment pensait-il que je m'étais dégotté cette fille époustouflante, dont il n'arrivait pas à détacher les yeux ?

Bientôt, un bon feu brûlait dans l'âtre. Dan ôta sa veste et desserra sa cravate ; nous nous retrouvâmes tous trois assis à boire de la bière dans des postures décontractées, et je me mis à poser d'une manière plus discrète et plus « intéressante ». Eh bien, non, avouai-je, adressant un sourire triste aux flammes, en fin de compte, j'avais remisé le roman sur lequel je travaillais, au printemps dernier : ce n'était pas le ton juste.

— Et quand on n'arrive pas à trouver le ton juste, autant laisser tomber.

J'usais toujours de phrases courtes et énigmatiques quand je parlais art.

— Ouais, fit-il.

— J'imagine que c'est pareil en peinture, quoique d'une manière différente.

— Oui, un peu.

— Mais j'ai quelques nouvelles sous le coude que je voudrais remettre d'aplomb et envoyer un peu partout. Il faut d'abord que je les remette d'équerre, tu comprends. On déconstruit et on reconstruit en permanence. Rien ne s'écrit tout seul.

— Hum-hum.

Je réussis à tenir assez longtemps sur le thème de ma difficulté d'écrire quoi que ce soit de bien avec un travail à plein temps. Je lui expliquai aussi que nous mettions un peu d'argent de côté, pour aller vivre en Europe, mais que, avec l'arrivée du bébé, notre projet était compromis.

— Vous voulez vivre en Europe ? s'étonna-t-il.

— Ben, c'est une chose dont on parle souvent. De Paris, surtout.

— Pourquoi ?

À l'instar de certaines de ses autres questions, je trouvai celle-là troublante. Sans raison profonde : en partie à cause de la légende – Hemingway, Joyce –, en partie parce que j'avais toujours rêvé d'intercaler cinq mille kilomètres d'océan entre ma mère et moi.

— Oh, c'est surtout parce que la vie y est moins chère ; nous pourrions vivre avec peu et j'aurais davantage de temps pour écrire.

— Tu parles français ?

— Non, mais je pense que je pourrais apprendre. Bah, c'est sans doute juste… un fantasme.

Sentant que ma voix devenait hésitante, je décidai de me taire au plus vite.

— Dan ? lança alors Eileen.

À la lueur du feu, son visage était une pure incarnation de la séduction innocente. Elle n'avait besoin de l'aide de personne pour savoir qu'elle venait de faire une conquête.

— Est-il vrai que la Cooper Union ne retient qu'un candidat sur dix ?

— Oh, on entend des tas de chiffres, répondit-il timidement, sans tout à fait soutenir son regard. Mais c'est à peu près cela.

— C'est magnifique. Je veux dire que… c'est très impressionnant. Vous deviez être très fier d'y avoir étudié.

Elle gâchait consciencieusement mon numéro, voire mon week-end ; et, néanmoins, leur conversation me donna ce qui m'apparut pour une très bonne idée.

Après d'autres échanges et d'autres bières, elle demanda :

— Resterez-vous pour dîner, Dan ?

— Oh, c'est très gentil à vous, mais… une autre fois, peut-être. Je devrais être rentré depuis longtemps. Vous permettez que j'utilise votre téléphone ?

Il appela sa mère et conversa quelques minutes d'un ton enjoué. Plus tard, lorsqu'il partit – non sans nous avoir adressé maints remerciements, excuses et promesses –, Eileen me fit remarquer qu'on aurait dit qu'il discutait avec sa femme, un peu plus tôt, au téléphone.

— Ouais, c'est le problème, vois-tu. Depuis la mort de son père, il se comporte un peu comme s'il était l'époux de sa mère. Et comme si son jeune frère, de sept ou huit ans son cadet, était leur fils.

— Oh. C'est triste, tu ne trouves pas. Il a une amie ?

— Je ne crois pas. Il n'en a jamais parlé, s'il en a une.

— En tout cas, je l'apprécie beaucoup, dit-elle dans un fracas de casseroles, s'apprêtant à préparer le dîner. C'est la première personne que j'apprécie vraiment depuis bien longtemps. Il est très… gentil.

Elle avait mis un tel soin à choisir son mot que je me demandai pourquoi elle avait opté pour celui-là, et ne tardai pas à conclure que c'était parce que ce mot-là, entre tous les autres, ne pouvait guère s'appliquer à ma personne.

Et mince. Je mourais d'envie de m'installer dans l'alcôve aménagée par un paravent, à l'angle de la pièce où se trouvait mon bureau. Mon roman délaissé, mi-dactylographié, mi-manuscrit, m'attendait là, de même que les nouvelles que je comptais déconstruire et reconstruire, pour les remettre d'aplomb avant de les envoyer un peu partout. Toutefois, mon idée présente était sans rapport avec l'écriture.

J'avais toujours eu un bon coup de crayon pour croquer des petites saynètes simples : ce soir-là, je noircis une bonne quantité de papier à dactylographier de caricatures des employés du onzième étage de la Remington Rand ; ces collègues avec lesquels Dan et moi devions nous montrer patients et aimables, jour après jour ; et je me pris à glousser devant les plus réussies, ne doutant pas qu'elles plairaient à Dan.

Je mis plusieurs soirées à éliminer les plus crues et à peaufiner les meilleures ; puis, un matin, je lâchai le tas sur sa table à dessin, le plus négligemment du monde.

— Qu'est-ce que c'est ? demanda-t-il. Oh, je vois, Arch Davenport. Et ce pauvre vieux Gus Hoffman. Et celui-là ? C'est Jack Sheridan, n'est-ce pas ? Oh, et je suppose que nous avons Mme Jorgensen, ici, dans le pool de dactylos…

Il les étudia encore.

— Ma foi, c'est assez brillant, Bill.

Je l'avais trop souvent entendu utiliser le mot « brillant » de manière péjorative pour le prendre pour un compliment.

— Bah, ce n'est pas grand-chose. Je pensais juste que… tu pourrais trouver ça marrant.

J'espérais bien davantage, cela va de soi. Ces dessins ne devaient constituer qu'une entrée en matière pour lui exposer un projet plus vaste, ce que sa réponse tiède tendait à m'interdire de faire. Cependant, je ne tardai pas à surmonter mes réticences, et, avant la fin de la journée – avant même la pause déjeuner – je lui crachai le morceau.

Des centaines d'Américains avaient intégré des écoles d'art parisiennes grâce à la G I Bill, lui expliquai-je, des artistes sérieux tout autant que des pseudo-artistes qui remplissaient à peine – voire pas du tout – les conditions nécessaires et profitaient ouvertement de la bourse pour vivre sur place. Et les écoles elles-mêmes s'en moquaient, tant cette rente régulière payée par le gouvernement des États-Unis était bienvenue. J'avais lu un article à ce sujet dans le *Time Magazine*, qui faisait allusion à une école en particulier, réputée pour être « la plus laxiste en la matière ».

J'avais décidé de faire acte de candidature pour entrer dans cette école-là, afin d'y poursuivre mon travail d'écrivain, continuai-je, seulement, j'avais besoin d'une lettre de recommandation. J'en vins au fait : pouvait-il écrire cette lettre pour moi ?

Dan parut troublé, et un peu mécontent, aussi.

— Je ne comprends pas. T'écrire une lettre de recommandation ? Sont-ils censés avoir entendu parler de moi ?

— Non, mais tu peux être certain qu'ils ont entendu parler de la Cooper Union.

Il n'apprécia pas du tout mon idée, il eût fallut être aveugle pour ne pas le remarquer, néanmoins il accepta. Il rédigea une lettre à la va-vite au crayon et me la tendit pour que je la tape à la machine.

Il déclarait à la direction de l'établissement en question que j'étais un ami, qu'il jugeait mon coup de crayon prometteur et qu'il souhaitait soutenir ma candidature ; ce n'était qu'après cela qu'il faisait état de son statut d'ancien élève de la Cooper Union.

— C'est parfait, Dan, dis-je. Merci beaucoup. Vraiment. Juste une petite chose : ne penses-tu pas que de me présenter comme un « ami » risque d'affaiblir… ?

— Merde alors, grogna-t-il sans lever les yeux – je ne l'aurais pas juré, mais il me sembla que son cou était un brin plus rose que d'ordinaire. – J'écris que nous sommes amis, pas frères de sang.

S'il cessa de m'apprécier à dater de ce jour – et je pense que ce fut le cas –, il s'interdit de le montrer. Il y eut une journée un peu embarrassante, puis tout redevint normal.

Depuis qu'il avait rencontré mon épouse, un nouveau refrain s'était ajouté aux petits rituels de notre amitié. Chaque soir, ou au moins les soirs où nous quittions le bureau ensemble et marchions jusqu'au coin de la rue avant de nous diriger vers nos moyens de transport respectifs, il m'adressait un petit signe de la main et me disait : « Bien. Bonjour chez toi. »

Il répéta cette formule tant et tant de fois qu'il finit par éprouver le besoin de la faire varier un peu, et se mit alors à m'adresser des moues moqueuses et à lancer des « Et si tu passais le bonjour chez toi ? » ou : « Bon, il est temps que je te demande de transmettre mon bonjour, pas vrai ? » Et puis, peu satisfait par ces formules alternatives, il en revint à la formule originale. Je le remerciais toujours d'un « Idem pour toi » ou « Bonjour chez toi aussi, Dan », lui retournant son petit salut de la main ; et ce bref échange semblait une conclusion adaptée à nos journées.

Je ne reçus jamais de réponse de l'école d'art « désinvolte » de Paris, je ne reçus même pas d'accusé de réception à ma candidature ; j'en déduisis que l'article du *Time* avait provoqué une avalanche de candidatures d'Américains dénués de talent, de marginaux, de ratés et d'hommes mariés malheureux pour qui « Paris » était une dernière étincelle d'espoir.

Dan m'accompagna chez nous pour dîner à plusieurs reprises, au cours des mois qui suivirent, et Eileen découvrit qu'il avait le don de la faire rire. Une bonne chose, même si, pour ma part, je n'y parvenais que rarement – voire plus du tout, ces dernières années –, d'où ma jalousie. Puis, un soir, après son départ, alors qu'un silence gênant s'était installé dans l'appartement, Eileen remarqua que nous n'avions jamais donné de vraie soirée. Elle déclara qu'elle voulait en organiser une sur-le-champ, avant de devenir « trop grosse », et nous mîmes aussitôt son projet à exécution – terrifiés, je pense, à l'idée de tout rater.

Dan arriva accompagné d'un de ses amis de la Cooper Union, un homme impeccable et courtois du nom de Jerry, lui-même accompagné d'une adorable jeune femme quasi muette. La soirée se déroula bien, ou du moins fut-elle assez bruyante et remuante pour qu'Eileen et moi puissions estimer, après coup, que tout s'était bien passé. Une semaine ou deux plus tard, au bureau, Dan m'annonça :

— Tu sais quoi ? Jerry et la fille que tu as vue avec lui, ils vont se marier. Et tu veux savoir autre chose ? C'est ta soirée qui a provoqué leur décision. Je suis sérieux. Ils vous ont trouvés tellement… je ne sais pas… comment dire… romantiques, Eileen et toi, qu'ils se sont dit, et mince, on se lance. Et c'est parti. Jerry a accepté un boulot auquel il n'aurait pas accordé le plus petit intérêt sans cela ; il va travailler dans une école d'art commercial, au nord de British Columbia. Je me demande bien ce qu'il va pouvoir faire là-haut. Apprendre aux Eskimos comment se servir d'un T, sans doute. Mais il est trop tard pour faire machine arrière. Le sort en est jeté.

— Mais c'est génial, dis-je. Transmets-lui mes félicitations.

— Ouais. Ouais, d'accord.

Il pivota sur sa chaise, tournant le dos à sa table à dessin – ce qu'il faisait rarement – et examina l'extrémité humide de son cigare, l'air grave et pensif.

— Zut. Le problème, c'est que j'aimerais bien me marier, moi aussi. Je ne veux pas dire que c'est *impossible*, mais je dois surmonter certains obstacles. Premièrement, je n'ai pas rencontré la fille qu'il me faut. Deuxièmement, j'ai trop de responsabilités à assumer. Troisièmement… bah, à bien y réfléchir, on se fout du troisièmement.

Peu après, nous entrâmes dans l'année 1950 et, quelques semaines avant la date prévue pour la naissance du bébé, l'Association nationale des femmes artistes finit par embaucher ma mère pour un salaire initial de quatre-vingts dollars par semaine.

— Oh ! mon Dieu, quel soulagement ! soupira Eileen.

Et je n'aurais pu mieux dire. Il nous faudrait certes supporter l'ennui souriant d'un dîner de « célébration » de cette grande nouvelle, mais nous pourrions ensuite cesser de nous inquiéter perpétuellement à son sujet.

Eileen mit notre fille au monde, et Dan Rosenthal lui rendit une visite surprise à l'hôpital, avec un bouquet de fleurs qui lui fit monter le rouge aux joues. Je l'entraînai ensuite dans le couloir pour lui montrer le bébé à travers une vitre. Il déclara solennellement qu'il était de toute beauté et nous retournâmes tenir compagnie à Eileen une bonne demi-heure.

— Oh, Dan, dit-elle quand il se leva pour partir, c'est si gentil à toi d'être venu.

— Ce fut un plaisir. Un véritable plaisir. J'adore les services de maternité.

Le célèbre complexe immobilier Levittown de Long Island venait juste d'être mis en vente, les discussions allaient bon train parmi les jeunes hommes mariés du onzième étage, qui s'exposaient mutuellement les avantages que présentaient ces logements au coût très intéressant, comme pour s'en convaincre eux-mêmes.

Dan m'annonça alors qu'il avait décidé d'acheter une maison à Levittown, et je me retins de lui répondre : Mais tu n'es même pas *marié* ! Il s'y était rendu avec sa mère et son frère le week-end précédent.

Ce qui avait fait pencher la balance en faveur de la maison de Levittown, c'était son vaste sous-sol très lumineux.

— On dirait qu'il a été *conçu* pour servir d'atelier. Je regardais autour de moi, et tout ce que j'étais capable de me dire c'était : Waou. Je vais peindre comme un dingue là-bas. Je pourrais même imprimer sur place, installer une pierre pour mes lithogravures. Que demander de plus, bon sang ? Tu sais ce qu'on dit de la banlieue et de ses périls ? Que plus tu t'éloignes de la ville, plus ta vie se désagrège. Eh bien, je n'y crois pas un instant. Quand ta vie est sur le point de se désagréger, qu'importe où tu te trouves.

Une autre fois, il me demanda :

— Tu connais un peu Harvard ?

— Harvard ? Non.

— Ben, je crois que Phil a ses chances d'y être admis ; peut-être même comme élève boursier. Je pense que c'est une bonne opportunité, mais je ne sais rien de Harvard, je connais sa réputation, mais c'est un point de vue extérieur. Ça pourrait être un peu comme l'Empire State Building, tu ne crois pas ? De loin, au coucher du soleil, il paraît beau et majestueux. Mais quand tu pénètres à l'intérieur et que tu te promènes dans ses étages inférieurs, cela devient l'un des immeubles de bureaux les plus miteux de New York : tu n'y vois que des compagnies d'assurances minables et des grossistes en bijouterie fantaisie. *Rien* qui ne justifie que ce soit le plus grand immeuble au monde. Alors tu montes jusqu'en haut, si haut que tu as mal aux tympans, tu te penches pardessus le parapet pour regarder en bas et, de nouveau, c'est la déception, parce que tu as vu ce panorama maintes fois en photo. Pareil avec le Radio City Music Hall, si tu n'es plus un gamin de treize ans. J'y ai emmené Phil une fois, quand j'étais en permission, pendant mon service militaire, et nous l'avons tous deux regretté. Oh, c'est plutôt agréable de voir soixante-dix-huit jolies filles s'avancer et lever la jambe dans un parfait ensemble ; même quand elles se trouvent à cinq cents mètres de toi et que tu sais qu'elles sont mariées à des pilotes de l'air et vivent à Rego Park ; or, en réalité, tout ce qu'il y a à découvrir au Radio City Music Hall, c'est un tas de vieux chewing-gums collés sous l'accoudoir de ton foutu fauteuil. Tu comprends ? Alors, à bien y réfléchir, je me demande si Phil et moi n'aurions pas intérêt à monter à Harvard pour un ou deux jours, histoire de fureter dans le coin.

Et c'est ce qu'ils firent. Accompagnés de Mme Rosenthal. À son retour au bureau, Dan débordait d'enthousiasme pour tout ce qui concernait l'université, y compris la belle résonance de son nom.

— Tu n'as pas idée, Bill. Il faut le voir pour y croire ; il faut se promener sur place, regarder et écouter pour comprendre. C'est admirable. Au beau milieu d'une ville commerciale, un petit monde autonome dédié aux idées. C'est comme si tu regroupais vingt-sept Cooper Union.

Il fut convenu que Phil entrerait en première année à Harvard à l'automne, et Dan me fit remarquer à plusieurs reprises que la maison serait bien vide sans le gamin.

Un soir, alors que nous quittions le bureau ensemble, il adopta un pas de promenade afin de me faire une confidence qui semblait lui avoir pesé sur la conscience toute la journée.

— Tu sais, tous ces discours sur le « besoin de se faire aider » qu'on entend partout ? commença-t-il. « Il devrait se faire aider », « Elle devrait demander de l'aide », « Je devrais me faire aider »… J'ai l'impression que presque tout le monde s'est entiché de la psychothérapie, autour de moi, on dirait que c'est la nouvelle passion nationale, comme le Monopoly dans les années trente. J'ai vu un ancien camarade d'école, hier – un type brillant, artiste doué, marié, avec un boulot plutôt intéressant ; il m'a dit qu'il aimerait se faire psychanalyser, mais qu'il n'en avait pas les moyens. Il a déposé sa candidature dans une clinique gratuite de Columbia ; on l'a soumis à des tas de tests et on lui a demandé d'écrire je ne sais quel essai foireux sur lui-même, après quoi ils l'ont rejeté. Il m'a dit : « J'imagine qu'ils n'ont pas trouvé mon cas assez intéressant. » Quand je lui ai demandé : « Qu'est-ce que tu veux dire ? », il m'a répondu : « J'ai l'impression qu'ils en ont leur lot de fils de mères juives trop protectrices. » Tu comprends ça, toi ?

— Non.

Nous marchions le long les vitrines clinquantes sous le crépuscule : une agence de voyages, un magasin de chaussures, une boutique de restauration rapide – je me souviens que je les observais avec attention, comme pour m'aider à rester concentré.

— Parce que, je ne vois pas pourquoi il faudrait être « intéressant » ? Est-ce qu'on s'allonge sur un divan et qu'on déverse tout ce qu'on a sur le cœur pour prouver à quel point on est « intéressant » ? C'est un degré de sophistication que je n'aspire pas à atteindre. Bon, eh bien…

Nous étions à l'angle de la rue et, juste avant de s'éloigner et de secouer son cigare dans ma direction, il lança :

— … Bonjour chez toi.

Je me sentis affreusement mal, ce printemps-là, et la situation ne fit qu'empirer avec le temps. Je toussais tout le temps et j'étais à bout de forces. Je savais que j'avais beaucoup maigri, parce que je commençais à perdre mes pantalons. Je passais mes nuits à transpirer, et mes journées à chercher un endroit où m'allonger, et la Remington Rand n'offrait rien de tel. Finalement, un jour, à l'heure du déjeuner, je me rendis dans un cabinet de radiographie gratuit, près du bureau, et j'y découvris que j'étais atteint de tuberculose. On me trouva un lit à l'hôpital des anciens combattants de Staten Island, et je me retirai du monde des affaires, sinon du monde tout court.

J'avais lu que la tuberculose était en tête de liste des maladies considérées comme « psychosomatiques » ; les gens la contractaient, semblait-il, dans des moments de leur existence où ils voulaient prouver qu'ils pouvaient tenir le coup, alors qu'ils faisaient face à des conditions de vie extrêmement difficiles. Il y avait sans doute beaucoup de vrai là-dedans, et, néanmoins, c'était si bon d'être encouragé, voire enjoint, à rester allongé sans bouger par une ancienne infirmière militaire austère, au visage dissimulé derrière un masque stérile.

Ma maladie dura huit mois. En février 1951, je fus libéré et l'on m'autorisa à poursuivre un traitement ambulatoire dans n'importe quelle clinique « du monde » approuvée par le Service des anciens combattants. La phrase avait une résonance d'autant plus plaisante qu'on m'informa que ma maladie était répertoriée parmi les « handicaps liés à l'armée », ce qui m'ouvrait le droit à une allocation de deux cents dollars par mois, jusqu'à la guérison complète de mes poumons ; et, à la faveur d'une clause de rétroactivité, je me retrouvai avec deux mille dollars en espèces.

C'était une chance unique, pour Eileen et moi. Un soir, tard, alors que je faisais des projets à voix haute, hésitant à récupérer mon poste chez Remington Rand ou à chercher un travail plus intéressant, Eileen lança :

— Oh, et mince, allons-y !

— Où ça ?

— Tu sais bien… à Paris. Parce que, si on ne le fait pas maintenant, tant qu'on est encore jeunes et courageux, on ne le fera jamais.

Je n'en croyais pas mes oreilles. Elle ressemblait à s'y méprendre à la jeune femme qui avait salué son public après avoir joué sa scène de *Dream Girl* – même si son visage était empreint de cette « dureté » de vieille secrétaire, qui suggérait qu'elle pourrait fort bien se révéler une voyageuse robuste.

Tout se passa si vite que mon seul souvenir clair de la période qui suivit, c'est la petite fête d'adieu qui eut lieu dans notre cabine exiguë du *S S United States* – dite « cabine particulière » classe touriste. Eileen essayait de changer la couche du bébé sur la couchette du haut : ce qui n'avait rien d'aisé dans une pièce minuscule et surpeuplée. Ma mère était là, assise au bord de la couchette du bas, servant son discours intarissable sur l'Association nationale des femmes artistes à qui voulait l'entendre. Il y avait également plusieurs employés de Botany Mills, quelques connaissances éparses et Dan Rosenthal. Il avait apporté une bouteille de champagne et une marionnette, un tigre en peluche d'aspect onéreux que le bébé n'apprécierait sans doute pas avant un ou deux ans.

Ce rassemblement crispé était ce que j'avais entendu Eileen présenter au téléphone comme un « petit *soignée* d'embarquement » – il me semblait que ce n'était pas le bon mot, mais je ne connaissais pas assez le français pour la corriger. L'alcool coulait à flots, principalement dans le gosier de ma mère. Elle portait un bel ensemble d'été relevé d'un chapeau à plumes, sans doute achetés pour cette occasion.

— … Seulement, voyez-vous, nous sommes la seule association nationale de tout le pays ; nous comptons déjà plusieurs milliers d'adhérents et, bien entendu, chaque futur membre doit fournir la preuve de son statut d'artiste professionnel avant que nous envisagions son adhésion, si bien que nous sommes très…

À mesure qu'elle s'enfonçait dans son monologue, ses genoux, sur lesquels elle avait posé ses avant-bras, s'écartaient ; au point que, bientôt, tous les invités assis face à elle purent distinguer le renflement sombre de ses sous-vêtements. C'était un de ses vieux travers : elle était incapable de comprendre que les gens se moquaient de son chapeau quand elle leur montrait sa culotte.

Dan Rosenthal fut le premier à partir, avant même que la corne de brume ne sonne. Il affirma à ma mère qu'il était ravi de l'avoir rencontrée et échangea une poignée de main avec elle ; puis il se tourna vers Eileen, grave, les deux bras tendus.

Elle avait terminé de langer le bébé, et terminé de se soucier de tout autre visiteur que lui.

— Oh, *Dan*, s'écria-t-elle, triste et adorable.

Elle se précipita dans ses bras, et je vis les gros doigts de Dan lui tapoter le dos.

— Prends soin de mon ami l'écrivain prometteur, lui demanda-t-il.

— Oui, bien sûr, mais prends soin de *toi*, Dan, d'accord ? Et promets-moi d'écrire.

— Bien sûr. Bien sûr. Cela va sans dire.

Il la libéra et je bondis pour lui servir d'escorte jusqu'au pont supérieur, puis jusqu'à la passerelle. Sentant que nous nous essoufflions rapidement en montant l'escalier en colimaçon qui sentait la peinture – ce qui ne l'empêchait pas de beaucoup parler –, nous ralentîmes un peu.

— Tu m'enverras ce gros tas de nouvelles quand tu les auras relues, hein ? dit-il.

— D'accord, promis-je ; et me rendant vaguement compte que je paraphrasais son projet de Levittown, j'ajoutai : Je vais écrire comme un dingue.

— C'est bien. Alors, en fin de compte, tu n'as pas eu besoin de cette petite école d'art merdique. Tu n'auras pas besoin de faire semblant d'être un artiste et de filer en douce pendant les cours, ni de conspirer avec une poignée de Français très « décontractés » pour voler le gouvernement américain. C'est bien. Très bien. Tu vas faire tout ça tout seul, avec l'argent que tu as gagné grâce à tes poumons pourris : je suis fier de toi. C'est sincère.

Nous étions sur le pont, face à face, dans l'attroupement qui s'était formé près de la passerelle.

— Bon, dit-il en me serrant la main. On reste en contact, alors. Et dis… fais-moi plaisir…

Il recula, tira sur son pardessus qui claquait dans la brise légère et remonta son col. Puis il s'approcha encore un peu, le visage sérieux et grondeur.

— Accorde-moi une faveur : ne fais pas tout foirer.

Je ne comprenais pas ce qu'il entendait par là, même lorsqu'il m'adressa un clin d'œil pour suggérer qu'il plaisantait à moitié ; et, soudain, je songeai que je possédais tout ce qu'il avait toujours voulu avoir, tout ce qu'il avait renoncé à avoir depuis la mort de son père, tout ce sur quoi il avait tiré un trait. J'avais de la chance, du temps, une opportunité, une jeune épouse et un enfant à moi.

Une bonne grosse corne de brume sonna alors, effrayant des douzaines de mouettes qui s'élevèrent vers le ciel. Le bruit du départ en voyage : un bruit qui vous serrait la gorge que vous ayez ou non des raisons de pleurer. Du bastingage, je vis son large dos s'éloigner lentement vers le quai. Il n'était pas très loin, je pouvais encore l'appeler pour une plaisanterie finale qui l'obligerait à se retourner, à me sourire et à m'adresser un signe de la main. Je songeai à crier : Hé, Dan ? Bonjour chez toi ! Mais, pour une fois, je réussis à la fermer, et je m'en féliciterais toujours. Je me contentai de le regarder s'éloigner dans la file qui descendait sur la passerelle, puis dans l'obscurité du quai, jusqu'à ce qu'il disparaisse.

Après quoi, je me dépêchai de redescendre l'escalier étanche fraîchement repeint pour raccompagner ma mère dehors – il n'y aurait plus beaucoup d'avertissements de corne de brume avant le départ – et prendre ma vie en main.

Et dire adieu à Sally

Jack Fields avait mis cinq ans à écrire son premier roman et, s'il en tirait une certaine fierté, après coup, il s'était senti terrassé par l'épuisement. Il avait trente-quatre ans à l'époque, et il habitait toujours une cave miteuse et bon marché de Greenwich Village – laquelle lui avait paru le cadre idéal pour panser ses blessures et se remettre au travail quand son mariage s'était effondré. Il pensait être en mesure de s'offrir un meilleur logement, et peut-être même une vie meilleure, quand son livre paraîtrait, en quoi il se trompait : en dépit du bon accueil général qu'il reçut, son roman se vendit peu et il ne récolta qu'un maigre pécule au terme de sa première année de présence en librairie. C'est à cette période que Jack se mit à boire beaucoup et à écrire peu – il ne parvenait plus à effectuer le travail de nègre littéraire dont il tirait son maigre revenu depuis longtemps, même s'il se débrouillait toujours pour gagner de quoi payer sa pension alimentaire –, et à se considérer, non sans une certaine satisfaction, comme une figure tragique assez romanesque.

Ses deux fillettes quittaient souvent leur campagne pour passer des week-ends chez lui, dans des vêtements bien propres aux couleurs vives que l'humidité et la tristesse de sa sinistre demeure ne tardaient jamais à friper et à salir. Un jour, sa cadette lui annonça, les larmes aux yeux, qu'elle ne voulait plus se laver chez lui, à cause des cafards qui grouillaient dans sa cabine de douche. Quand il eut écrasé toutes les bestioles en vue et tiré la chasse d'eau par-dessus, elle convint, après maintes cajoleries, qu'elle y parviendrait peut-être si elle gardait les yeux fermés ; et à la pensée de sa fille, effrayée, les yeux fermés derrière le rideau de douche couvert de moisi, obligée de se savonner et de se rincer en toute hâte sans approcher du trou d'évacuation menaçant, un puissant remords le submergea. Il devait quitter cet endroit. Il fallait être fou pour ne pas s'en apercevoir – peut-être qu'il l'était déjà, d'être resté ici et d'avoir continué à infliger cette misère aux petites durant tout ce temps. Il était temps de s'atteler à la tâche délicate qui consistait à reprendre en main les rênes de sa vie, seulement il ne savait pas par où commencer.

Et puis, à l'aube du printemps 1962, peu après son trente-sixième anniversaire, une opportunité inattendue se présenta : on lui proposa d'adapter un roman contemporain très populaire pour le cinéma. Les producteurs lui payaient un voyage à Los Angeles où il devait rencontrer le réalisateur ; il resterait « sur place » jusqu'à ce qu'il ait terminé l'écriture du script. Cela ne lui prendrait guère plus de cinq mois, mais cette première phase du projet à elle seule, sans compter les étourdissantes possibilités de gains ultérieurs, lui rapporterait plus d'argent qu'il n'en avait gagné au cours de ces deux ou trois dernières années réunies.

Quand il en parla à ses filles, l'aînée lui demanda de lui envoyer une photo dédicacée de Richard Chamberlain, la plus jeune n'eut pas la moindre requête.

Une fête joyeuse et bruyante – conforme à l'image enjouée qu'il avait toujours voulu donner de lui-même – fut organisée en son honneur chez quelqu'un. Fixée en travers d'un mur, une bannière disait :

AU REVOIR BROADWAY
BONJOUR GRAUMAN'S CHINESE

Deux nuits plus tard, il se retrouva assis seul au milieu d'inconnus, le cerveau embué par l'alcool, dans la longue cabine murmurante du premier avion à réaction qu'il ait jamais pris. Il dormit durant toute sa traversée de l'Amérique, ou presque, et ne se réveilla que lorsqu'ils se retrouvèrent à flotter au-dessus des kilomètres et des kilomètres de points lumineux qui dessinaient Los Angeles dans la nuit. Pressant son front contre un petit hublot froid et sentant retomber la fatigue et l'anxiété des dernières années, il songea alors que – bon ou mauvais – ce qui l'attendait risquait fort d'être une aventure importante : F. Scott Fitzgerald à Hollywood.

Jack passa ses deux ou trois premières semaines en Californie dans la somptueuse demeure de Malibu du réalisateur Carl Oppenheimer, un homme de trente-deux ans tempétueux, déterminé et passionné qui ne mâchait pas ses mots. À sa sortie de Yale, Oppenheimer avait intégré une chaîne de télévision new-yorkaise à une époque où l'on diffusait encore des pièces de théâtre filmées « en direct », bien calibrées pour le public du soir. Quand, impressionnés par son travail, les critiques avaient commencé à crier au « génie », il avait été convoqué à Hollywood ; là, il avait refusé beaucoup plus de projets qu'il n'en avait accepté, et tourné des films qui lui avaient rapidement taillé la réputation du réalisateur phare d'une école que quelqu'un avait décidé de baptiser « La Nouvelle Race[1] ».

Comme Jack Fields, Oppenheimer était divorcé et père de deux enfants, mais lui n'était jamais seul. Il vivait avec une jeune actrice jolie et pétillante du nom d'Ellis qui mettait un point d'honneur à découvrir chaque jour de nouveaux moyens de lui plaire, lui coulait souvent de longs regards extasiés qu'il ne semblait pas remarquer, et l'appelait « mon trésor » d'une

1. *The New Breed.*

voix énamourée, en insistant bien sur le « mon ». Et en plus de cela, elle s'arrangeait pour être une hôtesse attentive.

— Jack ? s'enquit-elle au coucher du soleil, un soir, tendant un verre somptueux et lourd à son invité. Avez-vous entendu parler de ce que Fitzgerald a fait lorsqu'il s'est installé, ici, sur la plage ? Il a planté une pancarte qui disait : « Honi [*sic*] Soit Qui Malibu » devant sa maison.

— Ah oui ? Je l'ignorais.

— N'est-ce pas formidable ? Dieu que ça devait être amusant de vivre ici, à l'époque, quand tous les vrais…

— Ellis ! lança Carl Oppenheimer de l'autre bout du salon, où il claquait les portes d'un long bar richement garni fait d'une belle essence de bois blond et de cuir. Peux-tu aller voir dans la cuisine où est passé tout le foutu bouillon de bœuf ?

— Oui, certainement, mon amour, mais je pensais que c'était le matin que tu aimais boire des bullshots.

— Parfois oui, lui dit-il en se redressant, le sourire aux lèvres en dépit de son air exaspéré : le portrait d'un homme qui fait un effort pour se maîtriser. Parfois non. Et il se trouve que j'ai envie d'en préparer un pichet à l'instant même. Et j'aimerais foutrement bien savoir comment préparer du bullshot sans bouillon de bœuf, tu me suis ?

Ellis fila, obéissante, à la cuisine, et les deux hommes suivirent des yeux ses fesses fermes et frétillantes moulées dans son pantalon.

De plus en plus impatient de se trouver un coin bien à lui, sitôt que les grandes lignes du scénario furent tracées – et qu'ils eurent défini ensemble ce qu'Oppenheimer appelait le déroulement général –, Jack partit.

À quelques kilomètres, au sud de l'autoroute côtière, dans la partie de Malibu qui, vue de la route, ne ressemblait guère qu'à une longue rangée de cases serrées les unes contre les autres, il loua l'étage inférieur d'une maisonnette de plage. Elle disposait d'une modeste fenêtre panoramique ouvrant sur l'océan et d'une petite terrasse de béton recouverte de sable ; c'était à peu près tout. Ce n'est qu'après y avoir emménagé – ayant versé les trois mois de loyer exigés – qu'il se rendit compte que l'endroit était presque aussi lugubre et humide que sa cave new-yorkaise. Alors, obéissant à une logique familière et ancienne, il s'adonna à l'introspection anxieuse : peut-être était-il incapable d'aller vers la lumière et l'espace ; peut-être sa nature le poussait-elle toujours à rechercher l'obscurité, le confinement, la décomposition. Peut-être avait-il une personnalité autodestructrice – formule en vogue dans les magazines de l'époque.

Pour se débarrasser de ces pensées, il se trouva plusieurs bonnes raisons d'aller faire un tour en ville pour rencontrer son agent immédiatement et, une fois sous le soleil de l'après-midi, sa voiture de location ronronnant le long des massifs de végétation tropicale illuminée, il commença à se sentir mieux.

L'agent s'appelait Edgar Todd et son bureau se trouvait presque au sommet d'un nouvel immeuble construit en bordure de Beverly Hills. Jack était déjà venu ici deux ou trois fois pour discuter avec lui ; lors de sa première visite, il lui avait demandé comment se procurer une photo dédicacée de Richard Chamberlain – une affaire qu'Edgar Todd se révéla en mesure de régler en donnant un petit coup de fil décontracté – et, à chacune de ses visites suivantes, il était devenu de plus en plus sensible à la beauté saisissante de sa secrétaire, Sally Baldwin.

Au premier regard elle ne semblait pas appartenir à la catégorie des « filles », à cause de ses cheveux gris bien coiffés, striés de mèches d'argent ; cependant la forme de son visage et son grain de peau trahissaient qu'elle n'avait pas plus de trente-cinq ans – ce que semblaient confirmer sa démarche souple, élancée, et ses longues jambes. Une fois, elle lui avait confié qu'elle avait « adoré » son livre et qu'elle ne doutait pas qu'il ferait un très beau film ; et un autre jour, alors qu'il quittait le bureau, elle lui avait lancé : « Pourquoi vous voit-on si peu ? Revenez nous voir bientôt. »

Mais elle n'était pas à son poste, aujourd'hui. Il n'y avait personne derrière le bureau de secrétaire bien rangé du hall moquetté, et elle ne semblait pas être dans les parages non plus. On était vendredi après-midi, elle était sans doute rentrée chez elle de bonne heure ; il ressentit un pincement au cœur, puis il s'aperçut que la porte du bureau d'Edgar était entrouverte. Il frappa deux petits coups et entra. Elle était là, plus adorable que jamais, assise derrière l'énorme bureau d'Edgar, son doux visage encadré par les tranches d'un bon millier de romans aux couvertures colorées. Elle lisait.

— Hello, Sally, dit-il.

— Oh, salut. Contente de vous voir.

— Edgar ne vient pas aujourd'hui ?

— Euh, il a dit qu'il sortait déjeuner, mais je ne pense pas le revoir avant la semaine prochaine. Toutefois, l'interruption est bienvenue : je suis en train de lire le pire roman de l'année.

— Vous lisez à la place d'Edgar ?

— Souvent, oui. Il n'a pas le temps de lire et, de toute façon, il déteste ça. Je lui tape des résumés d'une ou deux pages.

— Oh. Bien. Et que diriez-vous de venir prendre un verre avec moi, Sally ?

Elle referma son livre.

— Avec plaisir. Je commençais à craindre que vous ne me le proposiez jamais.

Un peu moins de deux heures plus tard, assis à une petite table du bar d'un hôtel célèbre, ils se tenaient la main, timides mais décidés, et il ne faisait plus aucun doute qu'elle l'accompagnerait chez lui ce soir – et y resterait pour le week-end. Rien qu'à la regarder, Jack Fields retrouvait le calme, la force et la vivacité d'un homme qui ne s'était jamais soupçonné d'avoir une personnalité autodestructrice. Il allait bien. Le monde tournait rond, et chaque chose était à sa place.

— Dis, Jack. Est-ce qu'on pourrait encore marquer un arrêt ? demanda-t-elle. Ici, à Beverly ? Il faudrait que je passe prendre des affaires. Et puis, j'aimerais te montrer où j'habite.

Elle lui indiqua le chemin qui montait légèrement vers la partie la plus basse du Beverly Hills résidentiel, avant que la pente ne devienne trop raide. Il découvrit que toutes les routes formaient des courbes gracieuses, comme si ceux qui les avaient tracées n'avaient pu supporter l'idée de lignes droites, et qu'elles étaient bordées de hauts palmiers fins et élégants plantés à des intervalles rigoureusement égaux. Certaines des grandes demeures qui apparaissaient au détour de ces routes étaient splendides, d'autres quelconques, voire laides, mais toutes trahissaient une opulence dont aucun homme ordinaire ne pouvait se faire une idée précise.

— Il faut prendre la prochaine à gauche, là, et nous serons presque arrivés, dit Sally. Voilà… nous y sommes.

— Tu habites *ici* ?

— Ouaip. Je vais t'expliquer.

C'était un grand manoir sudiste, avec un noble portique soutenu par six colonnes qui s'élevaient de la terrasse, quantité de fenêtres illuminées de soleil, une longue extension d'un côté, et, juste derrière la piscine, plusieurs petits pavillons mitoyens de la même couleur et du même style.

— On entre toujours par là, derrière la piscine, expliqua Sally. Personne n'utilise jamais la porte principale.

Il supposa que la vaste pièce dans laquelle elle le fit entrer par la terrasse de la piscine était une sorte de boudoir, bien qu'on eût aisément pu la transformer en bibliothèque si elle avait trouvé le moyen d'y apporter le millier de romans du bureau d'Edgar Todd. Sous le haut plafond, les murs étaient recouverts d'un bois sombre chaleureux ; il y avait de profonds canapés, des fauteuils en cuir et une cheminée dans laquelle s'élevait des flammes fluettes, en dépit de la douceur du jour. Des bancs en fer forgé couverts de coussins en cuir avaient été disposés autour du foyer ; assis sur l'un d'eux, un garçon pâle et triste d'environ treize ans tournait le dos au feu, les mains serrées entre ses cuisses, comme s'il était venu s'asseoir ici, faute d'avoir mieux à faire.

— Salut, Kick, dit Sally. Kicker, j'aimerais te présenter Jack Fields. Jack, je te présente Kicker Jarvis.

— Salut Kicker.

— Salut.

— Tu vas voir le match des Dodgers, aujourd'hui ? questionna Sally.

— Non.

— Ah ? Pourquoi ?

— Je ne sais pas. Je ne suis pas d'humeur.

— Où est ton adorable mère ?

— Je ne sais pas. En train de s'habiller, sans doute.

— L'adorable mère de Kicker est une de mes vieilles amies, expliqua Sally. C'est elle qui possède cette maison magnifique. Je ne fais que vivre sous son toit.

— Ah.

Et quand la mère du garçon pénétra dans la pièce, une minute plus tard, Jack la trouva en effet adorable – c'était une femme aussi grande et gracieuse que Sally, plus jolie encore avec ses longs cheveux noirs et des yeux bleus qui s'éclairaient pour flirter dès que l'on prononçait son prénom : Jill.

Mais il n'avait pas vraiment envie de s'intéresser à une femme plus désirable que Sally, ce soir – elle lui paraissait amplement suffisante, même pour Hollywood –, aussi put-il jeter sur Jill Jarvis un regard assez froid pour trouver un air absent, un peu ahuri, à son visage en cœur, qu'elle détourna aussitôt.

— Salut, regarde ça, dit-elle.

Elle envoya un gros livre de poche dans les mains de Sally.

— C'est pas formidable ? Non mais, franchement, tu ne trouves pas ça formidable ? Je l'ai commandé par correspondance il y a des semaines, j'étais sur le point de perdre tout espoir, et voilà qu'il arrive par le courrier de ce matin.

Jack jeta un coup d'œil courtois au volume : *Le Grand Manuel des amateurs de mots croisés*.

— Tu as vu comme il est *épais* ? Je ne sécherai plus *jamais* devant une grille de mots croisés.

— Splendide, dit Sally en le lui rendant. Tu veux bien m'excuser une petite seconde Jack ?

Elle traversa le salon attenant, qui paraissait aussi vaste qu'un lac, et il admira ses longues jambes tandis qu'elle filait dans l'escalier silencieux éclairée par un pâle rayon de lumière.

Jill Jarvis l'invita à s'asseoir, puis, sous prétexte d'aller leur « servir un apéritif », le laissa seul avec Kicker. Un silence s'installa, de plus en plus gênant.

— Vas-tu dans une école du coin ? s'enquit Jack.

— Ouais.

Là s'arrêta leur conversation. Le garçon se pencha sur les pages B D du *Los Angeles Times* du dimanche, posées sur le banc à côté de lui, et fit mine de lire. Jack aurait juré qu'il ne regardait même pas les images : il se contentait d'attendre le retour de sa mère.

Au-dessus de la cheminée, à la place du traditionnel portrait de famille ou du paysage champêtre se trouvait un clown mélancolique aux couleurs criardes, peint sur un tableau de velours noir ; la signature blanche était si voyante qu'elle aurait pu passer pour le titre de l'œuvre : « Starr of Hollywood ». C'était le genre de tableau qu'on trouvait sur les murs des bars de troisième zone, des comptoirs de déjeuner de tous les États-Unis, et des salles d'attente confinées des médecins et des dentistes ; il était si absurdement déplacé dans cette pièce qu'il semblait avoir été accroché là par un plaisantin – le même, sans doute, qui avait déposé ce *Grand Manuel des amateurs de mots croisés* à deux mille dollars, au moins, sur la table basse.

— Je me demande ce qui retarde Woody, dit Jill, réapparaissant avec un plateau d'alcools.

— Tu veux que j'aille voir à l'atelier ? proposa Kicker.

— Non, ce n'est pas la peine, il va arriver. Tu connais Woody.

Sally redescendit avec un sac mexicain en paille tressée bien plein – un bon signe.

— On boit un verre et on file, d'accord, Jack ?

Ils en burent deux ; Woody fit son entrée souriante alors qu'ils terminaient le premier et insista pour qu'ils se resservent. Il devait avoir l'âge de Jack, ou un peu moins, était de taille moyenne, plutôt fin, et portait un jean, des mocassins indiens frangés et une chemise compliquée avec des attaches en métal. Il se déplaçait d'une manière très décontractée, fléchissant souvent les genoux, et son visage imprudent trahissait son besoin d'être aimé.

— Ma foi, c'est bien agréable, là-bas, à Malibu, dit-il en se laissant tomber dans un fauteuil. J'y ai vécu plusieurs années – dans un logement petit, mais très chouette. Mais je me sens très attaché à Beverly, maintenant. Je me sens ici chez moi, je ne vois pas comment l'exprimer autrement. Et vous savez le plus drôle : c'est la première fois de ma vie que je ressens cela. Je vous ressers ?

— Non, merci, dit Jack. On ferait bien de se mettre en route.

— On te revoit quand, Sally ? s'enquit Jill.

— Oh, je ne sais pas, répondit-elle en se dirigeant vers la terrasse, suivie de Jack qui portait son sac mexicain. Je t'appelle demain, d'accord ?

— Je ne vous laisserai pas nous l'enlever pour toujours, Jack, lança Woody. Il faut nous promettre de nous la ramener très bientôt, d'accord ?

— D'accord. C'est promis.

Enfin libres, ils longèrent la piscine et empruntèrent l'allée pour regagner la voiture. Durant tout le trajet – qui ne sembla durer qu'une minute dans l'obscurité immobile et odorante – il se retint de rire à gorge déployée ; c'était ainsi qu'il avait toujours rêvé de vivre : une rentrée d'argent conséquente, un beau week-end en perspective, et, tout près, une fille sur le point de tomber amoureuse de lui au bord de l'océan Pacifique. C'était on ne peut plus agréable.

— Oh, c'est… mignon, dit Sally en découvrant son appartement. Petit, certes, mais il y a beaucoup de possibilités.

— Sauf que je ne resterai pas ici assez longtemps pour les exploiter. Je te sers un verre ?

— Non merci. Et si tu…

Elle détourna son attention de la baie vitrée noire et lui adressa un sourire mi-hardi, mi-timide, évitant subtilement son regard.

— Et si tu approchais un peu, qu'on puisse se tomber dans les bras l'un de l'autre ?

Jamais une femme ne l'avait invité de manière si gracieuse à franchir la frontière qui séparait l'affinité de l'intimité. Il n'y eut rien d'embarrassant dans sa manière de se dévêtir, ni rien de prétentieux : les vêtements glissèrent et furent envoyés au loin comme si elle avait attendu le moment de s'en débarrasser toute la journée ; puis elle se coucha dans son lit et l'invita par un regard brûlant d'un désir aussi adorable que ceux qu'on s'échangeait dans les films. Son corps élancé était ferme et tendre à la fois, comme la fierté qu'elle tirait de l'effet qu'un corps féminin avait sur un homme. Cela faisait très longtemps qu'il ne s'était pas intéressé à une femme, qu'il n'en éprouvait même pas l'envie.

— Écoute les vagues, dit-elle plus tard, quand ils se retrouvèrent blottis, paisibles, l'un contre l'autre. N'est-ce pas une musique merveilleuse ?

— Si.

Mais, pelotonné contre son dos, un bras passé autour de son corps et un de ses seins sublime et palpitant dans le creux de la main, Jack Fields ne prêtait aucune attention aux vagues. Il était trop heureux et trop ensommeillé pour se concentrer sur autre chose que l'unique pensée cohérente, et heureusement secrète, qui lui traversait alors l'esprit : F. Scott Fitzgerald rencontre Sheilah Graham.

Sally Baldwin avait grandi sous le nom de Sally Munk – « Seigneur, j'étais *si* impatiente de me débarrasser de ce nom » – dans une petite ville industrielle de Californie, où son père avait travaillé comme électricien jusqu'à sa mort prématurée ; sa mère était alors devenue couturière et avait passé de longues années dans la cabine d'essayage d'un grand magasin. Au lycée, Sally avait été choisie pour jouer des seconds rôles dans des films de série B sur la vie adolescente – « un peu comme les vieux films d'Andy Hardy, en beaucoup moins bons ; mais ils valaient tout de même mieux que toutes ces scènes de volley-ball en bikini sur la plage qu'on sert aux gamins, de nos jours ».

Quand elle était devenue trop grande pour les rôles qu'on lui attribuait, son contrat n'avait pas été renouvelé. Elle avait payé ses études universitaires grâce à l'argent mis de côté quand elle était comédienne et, plus tard, en travaillant comme serveuse. « Il n'y a pas pire que servir des cocktails, expliqua-t-elle. C'est ce qui rapporte le plus, mais c'est parfois très très démoralisant comme boulot. »

— Tu portais ces bas résille noirs qui montent jusqu'aux hanches ? la questionna-t-il, songeant qu'elle devait être sublime, vêtue ainsi. Et ces petits…

— Ouais, ouais, tous ces trucs, le coupa-t-elle avec impatience. Et puis je n'ai pas tardé à me marier. Le mariage a duré presque neuf ans. Il était avocat – il *est* avocat, je veux dire. Tu connais le dicton : N'épouse pas un avocat ou tu n'auras jamais le dernier mot. Il y a du vrai là-dedans. Nous n'avons pas eu d'enfant. D'abord parce qu'il ne cessait de répéter qu'il n'en voulait pas et, ensuite, parce qu'il s'est révélé que je ne pouvais pas en avoir. J'ai ce qu'on appelle un fibrome.

Et ce n'est qu'au début de l'après-midi, alors qu'ils étaient étendus sur des chaises longues en toile sur sa petite terrasse couverte de sable, que Sally songea à lui raconter l'histoire de Jill Jarvis et de son manoir.

— … Je ne sais pas vraiment d'où vient son argent. Je sais qu'elle en reçoit une bonne partie de son père, qui vit en Georgie, et je sais que sa famille en a beaucoup depuis très longtemps, mais je ne sais pas vraiment d'*où* il vient. Du coton, j'imagine. Et, bien sûr, Frank Jarvis était riche, lui aussi, si bien que son divorce lui a pas mal rapporté, en plus de la maison. Quand j'ai divorcé à mon tour, elle m'a proposé de la rejoindre et de vivre là-bas avec elle. J'étais... enthousiasmée. J'adorais cette maison – je l'adore encore et je l'adorerai sans doute toujours. D'autant que je n'avais nulle part où aller, et je savais que tout ce que je pouvais espérer me payer, avec mon salaire, c'était un joli petit appartement dans la Valley : ma définition du suicide spirituel. Je préférerais manger des vers de terre plutôt que de vivre dans la Valley.

« Et il faut avouer que Jill a tout fait pour que je m'y sente chez moi. Elle a embauché un décorateur professionnel pour rénover mon appartement, et... mon Dieu, si tu voyais ça, Jack. D'ailleurs tu *vas* le voir. Ce n'est guère qu'une grande chambre, en réalité, mais elle est aussi grande que trois pièces réunies. Je l'adore. J'adore rentrer chez moi après une journée de travail : j'enlève mes chaussures et je me mets à danser en pensant Waou ! Je vis ici, moi, Sally la grande bringue venue de nulle part.

— Ouais... c'est marrant.

— Et puis, au bout d'un moment, j'ai compris qu'elle avait besoin de moi sur place... pour lui servir de chaperon, en quelque sorte. Elle vivait avec un étudiant, à l'époque, ou un jeune diplômé, je crois : elle devait penser que ça passerait mieux avec deux femmes dans la maison. J'ai fini par aborder le sujet, un jour ; elle a paru surprise que je m'interroge, elle pensait que c'était un accord tacite depuis le début. Je me suis sentie… je ne sais pas… toute drôle.

— Ouais, je comprends.

— Bref, l'étudiant n'est resté qu'un an ou deux, et depuis, c'est le défilé. Je vais juste te donner les grandes lignes. Il y a eu un avocat, ami de son ex-mari – et du mien par la même occasion, ce qui n'était pas simple pour moi –, il y a eu Klaus, un Allemand, directeur d'une concession Volkswagen en ville. Il était gentil et très bien avec Kicker.

— Qu'est-ce que tu entends par « très bien » ?

— Qu'il l'emmenait voir des matchs de sport, ou au cinéma, qu'il parlait beaucoup avec lui. C'est important pour un garçon sans père.

— Il ne voit pas son père ?

— Non. C'est un peu compliqué, mais le fait est qu'il ne le voit pas du tout. En réalité, Frank Jarvis a toujours pensé qu'il n'était pas le père de Kicker, vois-tu, alors il n'a jamais voulu avoir le moindre rapport avec lui.

— Oh.

— Bah, ça arrive ; ce n'est pas si rare, ce genre d'histoire. Bref, Klaus a habité là-bas un moment, et à présent c'est Woody l'homme de la maison. As-tu remarqué le petit clown à l'air abruti au-dessus de la cheminée ? C'est lui. Il l'a peint, j'entends. Woody Starr.

Starr d'Hollywood. Bien sûr, ce n'est pas ce qu'on peut appeler un artiste, à moins d'être aussi bête que Jill en la matière. C'est juste un type sympathique qui essaie de tirer quelques dollars du tourisme. Il a une boutique sur Hollywood Boulevard – qu'il appelle « l'atelier » – avec une petite enseigne ringarde qui pend au-dessus du trottoir. Et il ne peint pas que des clowns sur du velours noir ; il peint aussi des lacs au clair de lune sur du velours noir, des scènes d'hiver sur du velours noir, des montagnes et des chutes d'eau sur du velours noir, et Dieu sait quoi encore. Jill traînait dans le coin, un jour, et elle a trouvé toutes ces horreurs sur velours magnifiques. Son goût minable me sidérera toujours, sauf en matière de vêtements. Et je suppose qu'elle a trouvé Woody Starr tout aussi magnifique, parce qu'elle l'a ramené à la maison le soir même. C'était il y a trois ans, environ.

« Et le plus étonnant, c'est qu'il est plutôt charmant. Il est drôle, et parfois même… intéressant, à sa manière : il a fait le tour du monde quand il travaillait dans la marine marchande, il a des tas d'histoires à raconter. Bah, je ne sais pas. Woody est attachant. Et sa relation avec Kicker est très touchante : je pense que Kicker l'aime encore plus que Klaus. »

— D'où tient-il ce nom-là ?

— Quel nom ? Starr ?

— Non, le gamin.

— Kicker[1] ? Oh, c'est Jill qui lui a trouvé ce surnom. Elle raconte souvent qu'il la rouait de coups de pied quand il était encore dans son ventre. Il s'appelle Alan, mais ne t'avise jamais de l'appeler Al, ou je ne sais quoi d'autre. Appelle-le Kicker.

Le temps de se lever et de retourner chercher d'autres verres à l'intérieur, Jack avait décidé qu'il aurait mieux valu que Sally habite un appartement normal, comme une secrétaire normale. Enfin, peut-être qu'ils pourraient se débrouiller pour passer le plus clair de leur temps ensemble ici, sur la plage ; d'ailleurs, il était prématuré de se préoccuper de ce genre de chose. Il gâchait toujours tout dans sa vie à force de se faire du souci trop tôt, lui semblait-il.

— Tu sais quoi, Sally ? dit-il, rapportant deux verres bien frais dehors.

Il était sur le point de lui dire : Tu as vraiment des jambes sublimes ; au lieu de quoi, reprenant leur conversation où ils l'avaient laissée, il déclara :

— Je commence à penser que tu vis au sein d'une maisonnée un peu tordue.

— Oh, je sais. Une de mes connaissances a employé le mot « dégénérée ». Le terme m'a paru un peu fort sur le moment, mais, avec le temps, j'ai compris ce qu'il voulait dire.

---

1. Que l'on pourrait traduire par « cogneur ».

C'était la première fois qu'elle faisait allusion à « une de ses connaissances », et à un « il ». Il sirota son whisky dans un cliquetis de glaçons, ressentant un pincement de jalousie irrationnelle. Avec combien de types croisés dans le bureau d'Edgar Todd était-elle sortie, rieuse, boire un verre ? Sans doute avait-elle déclaré à chacun d'eux : « Est-ce qu'on pourrait encore marquer un arrêt ? Parce qu'il faudrait que je passe prendre des affaires. Et puis, j'aimerais te montrer où j'habite. » Pire, après avoir passé une nuit entière à onduler et à gémir dans leur lit, elle leur avait affirmé, comme à lui-même au petit matin, qu'ils étaient « merveilleux ».

Étaient-ils tous écrivains ? Des écrivains connus ? Oh, il devait aussi y avoir quelques réalisateurs, des techniciens de plateau, et de ces hommes qui s'occupaient du « packaging » des émissions de télévision.

C'était une torture, et le seul moyen d'arrêter cela était de se remettre à parler.

— Tu fais vraiment moins de trente-six ans, tu sais, Sally. Je veux dire, à part…

— Je sais, à part mes cheveux. Je les déteste. Ils sont gris depuis que j'ai vingt-quatre ans. Je me les colorais avant, mais ça n'allait pas non plus.

— Non, attends, ils sont magnifiques. Ce n'est pas ce que je voulais dire…

Il bondit avec ardeur et se posa sur la partie basse de la chaise longue de Sally, égrenant un chapelet d'excuses plus pitoyables les unes que les autres. Il prétendit que c'étaient ses cheveux qui l'avaient attiré en premier et, devant son regard plus que sceptique, il renonça à poursuivre sur le terrain du mensonge. Il lui dit que les filles aux cheveux prématurément gris lui semblaient plus « intéressantes » et « mystérieuses », et qu'il était surpris que toutes les femmes ne se colorent pas les cheveux en gris, ce qui lui arracha un rire.

— Seigneur, tu aimes t'excuser, toi. Si je te laissais continuer, tu ne t'arrêterais plus.

— Bon, d'accord. Mais laisse-moi juste ajouter une chose.

Il glissa au bord de la chaise et se mit à masser une de ses cuisses, ferme et chaude.

— Tu as les plus belles jambes que j'aie jamais vues.

— Hum, c'est bon.

Elle abaissa un peu les paupières.

— C'est vraiment bon. Mais tu sais quoi, Jack ? Nous allons perdre presque tout l'après-midi si nous ne retournons pas vite jouer à l'intérieur.

Le lundi matin, les yeux douloureux et les paupières alourdies par le manque de sommeil, il la reconduisit au bureau d'Edgar Todd, craignant déjà de ne jamais revivre de si bons moments. Les jours et les nuits à venir seraient minés par leur désir de ranimer la flamme du premier week-end. Ils découvriraient des petites choses déplaisantes et peu séduisantes l'un sur l'autre, chercheraient et trouveraient des petits reproches à se faire, se disputeraient et finiraient par s'ennuyer.

Il se passa la langue sur les lèvres.

— Je pourrais t'appeler ?

— Pardon ? Tu vas m'entendre, si tu ne le fais pas !

Elle passa plusieurs nuits chez lui, cette semaine-là, ainsi que le week-end suivant et une bonne partie de la semaine d'après. Ce n'est qu'à la fin de cette période qu'il fut obligé de retourner chez Jill Jarvis, parce que Sally insistait pour qu'il voie son appartement.

— Donne-moi d'abord cinq minutes pour me rendre présentable, d'accord, Jack ? lui dit-elle dans le boudoir. Reste ici et discute avec Woody, en attendant, je redescends te chercher dès que je suis prête.

Il se tourna, souriant, vers un Woody Starr qui paraissait aussi nerveux que lui.

— Eh bien, mon seul grief à votre encontre, Jack, commença-t-il, alors qu'ils prenaient place dans des fauteuils disposés presque face à face, c'est que vous nous privez trop de Sally. Elle nous manque. C'est comme si nous avions perdu un membre de la famille. Pourquoi ne pas la ramener à la maison plus souvent ?

Il enchaîna, sans attendre sa réponse, comme si parler sans discontinuer était son remède contre la timidité :

— Non, mais, franchement, Sally est une des personnes que j'apprécie le plus. Je la trouve formidable. Elle n'a pas eu la vie facile, mais personne ne s'en douterait à la voir. C'est l'un des êtres les plus nobles que je connaisse.

— Ouais, répondit Jack, faisant crisser le cuir de son fauteuil. Elle est très sympa, ouais.

Puis Kicker entra par la petite terrasse au pas de course et se lança dans une conversation passionnée et animée avec son ami, au sujet d'un vélo cassé.

— Ma foi, si le problème vient du pignon, Kick, décida Woody quand il eut trié les informations, il faut l'amener chez un réparateur. Mieux vaut le confier à l'un de ces gars que de le bricoler nous-mêmes, non ?

— Mais la boutique de vélos est *fermée*, Woody.

— Elle est fermée aujourd'hui, il sera toujours temps de l'apporter demain. C'est si urgent que ça ?

— Euh… j'sais pas. Je… je voulais juste descendre à la caserne des pompiers. Il y a des gars de l'école qui traînent là-bas.

— Zut, dans ce cas, je t'y conduis tout de suite, Kick, pas de problème.

Le garçon sembla réfléchir quelques secondes, les yeux sur le tapis.

— Non, c'est bon, Woody. Je pourrai y aller demain, ou une autre fois.

— Prêt ? lança Sally de la porte. Maintenant, si vous voulez bien venir par ici, monsieur, je vais vous faire visiter mes appartements décorés par un professionnel.

Elle l'entraîna à travers le grand salon – cinq cents mètres carrés de parquet ciré et de tentures couleur crème flottant dans la lumière rose qui pénétrait par les hautes fenêtres – pour gagner l'élégant escalier. Elle le précéda dans le couloir de l'étage, passa devant trois ou quatre portes fermées, ouvrit la dernière et entra dans la chambre en pirouettant comme une danseuse avant de se poster devant lui, radieuse, pour l'accueillir.

Elle avait raison, c'était aussi grand qu'un trois-pièces décloisonné, et étonnamment haut de plafond. Les murs étaient peints d'un bleu pâle d'une nuance subtile que le décorateur professionnel avait dû juger « faite » pour Sally, mais presque tout un côté était occupé par des miroirs immenses aux cadres dorés, et deux autres par des portes-fenêtres aux lourdes tentures coulissantes, permettant de dissimuler les carreaux. Il y avait deux grands lits – ce qui parut un peu excessif à Jack, même de la part d'un décorateur professionnel – et de grosses lampes en céramique, dont les abat-jour en tissu mesuraient près d'un mètre cinquante de hauteur, trônaient sur les diverses commodes et au bout des tables disposées sur l'épaisse moquette blanche. Dans un angle, à l'autre bout de la pièce, une table ronde en laque noire très basse avec un motif floral au centre, entourée de coussins placés tout autour, à même le sol, à intervalles réguliers, semblait prête à accueillir un repas japonais ; et dans un autre angle, près de l'entrée, un porte-parapluies en céramique servait de vase à un bouquet de plumes de paon géantes.

— Ouais, murmura Jack, en pivotant, les yeux légèrement plissés pour ne rien manquer. Ouais, c'est vraiment joli, mon chou, je comprends pourquoi tu l'aimes tant.

— Et va voir la salle de bains, lui ordonna-t-elle. Tu n'as jamais vu une salle de bains comme celle-là de toute ta vie.

Après avoir inspecté la splendeur rutilante et impeccable de la salle de bains, il revint et convint :

— Non, c'est vrai. Tu as raison. Je n'ai jamais rien vu de tel.

Il observa la table japonaise un instant.

— Tu t'en sers ?

— Qu'est-ce que tu entends par là ?

— Oh, je me disais juste que tu invitais peut-être cinq ou six amis très proches de temps en temps, que tu les envoyais s'asseoir autour de ce truc-là en chaussettes pendant que tu baissais les lumières, et que vous sépariez vos baguettes pour vous faire une petite soirée Tokyo chic.

Il y eut un silence.

— Si tu te moques de moi, Jack, tu vas vite te rendre compte que ce n'est pas une bonne idée.

— Oh, allons, chérie, je voulais juste…

— C'est le *décorateur* qui l'a mise là. Je n'ai pas du tout été consultée, Jill tenait à ce que l'appartement soit une surprise. Et d'ailleurs, je n'ai jamais trouvé ce coin bizarre. Je le trouve très *décoratif*.

Ils ne s'étaient pas encore remis de ce petit accrochage quand ils redescendirent et découvrirent qu'un nouvel invité s'était joint à eux pour l'apéritif. Un jeune homme petit et trapu aux traits légèrement orientaux du nom de Ralph enveloppa aussitôt Sally dans une étreinte qu'elle accueillit avec ravissement, même si elle dut se pencher pour se mettre à sa hauteur ; puis il tendit une grosse poignée de main à Jack et se déclara heureux de le rencontrer.

Jill Jarvis lui expliqua que Ralph était ingénieur – prononçant le mot avec autant d'emphase que s'il s'agissait d'un titre honorifique très rare – et leur dit qu'il venait juste de leur raconter qu'il travaillait depuis peu pour une compagnie « extraordinaire », encore petite mais qui promettait de grandir très vite grâce aux contrats « extraordinaires » qu'elle venait de décrocher. N'était-ce pas exaltant ?

— En réalité, c'est mon patron qui rend tout cela exaltant, expliqua Ralph, récupérant son fauteuil et son verre. C'est une vraie dynamo. Il a fondé la compagnie il y a huit ans, alors qu'il rentrait tout juste de la guerre de Corée – il servait dans la marine. Il a commencé par tourner avec des petits contrats signés avec la marine, puis il a ouvert d'autres branches, et maintenant, rien ne peut plus l'arrêter. Un homme remarquable. Dur avec ses employés, ça ne fait aucun doute, mais je n'ai jamais vu quelqu'un d'aussi dur envers lui-même. Laissez-lui encore deux ou trois ans, et ce sera le plus grand cadre ingénieur de L.A., voire de toute la Californie.

— Merveilleux, dit Jill. Il est jeune ?

— Il a trente-huit ans ; c'est assez jeune dans ce milieu.

— J'adore ce genre d'histoire, s'enflamma Jill, les yeux plissés. J'adore les hommes qui relèvent leurs manches et qui font ce qu'ils ont à faire pour obtenir ce qu'ils veulent.

Woody Starr fixait son verre avec un petit sourire amer qui laissait entendre qu'il était pleinement conscient qu'il n'avait jamais fait grand-chose pour obtenir quoi que ce soit, et que tout ce qu'il avait jamais réussi à obtenir, c'était une boutique de souvenirs idiote dans Hollywood Boulevard.

— Il est marié ? s'enquit Jill d'une petite voix.

— Que oui, à une femme très gentille ; pas de gamins. Ils ont une très belle maison à Pacific Palisades.

— Pourquoi ne les amènerais-tu pas ici, un de ces jours, Ralph ? Tu penses que ça pourrait leur plaire ? Parce que *j'adorerais* les rencontrer.

— Euh, bien sûr, Jill, répondit Ralph, dont le visage trahit une gêne passagère. Je suis sûr que cela leur plairait beaucoup.

La conversation dévia sur divers autres sujets – ou plutôt s'enlisa pendant la bonne heure qu'ils passèrent à se taquiner, à plaisanter de tout et de rien, et à se glisser des allusions complices – que Jack ne pouvait pas comprendre – sur un bon vieux temps hilarant. Il ne cessait de chercher des occasions d'inviter Sally à se lever pour l'entraîner loin d'ici, mais elle s'amusait si visiblement, joignant ses éclats de rire à ceux des autres, qu'il ne lui restait qu'à se plaquer un sourire aux lèvres pour lui prouver sa bonne volonté.

— Hé Jill ? lança Kicker de la porte de la salle à manger – c'était la première fois que Jack remarquait que le garçon appelait sa mère par son prénom. Quand est-ce qu'on mange ?

— Commence sans nous, Kick. Demande à Nippy de te préparer une assiette. Nous te rejoignons dans un moment, répondit-elle.

— … Et ils refont le même numéro ridicule *tous* les soirs, lui expliqua Sally plus tard, quand ils se retrouvèrent seuls dans la voiture de Jack, roulant en direction de la plage. Kicker demande toujours : « Quand est-ce qu'on mange ? » et elle lui répond toujours la même chose ; on dirait qu'ils font tous deux mine d'oublier que c'est pareil tous les jours. Parfois, il est déjà dix heures et demie ou onze heures quand elle se décide à manger, et le repas est foutu, mais ils sont tous tellement bourrés qu'ils s'en moquent. Si tu voyais les magnifiques morceaux de viande qui finissent à la poubelle. Seigneur, si elle pouvait avoir un peu plus de… je ne sais pas. J'aimerais juste que… bah, peu importe. J'aimerais beaucoup de choses.

— Je sais, dit-il, en posant la main sur sa cuisse crispée. Moi aussi.

Ils roulèrent en silence pendant ce qu'il leur sembla un long moment, puis elle dit :

— Mais, et Ralph ? Tu l'as apprécié, Jack ?

— Je ne sais pas, je n'ai pas eu l'occasion de discuter avec lui.

— Eh bien, j'espère qu'elle se présentera et que tu apprendras à le connaître. Ralph et moi sommes amis depuis des années. Il… il m'est très cher.

Et Jack tressaillit dans l'obscurité. Il ne l'avait jamais entendue user de cette expression auparavant, ni même de l'un de ses petits équivalents mielleux du jargon du show-business – « c'est un homme adorable », « cette femme a vraiment du punch ». Mais elle était née et avait grandi en bordure d'Hollywood, elle travaillait chez un agent d'Hollywood depuis des années et entendait parler des gens d'Hollywood du matin au soir. Était-il si étonnant que son langage soit contaminé par certaines expressions de ce milieu ?

— Ralph est hawaïen, disait-elle. C'était l'ami d'université du garçon dont je t'ai parlé, celui avec lequel Jill vivait quand j'ai emménagé chez elle. Je crois que Jill avait de la peine pour ce jeune Hawaïen terriblement timide qui avait l'air de ne jamais s'amuser. Alors, quand elle a appris qu'il avait besoin de se loger, elle lui a laissé le grand appartement du rez-de-chaussée, dans l'aile, tu sais, le bâtiment dont les portes-fenêtres donnent sur la piscine. Et là, mince, pour s'amuser, il s'est amusé. Sa vie a complètement changé. Il me l'a avoué lui-même, des années après son départ. Il m'a dit : « Il fallait presque que je me coupe un bras pour convaincre une fille de sortir avec moi, avant, et ça n'avait rien d'anormal vu le drôle de petit gars mal fagoté que j'étais ; mais dès que je lui montrais où je vivais, dès qu'elle voyait *ça*, c'était magique. » Il m'a dit : « Je lui faisais boire un ou deux verres, et on se retrouvait à poil dans la piscine à tous les coups. Et ensuite, c'était un jeu d'enfant. »

Un joli petit carillon obscène s'éleva de la gorge de Sally.

— Ouais, euh, c'est sympa, commenta Jack. C'est marrant comme histoire.

— Et il a ajouté : « J'ai toujours su que c'était tordu, cet arrangement avec Jill. Mais je n'arrêtais pas de me répéter : Tant qu'à être tordu, Ralph, autant l'être *à fond*. » Tu ne trouves pas ça adorable ?

Je veux dire, de décider d'être bizarre à sa manière à lui ?

— Ouais. Tout à fait.

Mais plus tard, cette nuit-là, tandis que Sally dormait à côté de lui et qu'il écoutait chaque vague enfler, rouler et gronder, il se demanda si Sheilah Graham avait jamais dit d'une personne qu'elle lui était « très chère ». Bah, peut-être que oui, ou peut-être employait-elle le jargon en vogue à l'époque et que cela ne dérangeait pas Fitzgerald le moins du monde. Il savait qu'elle ne serait jamais Zelda, c'était une des raisons pour lesquelles il l'aimait. C'était pour elle qu'il tenait le coup, jour après jour, qu'il résistait à son envie dévorante de boire un verre, et consacrait le peu d'énergie qu'il lui restait aux vagues chapitres d'ouverture du *Dernier Nabab*. Il devait se sentir humble de reconnaissance de la savoir présente auprès de lui.

Les semaines qui suivirent, ils vécurent comme un couple marié. En dehors des heures de bureau, ils étaient toujours ensemble, chez lui. Ils faisaient de longues promenades au bord de la mer, découvraient de nouveaux bars de plage où prendre un verre quand ils étaient fatigués. Ils parlaient des heures durant – « Je ne m'ennuie *jamais* avec toi », disait-elle –, et il avait le sentiment qu'il se remettait à respirer à pleins poumons pour la première fois depuis des années. L'écriture de son scénario progressait beaucoup plus vite. Quand il levait les yeux de son manuscrit, après dîner, et qu'il la découvrait pelotonnée sur le canapé en plastique, en train de tricoter à la lueur du réverbère – elle confectionnait un gros pull pour l'anniversaire de Kicker –, cette vision ne manquait jamais de satisfaire son penchant pour l'ordre et le calme.

Mais cette période ne dura pas. Ils abordaient à peine la deuxième moitié de l'été quand il la surprit à l'observer, un soir, les yeux brillant d'une intense tristesse.

— Qu'y a-t-il ?

— Je ne peux plus rester ici, Jack. Voilà ce qu'il y a. Je suis sérieuse. Je ne peux plus supporter cette maison. Elle est exiguë, humide, sombre… mon Dieu, elle n'est pas humide, elle est *mouillée*.

— Cette pièce-*ci* est toujours sèche, rétorqua-t-il sur la défensive, et elle est claire aussi, durant la journée. Elle est tellement lumineuse parfois, que je suis obligé de fermer les…

— D'accord, seulement cette pièce ne mesure que *deux* mètres carrés, dit-elle avec emphase en se levant. Et le reste ressemble à une vieille tombe pourrie. Tu sais ce que j'ai trouvé dans la cabine de douche, ce matin ? Un de ces horribles vers translucides, qui ressemblent à des escargots sans la coquille. J'ai marché dessus au moins quatre fois avant de comprendre ce qu'il m'arrivait. Dieu du ciel !

Elle tressaillit au plus profond de son être, lâchant son tas de mailles grises et ses aiguilles à tricoter pour croiser les bras, et Jack repensa à sa fille et à cette autre douche maudite, à New York.

— Et la chambre ! Le matelas a au moins cent ans : il commence à se décomposer et il empeste le moisi. Et peu importe où j'accroche mes vêtements, ils sont humides quand je les remets le matin. Je n'en peux plus, Jack. Je ne veux plus jamais me rendre au bureau dans des vêtements mouillés et me tortiller ou me gratter toute la journée, un point c'est tout.

Et à la voir secouer la maison en tous sens pour réunir ses affaires et remplir son sac mexicain et sa petite valise, on devinait qu'elle n'avait pas même l'intention de passer une nuit de plus sur place. Jack se mordit la lèvre, chercha quelque chose à dire, puis se leva, sentant que c'était toujours mieux que rester assis.

— Je rentre chez moi, Jack. Tu es le bienvenu si tu veux m'accompagner et, à vrai dire, j'aimerais beaucoup que tu le fasses, mais la décision t'appartient.

Il ne mit pas longtemps à se décider. Il se rebella un instant, feignit l'exaspération pour épargner un peu sa fierté qui s'effritait vite, mais, moins d'une demi-heure plus tard, les mains crispées sur le volant de sa voiture, il suivait les feux arrière de celle de Sally, à une distance raisonnable. Il avait même pris son manuscrit et une réserve de papier et de crayons, puisqu'elle lui avait assuré que la maison de Jill disposait de plusieurs pièces propres et bien meublées où il pourrait, s'il le voulait, travailler du matin au soir sans jamais être dérangé.

— Et, franchement, tu ne crois pas qu'on sera mieux dans mon appartement ? Reconnais-le. Et puis, combien de temps te reste-t-il, maintenant ? Sept… six semaines ?

Si bien que Jack Fields devint, pour une brève période, résident du manoir néo-grec de Beverly Hills. Remerciant davantage qu'il n'en éprouvait le désir, il accepta de travailler dans l'une des pièces de l'étage – assortie d'une salle de bains presque aussi opulente que celle de Sally – et ils s'installèrent à « l'appartement », où ni l'un ni l'autre ne faisait jamais allusion à la table basse japonaise.

À l'heure de l'apéritif, chaque jour, ils n'avaient d'autre choix que de rejoindre Jill Jarvis et de se retrouver happés, de gré ou de force, dans son petit monde. Les premiers temps, au moins, après un verre ou deux, sur un échange de clins d'œil, ils parvenaient à s'échapper pour passer la soirée ensemble dans un restaurant ; mais peu à peu, à l'irritation croissante de Jack, Sally prit l'habitude de continuer à boire et à discuter avec les invités de Jill, et ils finirent par se retrouver associés au rituel du dîner tardif, repoussé jusqu'à ce qu'une domestique noire replète du nom de Nippy apparaisse à la porte en uniforme et déclare :

— Miz Jarvis ? Il ne va rien rester de cette viande si vous autres ne vous décidez pas à venir manger très vite.

Raides et titubants, à peine capables de distinguer ce qu'ils avaient dans leurs assiettes, les convives picoraient des steaks sombres rabougris accompagnés de légumes flétris, jusqu'à ce qu'un sursaut de dégoût général les pousse à abandonner la table pour retourner au boudoir et se remettre à boire. Et le pire, à ce moment-là, c'était que Jack découvrait qu'il ne désirait rien tant que boire, lui aussi. Certains soirs, Sally et lui étaient trop ivres pour faire quoi que ce soit d'autre que dormir après avoir grimpé l'escalier à double révolution. Jack était tout juste capable de se traîner jusqu'au lit, où il s'endormait aussitôt. Quand il se réveillait, des heures plus tard et écoutait le souffle paisible de sa compagne, il n'était pas rare qu'il la trouve endormie dans le second lit.

Jack avait découvert qu'il n'aimait pas beaucoup Sally quand elle avait bu. Ses yeux brillaient exagérément, sa lèvre supérieure enflait et s'affaissait, et elle éclatait d'un rire strident d'écolière en manque de popularité à des réflexions qui n'étaient même pas drôles.

Un jour, en fin d'après-midi, Ralph, le jeune Hawaïen, passa de nouveau les voir ; mais en dépit des cris de joie et de l'accueil chaleureux que lui firent les filles, c'est en porteur solennel de terribles nouvelles qu'il s'installa dans un fauteuil en cuir.

— Vous vous rappelez l'homme dont je vous ai parlé, mon patron ? Cliff Myers ? Sa femme est morte ce matin. Crise cardiaque. Elle s'est écroulée dans la salle de bains. Trente-cinq ans.

Il baissa les yeux et but une gorgée hésitante de son verre de scotch, comme s'il accomplissait un rite funéraire.

Jill et Sally se glissèrent au bord de leurs fauteuils et le dévisagèrent, les yeux arrondis de stupeur, leur bouche formant un « Oh ! » qu'elles laissèrent échapper à l'unisson. Sally ajouta : « Mon Dieu », et, effondrée, levant le poignet à son adorable front, Jill soupira :

— Trente-cinq ans. Oh, le pauvre homme. Le pauvre homme.

Ni Jack ni Woody Starr n'avaient encore manifesté leur tristesse, mais après avoir échangé un regard gêné, ils réussirent à marmonner les formules d'usage.

— Avait-elle *déjà* eu des problèmes cardiaques ? questionna Sally.

— Aucun. Jamais.

Et pour la première fois dans l'histoire de ces apéritifs interminables, ils eurent un véritable sujet à se mettre sous la dent. Cliff Myers avait des nerfs d'acier, leur expliqua Ralph. Et si sa carrière professionnelle ne suffisait pas à le prouver – et Dieu sait qu'elle y suffisait amplement – il l'avait démontré ce matin. En premier lieu, il avait essayé de réanimer sa femme en pratiquant un bouche-à-bouche sur le carrelage de la salle de bains, puis il l'avait enveloppée dans une couverture pour la porter jusqu'à sa voiture et la conduire à l'hôpital, sachant qu'elle était déjà morte. Une fois là-bas, les médecins avaient voulu lui administrer un sédatif, mais on ne donne pas des sédatifs à un homme de la trempe de Cliff Myers. Il était rentré chez lui en voiture, et à neuf heures quinze – neuf heures quinze ! –, il avait téléphoné au bureau pour expliquer les raisons de son absence.

— Oh ! s'écria Sally. Mon Dieu, c'est insupportable. Insupportable.

Elle se leva et se rua hors de la pièce, en larmes.

Jack la suivit dans le salon mais elle refusa de se laisser consoler, et il découvrit que cela ne le dérangeait pas du tout.

— Allons, viens, Sally, dit-il, debout à un ou deux mètres d'elle, les mains dans les poches, l'écoutant sangloter, ou faire mine de sangloter. Allons, calme-toi.

— C'est juste que, ce genre de chose me *bouleverse* ; je n'y peux rien. Je suis *sensible*, tu comprends.

— Ouais, d'accord. Je comprends.

— Une fille qui avait tout pour elle, dit-elle d'une voix chevrotante. Toute une vie brisée, d'un coup…

vlan, sur le carrelage de la salle de bains… mon Dieu, oh ! mon Dieu !

— D'accord… mais, tu ne trouves pas que tu en fais un peu trop ? Je veux dire que tu ne la connaissais pas, et tu ne le connais pas non plus, alors c'est comme si tu avais lu ça dans le journal, pas vrai ? Et le fait est qu'on peut lire ce genre de chose chaque jour en mangeant son sandwich poulet-salade, et ça ne nous met pas nécessairement…

— Seigneur, un sandwich poulet-salade ! dit-elle le toisant de toute sa hauteur et reculant, écœurée. Tu es vraiment un connard sans cœur. Tu sais quoi ? Tu sais ce que je viens de comprendre sur toi ? Tu es un sale type, glacial, incapable de la moindre émotion, et rien ne compte pour toi en ce monde à part ta personne et tes griffonnages qui suintent l'autosatisfaction ; pas étonnant que ta femme ne supporte plus le simple fait de te voir.

Elle avait grimpé la moitié de l'escalier quand il décida que la meilleure réponse serait de ne pas répondre. Il retourna dans le boudoir pour terminer son verre et essayer de réfléchir à la suite ; et c'était ce qu'il faisait quand Kicker entra avec un gros sac de couchage mal enroulé sur l'épaule.

— Hé ! t'es prêt, Woody ? lança-t-il.

— Prêt, Kick.

Woody se leva, avala cul sec ce qu'il restait de son whisky, et ils quittèrent la maison ensemble. Tout à leur discussion sur l'immense tragédie qui frappait Cliff Myers, Jill et Ralph ne semblèrent pas s'apercevoir de son retour.

Il décida qu'il attendrait quelques jours avant d'appeler Sally au bureau. S'ils arrivaient à se réconcilier, tant mieux, même si ce ne serait sans doute plus aussi bien qu'avant. Et sinon, eh bien, tant pis, il y avait des tas de filles à Los Angeles. Comme ces nanas plus jeunes que Sally qui s'ébrouaient sur le sable dans des maillots de bain minuscules, chaque jour, devant sa fenêtre. Et il pourrait toujours demander à Carl Oppenheimer de lui présenter l'une de ses innombrables connaissances. Sans compter qu'il n'était plus qu'à quelques semaines de terminer son script et de rentrer à New York, alors quelle importance cela pouvait-il avoir ?

Mais, tandis que sa voiture traversait la nuit en ronronnant sur la route de Malibu, il comprit que son raisonnement n'avait aucun sens. Qu'elle soit saoule, idiote et grisonnante ou pas, Sally Baldwin était la seule femme au monde.

Le lever du soleil était proche, il était encore assis à boire dans sa chambre humide et glacée : écoutant le bruit des vagues et respirant l'odeur de moisi de son matelas centenaire, il se laissa pénétrer par l'idée qu'il avait peut-être une personnalité autodestructrice, après tout. Ce qui le sauva, ce qui lui permit de s'allonger et de s'abandonner enfin au sommeil, c'était de savoir que plusieurs personnes sentencieuses s'étaient accordées à coller cette étiquette sinistre et maudite sur F. Scott Fitzgerald aussi.

Sally l'appela deux jours plus tard.

— Tu es toujours en colère après moi ? lui demanda-t-elle d'une voix timide et circonspecte.

Il l'assura que non, s'accrochant au combiné comme à une bouée de sauvetage d'une main, et faisant de grands gestes désinvoltes de l'autre, comme pour se prouver son détachement.

— Bien, je suis contente d'entendre ça, dit-elle. Je suis désolée, Jack. Je suis sincère. Je sais que je bois trop et… tout le reste. Je me sens affreusement mal depuis ton départ, tu me manques affreusement. Écoute, tu penses que tu pourrais me retrouver au Beverly Wilshire, cet après-midi ? C'est l'endroit où on a pris notre premier verre ensemble, il y a des siècles.

Et sur le chemin de ce bar dont il se souvenait très bien, il se prépara de tout cœur à l'une de ces réconciliations de nature à vous redonner un sentiment de jeunesse et de force. Elle pourrait prendre des vacances et ils feraient un petit voyage – monteraient à San Francisco, ou descendraient à Mexico –, ou bien il pourrait quitter cette foutue maison de plage et trouver un logement plus agréable en ville qu'ils partageraient.

Mais sitôt que Sally s'installa près de lui et qu'ils se prirent les mains sur la table, comme ils l'avaient fait la première fois, il comprit qu'elle avait d'autres projets pour eux.

— Je suis furieuse contre Jill, commença-t-elle. Absolument furieuse. On nage en plein délire. Ça a commencé hier, quand nous sommes allées chez le coiffeur – on y va toujours ensemble ; sur le chemin du retour, elle a suggéré qu'il faudrait que nous arrêtions de faire trop de choses toutes les deux. Je lui ai demandé : « Qu'est-ce que tu entends par là ? De quoi parles-tu, Jill ? » Elle m'a répondu : « Je pense que les gens nous prennent pour des lesbiennes. » J'en étais malade. Tout simplement malade.

« Hier soir, elle a appelé Ralph pour lui demander… oh, cette voix basse et suggestive qu'elle a prise… pour lui demander d'inviter Cliff Myers à dîner le lendemain soir. Tu te rends compte ? Je lui ai dit : "C'est très indélicat, Jill. Écoute : dans un mois ou deux, ce sera une gentille attention de ta part, mais sa femme n'est morte que depuis *deux jours*. Ne vois-tu pas à quel point c'est… indélicat ?" Elle m'a répondu : "Je m'en moque. Il faut que je rencontre cet homme. Je suis éperdument attirée par tout ce qu'il représente."

« Oh, et il y a bien pire, Jack. Tu sais que Woody Starr possède un petit appartement minable à l'arrière de son atelier ? C'est là qu'il vivait avant d'emménager chez Jill. Il me semble que c'est interdit par la loi… je veux dire : je crois qu'il y a un arrêté municipal qui interdit aux commerçants de dormir sur leur lieu de travail… Quoi qu'il en soit, il lui arrive d'emmener Kicker là-bas, pour y passer une nuit ou deux… ils se préparent leur petit déjeuner sur place, un peu comme au camping. Bref, ils y ont passé ces deux dernières nuits et, aujourd'hui, Jill m'a appelée au bureau au beau milieu d'une de ses horribles crises de gloussements… on aurait dit une adolescente de seize ans… et elle m'a dit : "Devine quoi. Je viens d'obtenir de Woody qu'il garde Kicker une nuit de plus. C'est chouette, non ?" Quand je lui ai demandé pourquoi, elle a répondu : "Oh, ne sois pas si épaisse, Sally : pour qu'ils ne gâchent pas tout quand Cliff Myers viendra dîner." J'ai dit : "Qu'est-ce qui te fait croire qu'il va venir, Jill ?" et elle a rétorqué : "Je ne t'ai pas dit ? Ralph m'a rappelée ce matin pour me le confirmer. Il m'amène Cliff Myers à la maison à six heures." »

— Oh, fit Jack.

— Alors… Je sais que ce sera affreux de la regarder essayer de séduire ce pauvre bougre, mais tu… tu veux bien rentrer avec moi, Jack ? Parce que, vraiment, je suis incapable d'endurer ça toute seule.

— Dans ce cas, pourquoi l'endurer ? Pourquoi ne pas nous chercher une chambre quelque part ? Mince, on pourrait même en prendre une ici.

— Sans vêtements de rechange pour demain matin ? Tu me demandes de retourner au travail dans cette robe affreuse ? Non merci.

— Voyons, Sally, c'est idiot. Tu peux filer à la maison prendre des vêtements et revenir ; ensuite on…

— Écoute, Jack. Tu n'es pas obligé de me suivre si tu n'en as pas envie mais, moi, je rentre. C'est peut-être une maison de dingues, de dégénérés ou de ce que tu veux, mais c'est mon foyer.

— Et merde, tu n'es quand même pas si naïve. Ton « foyer » ? Pour l'amour du ciel, cette foutue ménagerie ne sera jamais le foyer de *personne.*

Elle le dévisagea, offensée, obstinément sérieuse, comme un croyant dont on vient de tourner la religion en ridicule.

— C'est le seul foyer que je possède, Jack, insista-t-elle d'une voix calme.

— *Sans blague !*

Plusieurs clients surpris lui jetèrent un regard à la dérobée.

— Nom de Dieu, Sally, dit-il en essayant en vain de parler moins fort. Si tu éprouves un plaisir pervers à rester là-bas et à laisser cette garce de Jill Jarvis semer sa dépravation aux quatre coins de ton existence, c'est avec un de ces foutus *psychanalystes* que tu devrais en discuter, pas avec moi.

Un serveur apparut à son épaule.

— Je vais devoir vous demander de baisser d'un ton et de surveiller vos propos, monsieur. Tout le monde vous entend, ici.

— C'est bon, s'interposa Sally. Nous partons.

En quittant le restaurant, déchiré entre une envie téméraire de se remettre à hurler et la tentation abjecte des excuses, Jack baissa la tête et avança dans un silence rigide.

— Eh bien, dit-elle quand ils atteignirent sa voiture sur le parking baigné du soleil de l'après-midi, tu étais très séduisant, il y a un instant. C'est un spectacle inoubliable que tu nous as offert là. Je ne pourrai plus mettre les pieds dans ce restaurant sans m'attirer de drôles de regards des serveurs et des autres.

— Ça te donnera quelque chose à raconter dans tes Mémoires.

— Oh, parfait. Avec toutes les autres belles choses que j'ai déjà à raconter, c'est ça ? Quel plaisir ce sera d'avoir enfin soixante ans. Bien. Tu viens ou tu restes ici, Jack ?

— Je te suis.

Et, en se dirigeant vers sa voiture, il se demanda pourquoi il n'avait pas eu le cran de répondre : « Je reste. »

Il la suivit entre les longs palmiers de la pente douce de Beverly Hills et dans la grande allée de Jill, où deux autres visiteurs avaient déjà garé leur voiture. Sally claqua sa portière un peu plus fort que nécessaire et l'attendit, prête à lui délivrer le petit discours souriant qu'elle avait sans doute préparé et répété durant le court trajet qu'ils venaient d'effectuer.

— Cela ne pourra être qu'intéressant, en tout cas. Quelle femme n'aurait pas envie de rencontrer Cliff Myers ? Il est jeune, riche, il voyage, et il est libre. Ça pourrait être drôle que je l'arrache des griffes de Jill avant même qu'elle n'ait tenté quoi que ce soit ?

— Allons, Sally.

— Quoi « allons » ? Qu'as-tu à y *redire* ? Tu attends beaucoup pour un homme qui donne si peu, tu sais ?

Ils avaient atteint la terrasse de la piscine et approchaient des grandes portes-fenêtres du boudoir.

— C'est vrai, mince, dans quatre semaines tu retournes d'où tu viens : je suis censée faire quoi, en attendant ? Rester plantée à tricoter en regardant défiler, un par un, les derniers hommes à peu près convenables me passer sous le nez ?

— Sally et Jack…, les accueillit alors Jill d'une voix solennelle, depuis le canapé en cuir où elle était assise, j'aimerais vous présenter Cliff Myers.

Assis tout près d'elle, Cliff Myers se leva pour la cérémonie des présentations. Grand et massif, il portait un costume fripé, et ses cheveux blonds coupés à la brosse lui donnaient des allures de grand garçon aux traits marqués. Sally fut la première à s'avancer et à compatir à son immense douleur ; et Jack fit de son mieux pour lui transmettre le même message par le biais d'une poignée de main grave.

— Oh, comme je le disais à l'instant à Jill, expliqua Cliff Myers une fois qu'ils furent tous assis, j'ai engrangé un maximum de points empathie. Quand je suis entré au bureau hier, deux ou trois secrétaires se sont mises à pleurer, si vous voyez le genre. Et quand je suis sorti déjeuner avec un client aujourd'hui, j'ai bien cru que le maître d'hôtel allait fondre en larmes, lui aussi. Et le serveur avec. Un drôle de truc, toute cette compassion. Dommage qu'on ne puisse pas la mettre à la banque, pas vrai ? Enfin, ça ne durera sans doute pas, alors autant en profiter un maximum, hein ? Dites, Jill, vous permettez que je me resserve un peu d'Old Grand-Dad ?

Elle lui enjoignit de ne pas bouger, le resservit elle-même selon un cérémonial qui témoignait de son humble admiration, et patienta, attentive, qu'il en boive une gorgée pour s'assurer que la boisson était à son goût.

C'est alors que Ralph entra dans la pièce, titubant de manière comique sous un fardeau de bûches qu'il serrait contre sa poitrine.

— Vous savez quoi ? Ça me rappelle le bon vieux temps. Jill m'exploitait totalement quand je vivais ici, expliqua-t-il à Cliff, s'accroupissant pour faire tomber le bois en une pile nette dans le foyer. C'était ma manière de payer mon loyer. Je vous jure, vous n'avez pas idée du travail que demande l'entretien d'une telle demeure.

— Oh, j'imagine un peu, dit Cliff Myers. C'est une très grande maison que vous avez là.

Ralph se redressa et débarrassa sa cravate de représentant et sa chemise Oxford des bouts d'écorce qui s'y étaient accrochés, puis fit de même avec les revers et les manches de sa veste en toile, d'une coupe impeccable. Il avait peut-être toujours l'air d'un drôle de petit gars, mais n'était certainement pas mal habillé. Il se frotta les mains et adressa un sourire timide à son employeur.

— Mais belle, n'est-ce pas, Cliff ? Je savais qu'elle vous plairait.

Cliff Myers l'assura qu'elle était belle, très belle.

— J'imagine que cela peut paraître étrange qu'on fasse du feu en plein été, dit Jill. Mais il fait toujours frisquet le soir.

— Ouais. À Palisades, on faisait du feu tous les soirs de l'année. Ma femme aimait beaucoup les feux de cheminée.

Jill prit sa grosse main dans la sienne, de manière très ostensible.

Ils mangèrent à l'heure, ce soir-là, mais Jack Fields ne toucha presque pas à son assiette. Il apporta son verre plein à table et retourna se servir à deux reprises ; et, sitôt que le dîner singulièrement sophistiqué fut terminé, il s'enfonça dans le coin le plus sombre du boudoir, bien à l'écart du reste de l'assemblée, et continua à boire. Il savait que cela faisait trois ou quatre soirées consécutives qu'il passait à s'enivrer, mais il serait toujours temps de s'en préoccuper plus tard. Il n'arrivait pas à oublier les mots de Sally : « Il est jeune, il est riche, il voyage, et il est libre » ; et chaque fois qu'il levait les yeux sur son joli profil et son long cou élégant éclairés par le feu de bois, elle avait un sourire rayonnant aux lèvres ou s'exclamait : « Oh, c'est merveilleux » en réponse à l'une ou l'autre des remarques stupides que cet inconnu, que ce connard endeuillé venait de faire.

Bientôt, il se rendit compte qu'il ne parvenait même plus à la distinguer derrière le brouillard épais et sombre qui occultait entièrement son champ de vision et l'obligeait à baisser la tête si bas que la seule chose qu'il arrivait à voir – avec la terrible acuité que procure la haine de soi – était sa chaussure gauche sur le tapis.

— Hé… euh, Jack ?

— Hein ?

— Je te demandais si tu voulais bien me donner un coup de main ? disait la voix de Ralph. Allez viens.

— Euh… minute. D'accord.

Et avec une énergie venue de nulle part – ou de ses dernières réserves de honte –, il se hissa sur ses jambes et suivit Ralph dans la cuisine, dans l'escalier de la cave – évitant de justesse de le dégringoler –, et jusqu'au mur du fond, contre lequel étaient empilées des bûches. Sur le côté, à l'écart des autres, une longue bûche d'au moins soixante centimètres de diamètre, coupée pour entrer dans la cheminée attira l'attention vaporeuse de Jack : on aurait dit un tronçon de poteau téléphonique.

— Putain, dit-il.

— Qu'est-ce qu'y a ?

— C'est la plus grosse putain de bûche que j'aie vue de ma vie.

— Ouais, ben, laisse-la donc où elle est. Les petites nous suffiront.

Et, des bûches jusqu'au menton, ils montèrent au second étage et pénétrèrent dans l'immensité déserte de la chambre de Jill – ou plutôt, de la chambre de Jill et Woody Starr –, où Jack n'avait encore jamais mis les pieds. Tout au fond de la pièce, très loin de la cheminée devant laquelle Ralph s'accroupissait pour déposer le bois, des mètres et des mètres de tissu blanc pendaient du plafond et drapaient les bords d'un grand lit « hollywoodien » pour former un baldaquin digne d'un rêve d'adolescente en mal de luxe et de romantisme.

— OK, fit Ralph. Ça devrait faire l'affaire.

Puis, tout ivre qu'il était manifestement lui aussi, accroupi en équilibre instable, il s'employa à déposer minutieusement chaque bûche sur les chenets de cuivre poli et à faire du feu.

Jack voulait quitter la chambre au plus vite, mais ne cessait de basculer contre le mur le plus proche ; en désespoir de cause, il décida de s'en servir comme d'un guide et, appuyant son épaule dessus, il se laissa glisser pesamment vers la sortie, se concentrant sur la progression de ses pieds sur la moquette champagne. Il perçut que Ralph, qui en avait terminé avec la cheminée, venait de s'élancer devant lui en murmurant : « Allez viens » et avait disparu dans le couloir, le laissant seul dans cette pièce d'une instabilité périlleuse, mais par chance toujours ouverte ; il remarqua aussi que le rectangle éclairé de la porte était très proche, à présent – encore quelques pas –, seulement, ses genoux commençaient à faiblir et à fléchir. Il sentit que son épaule ne glissait plus le long, mais vers le bas du mur, et que la moquette mouvante jaunâtre s'élevait peu à peu jusqu'à s'offrir comme une surface de repos logique et nécessaire pour ses mains et pour sa joue.

Un peu plus tard, des voix basses et des rires le réveillèrent. Il fixa l'embrasure de la porte et se demanda s'il serait capable de l'atteindre sans délai, comprenant soudain que Jill Jarvis et Cliff Myers étaient blottis l'un contre l'autre sur la même étendue de moquette que lui, près du feu, à deux ou trois mètres de sa tête.

— C'est quoi ce type par terre ? s'enquit Myers. Il vit ici, lui aussi ?

— En quelque sorte. Mais il est inoffensif, répondit Jill. Il est à Sally. Elle passera le prendre dans une minute, ou bien Ralph, s'il ne file pas tout seul. Ne t'inquiète pas.

— Oh ça, rien ne m'inquiète. Je me demandais juste comment j'allais poser cette bûche là-dessus sans me brûler les paluches. Installe-toi ici une minute. Voilà. C'est fait.

Et, avec un dédain d'ivrogne, Jack nota que Cliff Myers disait « paluches » au lieu de mains. Seul un crétin fini pouvait s'exprimer ainsi, alors qu'il flirtait et aurait dû se sentir intimidé, et alors qu'il se remettait à peine du choc de la mort de sa femme.

— Tu sais quoi, chuchota Jill ? Tu es un mec incroyable, Cliff.

— Ah ouais ? Et toi, tu es une fille incroyable.

Il entendit alors des petits bruits de succion et des ronronnements qui suggéraient qu'il la pelotait. Une fermeture Éclair s'ouvrit d'un coup (le dos d'une robe ? une braguette ?) et Jack Fields n'attendit pas d'en entendre davantage pour se hisser sur ses jambes, déguerpir de cette foutue chambre et fermer la porte derrière lui.

Il n'avait pas encore les idées assez claires pour retrouver le chemin de la chambre de Sally ; il parvint tout juste à s'asseoir en haut de l'escalier et à prendre sa tête entre ses mains, le temps de retrouver l'équilibre. Quelques minutes plus tard, il sentit l'escalier vibrer et la voix de Ralph cria : « Faites place ! Faites place, s'il vous plaît ! » Le petit Hawaïen trapu grimpait l'escalier avec une agilité et une rapidité remarquables, le visage crispé par l'effort mais rayonnant de joie, l'énorme bûche solitaire de la cave dans les bras.

— Faites place ! cria-t-il encore tandis que Jack s'écartait pour le laisser passer.

Sans se donner la peine de frapper, il ouvrit la porte de la chambre de Jill d'un coup d'épaule et s'élança à l'intérieur. Elle était juste assez éclairée pour que Jack constate que Jill Jarvis et Cliff Myers avaient abandonné le coin de la cheminée – pour le lit, sans aucun doute.

— Désolé, miss ! Désolé, mister ! lança Ralph, filant vers le foyer avec son fardeau. Avec les compliments du commandant de la compagnie !

Et il largua son énorme bûche qui heurta les chenets avec un terrible fracas et fit jaillir une multitude d'étincelles orange.

— Ralph, espèce d'*idiot* ! s'écria Jill, de son lit à baldaquin. Sors d'ici tout de suite !

Mais Ralph sortait déjà aussi vite qu'il était entré, gloussant de l'effet qu'avait produit son petit numéro, suivi d'un chaud carillon baryton – le rire d'un homme en passe de devenir l'ingénieur le plus puissant de toute la Californie, un homme qui s'était toujours enorgueilli de savoir repérer le talent chez les jeunes gens qu'il employait.

— Eh bien, j'imagine qu'aucun de nous n'était au meilleur de sa forme, hier, conclut Sally le lendemain matin, s'appliquant à redonner un peu d'allure à sa chevelure, devant le miroir de sa coiffeuse.

C'était un samedi, elle ne travaillait pas et ne savait pas ce qu'elle avait envie de faire de sa journée.

Jack, lui, était toujours couché ; il envisageait de ne boire que de la bière, et avec modération, jusqu'à la fin de ses jours.

— Je crois que je vais retourner à la plage. Essayer de travailler un peu, dit-il.

— D'accord.

Elle se leva et erra sans but jusqu'à l'une des nombreuses portes-fenêtres.

— Dieu tout-puissant, viens voir ça ! Je t'en prie, il faut que tu voies ça.

Il se traîna jusqu'à la fenêtre. Elle donnait sur la piscine où Cliff Myers flottait sur le dos dans un maillot de bain bordeaux qui appartenait sans doute à Woody Starr. Sur la terrasse, dans un bikini ridiculement petit, Jill l'appelait, un cocktail coloré dans chaque main.

— Des brandys Alexander, expliqua Sally. Quand je suis descendue à la cuisine pour me servir du café, Nippy m'a coulé un regard inquiet et m'a dit : « Sally ? Vous savez comment on fait du brandy Alexander ? Miz Jarvis en veut toute une carafe, et je ne sais pas comment ça se prépare. On a un livre là-dessus quelque part ? »

Sally soupira.

— Tout s'est déroulé comme prévu, n'est-ce pas ? M. Myers et Mme Jarvis sirotent des cocktails de petit déjeuner au bord de la piscine, au vu et au su de tous, trois jours après la mort de Mme Myers.

Il y eut un silence, puis elle ajouta :

— Enfin, j'imagine que c'est un peu plus sain que la manière dont Jill passe *toutes* ses matinées depuis que je la connais : au lit avec son café, ses cigarettes et ses grilles géantes de mots fléchés débiles.

— Bon, écoute Sally, tu veux rentrer avec moi ou pas ?

— Je n'en sais rien. Je ne crois pas, dit-elle sans quitter la fenêtre des yeux. On a recommencé à se disputer. Je t'appelle, d'accord, Jack ?

— D'accord.

— De toute façon. Il faut que je sois là quand Woody et Kicker rentreront. Je devrais pouvoir me rendre utile. Oh, pas auprès de Woody, bien sûr, mais auprès de Kicker. Il m'aime beaucoup… ou m'aimait beaucoup, du moins. Il disait souvent que j'étais sa mère par procuration, avant.

Elle traîna devant la fenêtre, sans un mot, fatiguée ; sa lèvre supérieure commença à s'affaisser, comme quand elle était saoule.

— As-tu la moindre idée de ce que ressent une femme qui sait qu'elle n'aura jamais d'enfant ? Même lorsqu'on n'en veut pas vraiment, c'est terrible de découvrir qu'on ne pourra jamais en avoir. Et il m'arrive de… je ne sais pas. Parfois je me dis que tout ce que j'ai jamais désiré dans la vie, c'est un enfant.

Avant de quitter la maison d'un pas mal assuré, Jack passa par la cuisine.

— Euh, Nippy ? Vous pensez que vous pourriez me trouver une bière ?

— Oui, ça devrait être possible, monsieur Fields, répondit la bonne. Asseyez-vous à table.

Quand il fut installé avec sa bière, elle se mit en face de lui.

— Vous voyez ce mixeur ? Il est vide, n'est-ce pas ? Eh bien, il y a vingt minutes ce mixeur était plein à ras bord de brandy Alexander. Et… je ne pense pas que ce soit très raisonnable, voyez-vous. De donner tout cet alcool à un homme au saut du lit, alors qu'il n'a déjà pas toute sa tête parce que cela ne fait que trois jours qu'il a perdu sa femme. J'aimerais qu'ils se montrent un peu discrets.

— Moi aussi.

— Enfin, on ne sait jamais à quoi s'attendre de la part de Miz Jarvis. Elle est très… sophistiquée, si vous voyez ce que je veux dire. Très…

Elle fit voleter les doigts potelés, cherchant le mot juste.

— Bohème, finit-elle par dire. Et pourtant, qu'importe ce que peuvent dire les gens – et j'ai entendu des tas de gens raconter des tas d'histoires –, j'éprouve une immense estime pour cette dame, et c'est la pure vérité. Je ferais n'importe quoi pour Miz Jarvis. À deux reprises déjà, elle a aidé mon mari à trouver du travail dans une période difficile, et vous savez ce qu'elle a fait pour moi ? C'est une chose que je ne pourrai jamais oublier : elle m'a trouvé mes contacts.

Devant son air égaré, Nippy pointa gaiement ses deux index sur les coins de ses yeux et battit des paupières. Et s'il ne s'était pas exclamé : « Oh, vos *lentilles* de contact », il ne doutait pas qu'elle se serait penchée vers lui et qu'elle aurait soulevé sa paupière et laissé tomber, en guise d'explication et de preuve, la chose humide presque invisible dans le creux de sa main.

De retour à la plage, Jack travailla aussi dur que s'il voulait boucler son script en une semaine. Depuis un mois, à peu près, il lui semblait que le résultat n'était pas si mauvais, que les choses commençaient à prendre tournure, qu'il y avait là de quoi tirer un assez bon film. Plus tard, cet après-midi-là, il téléphona à Carl Oppenheimer pour discuter d'une scène complexe et de la meilleure manière de l'aborder : un appel dont il aurait pu se passer, mais il avait besoin d'entendre une voix humaine qui n'appartenait pas au cercle domestique de Jill Jarvis.

— Comment se fait-il que vous ne passiez jamais nous rendre visite, Jack ? demanda Oppenheimer. Ellie est impatiente de vous revoir ici, et moi aussi.

— C'est juste que j'ai été assez pris, Carl.

— Vous avez une petite amie ?

— En quelque sorte. Enfin, oui, j'en ai une, mais elle…

— Amenez-la donc !

— Oh, c'est gentil, Carl, d'accord. Je vous rappelle bientôt pour vous dire quand. Nous avons décidé de prendre un peu de distance, pour l'instant. C'est… assez compliqué.

— Seigneur, les écrivains ! soupira Oppenheimer exaspéré. Je ne comprendrai jamais ce que vous foutez, les gars. Pourquoi vous ne vous envoyez pas en l'air comme tout le monde ?

— Si tu savais, commença Sally, lorsqu'elle appela Jack quelques jours plus tard – et il comprit qu'il allait passer une bonne heure au téléphone. Quand Woody et Kicker sont rentrés, ce fameux matin, Jill est sortie pour les recevoir sur la terrasse. Elle a envoyé Kicker se doucher et elle a dit à Woody : « Écoute, j'aimerais que tu disparaisses pendant une semaine. Va-t'en sans poser de question, s'il te plaît. Je t'expliquerai tout plus tard. » Tu imagines une femme dire cela à l'homme qui partage sa vie depuis trois ans ?

— Non.

— Moi non plus, et pourtant, c'est ce qu'elle a fait. Et à moi, elle a dit : « Je ne laisserai personne me gâcher ce moment. Ce qu'il y a entre Cliff et moi, c'est très particulier, Sally. C'est sérieux. Nous avons entamé une relation, et nous… »

Jack se rendit compte que s'il écartait le combiné de son oreille, la voix de Sally s'affaiblirait et s'adoucirait au point de ressembler à un minuscule gargouillis, une voix idiote de lilliputien. Désincarnée, privée de toute cohérence et donc de son ton envieux, de son aigreur et de son autosatisfaction, elle deviendrait presque inaudible mais demeurerait tout aussi irritante : elle n'aurait alors d'autre dessein que d'entamer ses nerfs et de l'empêcher d'accomplir son travail de la journée. Il mit son idée à exécution une dizaine de secondes, puis, honteux de sa traîtrise, abandonna l'expérience juste à temps pour l'entendre dire :

— … Écoute, Jack. Si nous nous mettons d'accord pour ne pas trop boire et pour nous ménager le plus possible l'un l'autre, penses-tu… que tu pourrais revenir ici ? Parce que… eh bien… je t'aime, et j'ai besoin de toi.

Elle avait souvent prononcé des mots d'amour au cours des derniers mois, mais c'était la première fois qu'elle avouait son « besoin » de lui. Et, alors qu'il était déterminé à ne jamais remettre les pieds à Beverly Hills, ces mots-là, dits à ce moment-là, eurent pour effet de le faire changer d'avis.

— … Oh, mon Dieu, s'exclama-t-elle en l'accueillant à la porte de sa chambre, une demi-heure plus tard. Je suis si contente que tu sois là.

Et elle se fondit dans ses bras.

— Jamais plus je ne serai méchante avec toi, Jack. C'est promis. Promis. Il nous reste si peu de temps à passer ensemble, ne crois-tu pas que le moins que nous puissions faire, c'est de nous montrer gentils l'un envers l'autre ?

— Si.

Et une fois la porte fermée, à l'abri de tout risque d'intrusion balourde, ils passèrent l'après-midi à se montrer plus gentils l'un envers l'autre qu'ils ne s'en seraient crus capables. Les grandes vitres des fenêtres ouest avaient eu le temps de se couvrir d'or, de pourpre, puis de bleu nuit, quand ils finirent par se doucher et s'habiller.

Puis, assez vite, Sally reprit son monologue intarissable sur le comportement de Jill, arpentant la moquette, ses fins pieds moulés dans ses collants, et il songea qu'elle n'avait jamais été aussi jolie. Cette fois, Jack laissa la plupart des mots entrer par une oreille et ressortir par l'autre, hochant ou secouant la tête aux moments les plus opportuns : comme chaque fois qu'elle faisait volte-face pour le regarder, les yeux écarquillés, l'appelant à partager sa consternation. Il commença à lui accorder un peu d'attention lorsqu'elle en vint à ce qu'elle estimait être le pire dans tout ça.

— Vraiment, Jack, le pire dans tout ça, c'est ce qu'elle fait à Kick. Elle est dingue si elle croit qu'il ne comprend pas ce qui se passe. Il comprend tout. Il traîne comme une âme en peine dans la maison du matin au soir, pâle et malheureux, comme s'il était sur le point de… je ne sais pas. Il ne m'écoute même plus. Il ne me laisse pas le réconforter, être son amie, rien. Et tu sais ce qu'il a fait, ces deux dernières nuits ? Il est parti tout seul sur son vélo et il a dormi chez Woody, à l'atelier. Je crois que Jill ne s'est même pas aperçue de son absence, ni la première nuit ni la deuxième.

— Oh, c'est… triste.

— Et il déteste Cliff. Il le hait. Chaque fois que Cliff s'adresse à lui, Kick se raidit d'un coup – ce n'est pas moi qui le blâmerais. Parce que, tu sais quoi, Jack ? Tu avais raison depuis le début à propos de Cliff, c'est moi qui me trompais. Ce n'est qu'un gros bêta, un vrai empoté.

Sur les instructions de Jill, Nippy avait nourri le garçon au moins une heure avant de dresser, pour les adultes, la grande table de la salle à manger sur laquelle elle avait posé deux grands chandeliers en argent garnis de six bougies neuves. Elle avait également éteint les lumières pour que le tout soit auréolé d'une lueur romantique.

— N'est-ce pas joli ? demanda Jill. J'oublie toujours les bougies. On devrait en allumer chaque soir.

Et, à sa tenue, on devinait qu'elle aspirait à laisser remonter à sa mémoire beaucoup d'autres éléments du passé, et un peu de sa désinvolture et de sa légèreté d'héritière du Sud, aussi. Elle portait une robe noire d'apparence très coûteuse, à la coupe simple, avec un décolleté assez profond pour laisser entrevoir la naissance de sa petite poitrine ferme et mettre en relief le rang de perles qu'elle tortillait d'une main nerveuse, tout en jouant avec sa nourriture.

Rouge et jovial par les effets de l'Old Grand-Dad, Cliff Myers leur débitait toutes sortes d'anecdotes souriantes et satisfaites sur sa compagnie, que Jill ne manquait jamais de qualifier de « merveilleuses ».

— Non, mais, écoute, Jill, reprit-il. Il faut que tu entendes celle-là. D'abord, il faut savoir que j'ai découvert que je réfléchissais mieux au volant, sur la route du travail. J'ignore pourquoi, mais c'est un fait et j'ai appris à m'y fier. Et, vous savez à quoi j'ai pensé ce matin ?

Il trancha sa pomme de terre en deux d'un geste précis et approcha son visage de son assiette pour savourer la chaleur qui en émanait, indifférent à son auditoire suspendu à ses lèvres. Il prit ensuite le temps de la beurrer et de la saler généreusement, piqua une lamelle de côte d'agneau de sa fourchette, la mâcha avec un air songeur et satisfait, avant de reprendre, la bouche pleine :

— On a une colle industrielle de premier choix au labo. Un truc incroyable. Vous en badigeonnez n'importe quelle surface en métal, vous la touchez, et je vous jure que vous ne pourrez plus jamais en décoller votre main. Ni avec du savon et de l'eau, ni avec n'importe quel détergent, ni avec de l'alcool, ni avec rien. Impossible de la décoller. Alors, supposez…

Il fourra près d'une demi-côte dans sa bouche, qu'il put à peine mâcher tant il riait.

— Alors, supposez que je prenne un petit camion.

Il s'étrangla, hilare, une main sur son front, essayant en vain de se calmer. De ses trois auditeurs, seule Jill souriait.

— Bon, fit-il enfin, la bouche apparemment vide. Supposez que je prenne une camionnette de la compagnie. Supposez que j'enfile un de ces uniformes que portent nos chauffeurs – ces salopettes crème avec un insigne sur la poche de devant et le nom de la société dans le dos. Sans oublier la casquette à visière. Et, bien sûr, la camionnette aussi porte le nom de la compagnie, vous me suivez ? « Myers ». Alors j'arrive ici avec un seau en aluminium plein de roses – trois, quatre douzaines d'American Beauty, des plus belles – et, bien sûr, quand je les apporterais ici, je ferais bien attention à tenir le seau par la partie sans colle, pour éviter de me mouiller les *paluches* ; là, ton ami le petit

Woody apparaîtrait sur la terrasse pour voir ce qui se passe, et je dirais : « Monsieur Starr ? » Je lui tendrais ce gros seau gluant en disant : « Des fleurs, monsieur. Pour Mme Jarvis. Avec les compliments de Cliff Myers. » Ensuite, je retournerais à la camionnette et je filerais… ou non, je resterais juste assez longtemps pour lui faire un clin d'œil à cette vieille Starr d'Hollywood clouée sur place. *Clouée* sur place, vous comprenez ? Parce qu'il lui faudrait peut-être trente secondes à ce connard pour comprendre qu'il est *collé*, et peut-être cinq ou dix minutes supplémentaires pour réaliser qu'il s'est fait piéger, rouler dans la farine, qu'on lui a joué un sacré tour, et, je te jure, Jill, je te parie même de l'argent… de l'*argent* que ce petit merdeux ne t'embêterait plus jamais.

La dernière partie de son numéro sembla ravir Jill, qui serrait sa main entre les deux siennes.

— Magnifique ! Oh, c'est magnifique, Cliff.

Et ils éclatèrent de rire ensemble, se dévorant d'un regard fiévreux.

— C'est une plaisanterie, n'est-ce pas, Jill ? finit par demander Sally de l'autre bout de la table.

— *Bien sûr* que c'est une plaisanterie, répondit-elle, agacée, comme pour réprimander un enfant simple d'esprit. C'est une idée de farce absolument géniale. Les employés de Cliff se font des farces en permanence, je trouve que c'est une manière délicieuse de supporter les moments les plus sombres et les plus barbants de l'existence, pas toi ?

— D'accord, mais tu n'approuverais jamais qu'on agisse de la sorte, n'est-ce pas ?

— Oh, je n'en sais rien, répondit Jill, avec une légèreté taquine. Peut-être que si, peut-être que non. Tout de même, ne trouves-tu pas l'idée délicieusement vicieuse ?

— Je pense que tu as perdu l'esprit, rétorqua Sally.

— Oui, moi aussi, approuva-t-elle, fronçant son joli petit nez. Tout comme Cliff. N'est-ce pas inévitable quand on est amoureux ?

Plus tard ce soir-là, quand ils furent seuls, Sally avertit Jack :

— Je ne veux même pas en parler. Je ne veux ni en parler ni y penser, d'accord ?

Il était tout à fait d'accord. Sally pouvait renoncer à parler de Jill Jarvis, renoncer à penser à Jill Jarvis aussi longtemps qu'elle le voudrait, en ce qui le concernait.

Le lendemain soir, il l'emmena dîner dehors et ils passèrent le reste de la soirée chez Carl Oppenheimer.

— Mince, dit-elle alors qu'ils roulaient en direction de la partie la plus chic de Malibu, sur la route côtière. Je suis tout intimidée à l'idée de le rencontrer.

— Pourquoi ça ?

— Parce que c'est *Oppenheimer*. Il fait partie du petit groupe des réalisateurs les plus importants…

— Allons, Sally. Il n'y a rien d'« important » en lui. Ce n'est qu'un réalisateur et il n'a que trente-deux ans.

— Tu es dingue ? Il est extraordinaire. C'est l'un des deux ou trois plus grands réalisateurs de l'industrie du cinéma. As-tu idée de la chance que tu as de travailler avec lui ?

— D'accord, mais, et lui, tu crois qu'il a une idée de sa chance de travailler avec moi ?

— Mon Dieu ! Tu as un ego sidérant. Dis-moi, si tu es aussi génial que tu le prétends, comment se fait-il que tes vêtements tombent en lambeaux ? Et comment se fait-il qu'il y ait des limaces dans ta cabine de douche ? Hein ? Et comment se fait-il que ton lit sente le cadavre ?

— Jack ! appela Carl Oppenheimer depuis l'entrée illuminée de sa demeure, quand ils eurent remonté le long chemin très verdoyant et ombragé qui partait de l'endroit où ils s'étaient garés. J'imagine que vous êtes Sally, ajouta-t-il plus sérieux. *Ravi* de vous rencontrer.

Elle affirma qu'elle était très honorée de faire sa connaissance et ils pénétrèrent dans la maison où la jeune Ellis les attendait en robe longue, un sourire de bienvenue aux lèvres. Elle était ravissante, et il espéra que Sally les regardait quand elle se mit sur la pointe des pieds pour déposer un petit baiser sur sa joue, comme s'il s'agissait d'un vieil ami. Ils avançaient vers la grande pièce ouverte sur l'océan où se trouvaient les alcools, échangeant des propos aimables, quand Ellis se tourna vers Sally.

— J'adore vos cheveux, dit-elle. C'est votre couleur naturelle ou… ?

— Oui, c'est naturel. Ils blanchissent par mèches.

— Asseyez-vous. Asseyez-vous donc, insista Oppenheimer, choisissant lui-même de rester debout, ou, plutôt, de marcher d'un pas lent dans la pièce somptueuse, les glaçons de son bourbon tintant dans sa main droite, tandis que sa main gauche faisait de grands gestes pour souligner ses propos.

Il leur parlait de sa frustration des dernières semaines, passées à tenter de boucler un tournage sur lequel il avait déjà pris trop de retard, et de la vedette du film avec laquelle il était « impossible » de travailler – un acteur si connu que, à elle seule, la mention de son nom était une sorte de triomphe oratoire.

— … Et, aujourd'hui encore, tout s'est arrêté net sur le plateau – les caméras, le son, tout – le temps que monsieur m'entraîne à part et me fasse asseoir pour m'entretenir de ce qu'il appelle la « théorie dramatique » ; il m'a même demandé si j'avais entendu parler du travail d'un certain dramaturge du nom de George Bernard Shaw. N'est-ce pas sidérant ? N'est-ce pas le crétin le plus absolu que l'Amérique ait jamais porté ? Dieu tout-puissant, il vient *juste* de découvrir Bernard Shaw ; dans trois ans, il découvrira le Parti communiste.

Au bout d'un moment, comme lassé par son propre monologue, Oppenheimer s'avança pesamment, s'installa sur un profond canapé et passa un bras autour d'Ellis, qui se pelotonna aussitôt contre lui. Il demanda alors à Sally si elle était actrice, elle aussi.

— Pas du tout, non, répondit-elle, balayant une cendre de cigarette invisible sur ses genoux. Je suis secrétaire. Je travaille chez Edgar Todd. L'agent.

— Et que diable, ça me convient très bien ! s'enthousiasma Oppenheimer. Certains de mes amis les plus chers sont secrétaires.

Conscient qu'il ne risquait pas de remporter un franc succès avec cette dernière réplique, il s'empressa de lui demander depuis combien de temps elle travaillait chez Edgar, si elle aimait son travail, et où elle résidait.

— J'habite Beverly Hills. J'ai un appartement dans la maison d'une amie ; c'est très chouette.

— Oh, très bien… Beverly Hills, j'entends.

Jack passa leur dernière heure chez Oppenheimer en compagnie d'Ellis, perché confortablement sur l'un des tabourets de bar en cuir du comptoir qui occupait tout un mur de la pièce. Elle lui narra en détail son enfance en Pennsylvanie, lui parla de la compagnie théâtrale saisonnière qui lui offrit sa première véritable « expérience de la scène » et de la merveilleuse succession d'événements heureux qui avaient présidé à sa rencontre avec Carl. Et Jack fut si séduit par sa jeunesse et par sa beauté, si flatté par l'attention dont il était l'objet, qu'il se rendit à peine compte qu'il avait déjà entendu cette histoire lors de sa première visite dans ces lieux.

À l'autre bout de la pièce, Carl et Sally étaient en grande conversation. Et s'il arrivait à Jack de tendre l'oreille dans leur direction, il n'entendait guère plus que le grondement continu et sérieux de la voix de Carl – sauf à une reprise, lorsque Sally s'exclama : « Oh, non, je l'ai adoré. Vraiment. Je l'ai adoré du début à la fin. »

— Eh bien, c'était super, conclut Carl Oppenheimer, lorsque le moment fut venu pour eux de prendre congé. Sally, j'ai été enchanté de faire votre connaissance, et j'ai beaucoup apprécié notre conversation, Jack ; on reste en contact.

Suivit le long trajet de retour, l'esprit embrumé par l'alcool. Personne ne parla pendant une vingtaine de minutes, puis Sally rompit le silence :

— Ils ont tout… n'est-ce pas ? Ils sont jeunes, ils sont amoureux… et, comme tout le monde sait qu'il est brillant, peu importe qu'elle ait ou non du talent, tant qu'elle est mignonne et aguicheuse. Qu'est-ce qui pourrait tourner mal dans un foyer comme celui-là ?

— Oh, je ne sais pas, j'ai bien une ou deux idées là-dessus.

— Mais, tu sais ce qui m'a déplu chez lui ? C'est l'insistance avec laquelle il m'a interrogée sur ses films. Il les énumérait un à un pour savoir si je les avais vus et, ensuite, il me demandait : « Alors, qu'en avez-vous pensé ? Vous l'avez aimé ? » Ou bien : « Ne pensez-vous pas que la seconde moitié partait un peu dans tous les sens ? » Ou encore : « Ne pensez-vous pas que Unetelle ou Unetelle n'était pas le meilleur choix pour le rôle de la fille ? » Non mais, franchement, Jack. Tu ne trouves pas cela exagéré ?

— Non, pourquoi ?

— Eh bien… à cause de *qui je suis*.

Elle abaissa sa vitre de moitié et le vent emporta sa cigarette.

— Qui *tu* es ? Tu es une jeune femme du nom de Sally Baldwin. Je le sais, Oppenheimer le sait, et tu le sais aussi…

— Ouais, ouais, coupa-t-elle d'une petite voix, fixant la vitre noire. Ouais, ouais, ouais, ouais.

Quand ils arrivèrent à Beverly Hills, Jack fut d'abord étonné de trouver Woody Starr assis à la place de Cliff Myers près de Jill, puis il se rappela que Sally lui avait raconté que Cliff acceptait de s'absenter pendant un ou deux jours pour laisser à Jill le temps de rompre une bonne fois pour toutes avec Woody.

Et, à en juger par la manière dont Woody se leva du canapé pour les accueillir – épuisé, honteux, et presque gêné d'être là –, Jill l'avait déjà mis au courant.

— Ah, Sally ! dit-il. Salut, Jack. Nous prenions juste… je peux vous servir un verre ?

— Non, merci, répondit Sally. C'est bon de te voir, Woody. Comment vas-tu ces derniers temps ?

— Oh, je n'ai pas à me plaindre. Les affaires sont calmes, mais à part ça… j'évite de faire des vagues.

— C'est bien, approuva-t-elle. Alors, on se voit plus tard, Woody.

Et, souriant, elle guida Jack entre les écueils que constituaient les meubles en cuir, pour l'entraîner avec elle dans l'escalier majestueux. Ce n'est que lorsqu'elle eut fermé la porte de sa chambre à clef derrière eux qu'elle s'autorisa à reprendre la parole.

— Mon Dieu. Tu as vu son visage ?

— Ouais, il n'avait pas l'air très…

— On dirait un cadavre. Une enveloppe sans vie.

— D'accord, mais ces choses-là arrivent tout le temps. Une femme se lasse d'un homme, un homme se lasse d'une femme. Tu ne peux pas te lamenter pour tous les perdants de la planète.

— Oh, je vois que tu es d'humeur philosophique et sage ce soir, dit-elle en se penchant pour dégrafer sa robe. C'est très sage, très mature ; ça doit venir de ce petit moment que tu as passé pelotonné contre Ellis machin chose, devant le bar d'Oppenheimer.

Une heure plus tard, quand elle lui eut clamé son amour et qu'ils retombèrent mollement sur le lit pour attendre le sommeil, sa voix redevint douce et timide.

— Combien de temps reste-t-il, maintenant, Jack ? Deux semaines ? Moins ?

— Oh, je ne sais pas, mon chou. Il se peut que je reste un peu plus longtemps, tu sais, pour…

— Pour ? dit-elle, toute son amertume remontant à la surface. Pour moi ? Oh, je t'en prie, non. Tu ne crois tout de même pas que *j'attends* la moindre faveur de ta part ?

Au petit matin, elle leur monta du café dans la chambre et attendit bravement de poser son plateau sur la table avant de lui raconter ce qu'elle avait vu, dans le boudoir. Woody Starr était toujours là ; il dormait tout habillé sur le canapé, sans couverture, ni oreiller. N'était-ce pas sidérant ?

— Pourquoi ?

— Pourquoi n'est-il pas parti hier soir, pour l'amour du ciel !

— Peut-être parce qu'il veut dire au revoir au petit.

— Ah… oui, je suppose que tu as raison. C'est sans doute pour ça. C'est sans doute à cause de Kick.

Quand ils descendirent, ils trouvèrent Woody et Kicker en train de discuter à voix basse dans le boudoir. Ils se replièrent vite dans la cuisine, pour passer un moment avec Nippy, et attendre le départ de Kicker pour l'école. Ils ignoraient – et Jill Jarvis ne s'en souviendrait que plus tard – qu'ils étaient en pleine période de vacances scolaires.

— Oh, mon Dieu, Nip, soupira Sally avachie sur une chaise de cuisine. Je n'ai pas du tout envie d'aller au travail aujourd'hui.

— Alors n'y allez pas, répondit la bonne. Vous savez quoi, Sally ? Je ne vous ai jamais vue prendre un jour de congé depuis que vous habitez cette maison. Cette bonne vieille agence peut se débrouiller sans vous de temps en temps. Pourquoi n'iriez-vous pas faire quelque chose d'agréable avec M. Fields, aujourd'hui ? Déjeuner dans un bon restaurant, voir un film. Ou même, faire un petit voyage en voiture ; il fait un temps splendide. Vous pourriez aller jusqu'à San Juan Capistrano, ou dans un autre joli petit coin de ce genre. Vous connaissez la chanson sur le retour des hirondelles à Capistrano. Eh bien, si je ne m'abuse, c'est juste la bonne période de l'année. Vous pourriez descendre admirer les hirondelles et rentrer ensuite. Cela ne vous plairait pas ?

— Je ne sais pas, Nippy. Ce serait agréable, oui, mais je crois que je ferais mieux de me montrer au bureau un petit moment au moins, Edgar va se faire un sang d'encre. Et je suis déjà en retard pratiquement d'un quart d'heure.

Dès que Sally eut déclaré qu'il n'y avait plus de « risque » à traverser le boudoir, ils quittèrent la cuisine et furent soulagés de trouver le couloir désert. Jack remarqua que le clown avait disparu du mur de la cheminée, puis, se tournant vers les portes-fenêtres baignées de soleil, il aperçut Woody et Kicker sur la terrasse, côte à côte, toujours en grande conversation.

— Et mince, pourquoi il ne s'en va pas à la fin ? s'agaça Sally. Combien de temps lui faut-il pour dire au revoir ?

Les bagages de Woody Starr étaient à ses pieds : un vieux sac polochon qui datait sans doute de ses années dans la marine marchande, une valise et deux gros sacs en papier renforcés de ficelle brune, très colorés, faisant la réclame de grands magasins. Il répartit son chargement entre Kicker et lui, et ils descendirent de la terrasse pour tout ranger dans sa voiture. Enfin, un bras passé autour de ses épaules, Woody ramena le garçon vers la maison pour l'adieu final.

Jack et Sally se replièrent au fond du boudoir afin de les observer sans se faire remarquer. Ils virent Woody Starr prendre le garçon dans ses bras et le serrer contre lui de manière un peu abrupte et désespérée, puis il s'éloigna, et Kicker se retourna pour rentrer à la maison… mais s'immobilisa aussitôt. Ils cherchèrent du regard ce qui avait attiré son attention et aperçurent la camionnette de livraison crème qui venait de déboucher dans l'allée, les lettres MYERS peintes en marron sur son flanc.

— Oh, je ne veux pas voir ça, dit Sally, enfouissant son visage dans la chemise de Jack, sentant ses jambes se dérober sous elle. Je ne peux pas.

La camionnette s'arrêta à quelques mètres de Woody et Cliff Myers apparut sous le soleil, le visage rougeaud, un petit sourire satisfait aux lèvres. Il fila ouvrir l'arrière du véhicule, vêtu d'une salopette trop petite de plusieurs tailles, et en sortit un seau en métal scintillant rempli d'un nombre impressionnant de roses remuantes. Il le porta à Woody Starr et le lui déposa dans les mains tout en parlant – en fait, il semblait parler sans discontinuer depuis son arrivée, sans doute de manière irréfléchie, comme sous l'impulsion d'une gêne inattendue ; ce n'est qu'une fois que le seau fut en possession de Woody qu'il se tut. Il recula et, avec une raideur exagérée, posa deux doigts sur la visière de sa casquette et retourna à sa camionnette au pas de course, mais les jambes bien droites : un départ plus rapide et plus ridicule qu'il ne l'avait prévu.

Kicker, qui n'avait rien manqué de la scène, retraversa la terrasse pour rejoindre Woody, qui s'était accroupi pour poser le seau par terre. L'instant d'après, ils se débattaient tous deux penchés bien bas sur le seau.

— Ça va, mon chou, murmura Jack dans les cheveux de Sally. C'est fini. Il est parti.

— Je sais. J'ai tout vu.

— Bon, tu penses qu'on pourrait trouver quelque chose dans la maison pour décoller ses mains ? Penses-tu que Nippy pourrait nous trouver quelque chose ? autre chose ?

— Comme quoi ? Un détergent ? Un solvant ?

Mais ils n'eurent pas à chercher quoi que ce soit dans la maison. Une ou deux minutes plus tard, Woody et Kicker s'éloignèrent, séparés par le seau, suivis par Jack Fields, qui demeura à une distance courtoise. Ils entrèrent dans la pénombre du grand garage et Kicker pencha délicatement un bidon de gazole de cinq litres vers les parois extérieures du seau jusqu'à ce que Woody puisse libérer ses mains. Il n'en fallut pas davantage. Puis, d'un coup de talon, Kicker envoya valdinguer le seau qui atterrit contre un mur, à un endroit où personne n'irait le récupérer avant longtemps, quand la colle sèche serait devenue inoffensive et que les roses auraient fané.

Alan B (« Kicker ») Jarvis fut inscrit dans un pensionnat pour garçons, que sa mère présentait comme le meilleur de toute la côte Ouest, et quitta la maison pour s'y installer presque aussitôt.

Plus tard, la même semaine, Jill et Cliff se rendirent à Las Vegas pour se marier – elle avait toujours rêvé de se marier dans une de ces petites chapelles « adorables », dit-elle. Quand ils quittèrent Los

Angeles, leurs projets de lune de miel étaient toujours vagues : ils hésitaient encore entre Palm Springs, les îles Vierges, ou la France et l'Italie. « On finira peut-être par se dire : et mince, partons trois mois au lieu d'un, et allons *partout* ! » avait-elle confié à Sally, avant son départ.

Le scénario de Jack Fields fut terminé, accepté, critiqué et, de nouveau, accepté. Carl Oppenheimer lui offrit une poignée de main des plus chaleureuses en déclarant : « Je pense qu'on tient un film, Jack. Je pense vraiment qu'on tient un film », et Ellis se leva et déposa un petit baiser adorable sur sa joue.

Il eut une longue conversation téléphonique avec ses fillettes, au cours de laquelle ils envisagèrent joyeusement les bons moments qu'ils allaient bientôt partager à New York, et il passa toute une journée à leur acheter des cadeaux. Sur les conseils éclairés de Sally, il s'acheta aussi deux nouveaux costumes chez les Brooks Brothers de Los Angeles, histoire d'afficher sa réussite de retour chez lui. Et, obéissant toujours aux conseils de Sally, il acheta des bouteilles de brandy, de bourbon, de scotch et de vodka – tressaillant intérieurement au moment de découvrir leur prix –, les fit envelopper et demanda à ce qu'on les livre à l'adresse de Jill, la remerciant de son « hospitalité » par une note brève rédigée avec beaucoup de soin.

Puis il rendit les clefs de la maison de Malibu et prit la route avec Sally pour aller passer un week-end de quatre jours au bord de l'océan, dans un motel des environs de San Diego qu'elle affirmait être « merveilleux ». Il aurait aimé savoir avec qui elle avait découvert cet endroit merveilleux, mais il leur restait si peu de temps à passer ensemble qu'il eut la sagesse de ne pas l'interroger.

Sur le chemin du retour, ils s'arrêtèrent à la mission de San Juan Capistrano et se promenèrent autour, puis à l'intérieur, au milieu d'une foule de touristes sympathiques, équipés de brochures pour touristes ; mais ils n'aperçurent pas la moindre hirondelle.

— On dirait qu'au lieu de revenir elles ont toutes fui, cette année, commenta Sally.

Ce qui donna à Jack une idée qui lui parut amusante : quand ils regagnèrent la voiture, il s'écarta d'elle et, avec des petits pas gracieux d'artiste, se posta sur la bande de mauvaises herbes du bas-côté de la route. Il savait qu'il avait de l'allure dans ses nouveaux vêtements, et il avait toujours bien chanté – ou su faire mine de bien chanter.

— Écoute ça, mon chou ! lança-t-il, avant de se mettre à chanter, raide comme un crooner, les bras écartés et les paumes tournées vers le ciel, pour feindre l'émotion.

Quand les hirondelles quitteront Capistrano,
Le temps sera venu pour moi de te quitter…

— Sensationnel, le coupa Sally. Vraiment très fort, Jack. Tu as un sens de l'humour extraordinaire, tu sais.

Le dernier soir, dans le restaurant qu'Edgar Todd leur avait solennellement garanti être le meilleur de Los Angeles, elle avait l'air désespérée.

— C'est un peu idiot, tu ne crois pas ? Dépenser tout cet argent alors que tu seras dans l'avion dans deux heures ? dit-elle en plantant sa fourchette dans un bout de crabe à l'impériale.

— Non, je ne trouve pas ça idiot. Je pensais que ce serait bien.

Il pensait que ce serait le genre de chose qu'aurait fait Francis Scott Fitzgerald en pareille circonstance, ce qu'il se garda d'avouer. Cela faisait d'ailleurs des années qu'il se retenait d'avouer sa fascination pour Fitzgerald – même si une fille l'avait démasqué, une fois, à New York, et l'avait assailli de questions taquines jusqu'à ce qu'il ne reste plus rien à cacher.

— D'accord. Alors, restons ici, soyons élégants, spirituels, et fumons tristement un paquet de cigarettes chacun, dit-elle.

Mais il n'était pas très convaincu par son ton sarcastique : lorsqu'ils s'étaient retrouvés à son bureau, cet après-midi-là, elle portait une belle robe bleue, très chic, qu'elle avait, à n'en pas douter, achetée pour dîner dans un restaurant comme celui-ci.

— Je suis encore sous le choc, je crois que c'est la plus belle robe que j'aie jamais vue, lui dit-il.

— Merci. Je suis contente de l'avoir. Elle risque de m'aider à ferrer mon prochain *pseudo*-Scott Fitzgerald qui entrera en trébuchant dans Cinémaland.

En la reconduisant à Beverly Hills, il risqua un ou deux coups d'œil à son visage et fut satisfait de le trouver serein et concentré.

— À bien y réfléchir, j'ai l'impression de mener une existence paresseuse et stérile, dit-elle au bout d'un moment. J'ai réussi à faire des études universitaires et elles ne m'ont jamais servi, je n'ai jamais rien fait dont je puisse être fière ou juste contente ; je n'ai même pas adopté d'enfant quand j'en avais la possibilité.

Ils parcoururent encore quelques kilomètres de ville illuminée avant qu'elle ne se presse contre lui, serrant son bras entre ses deux mains.

— Jack ? Ce n'étaient pas des paroles en l'air, dis, quand tu as promis qu'on s'écrirait des tas de lettres et qu'on se téléphonerait de temps en temps ? questionna-t-elle, d'une voix timide.

— Oh, Sally, pourquoi prononcerais-je de telles paroles en l'air ?

Il se gara devant l'escalier qui montait doucement à la terrasse de la piscine, ils descendirent de voiture, et s'assirent sur la marche du bas pour se faire leurs adieux. Ils s'embrassèrent, gênés, comme des enfants.

— Bon, voilà. Au revoir. Tu sais le plus drôle ? C'est que nous nous disons au revoir depuis le début, depuis la première fois que nous sommes sortis boire un verre. Parce que nous savions depuis le début que notre temps était compté : les adieux faisaient partie du contrat, pas vrai ?

— Sans doute. En tout cas, prends bien soin de toi, mon chou.

Ils se relevèrent, embarrassés, et il la regarda monter vers la terrasse – cette grande fille souple aux cheveux étrangement gris, vêtue de la plus belle robe qu'il eût jamais vue.

Il venait de tourner les talons pour regagner sa voiture quand elle appela :

— Jack ! Jack !

Ses talons cliquetèrent de nouveau sur les marches et elle se précipita dans ses bras.

— Attends, dit-elle à bout de souffle. Écoute. J'ai oublié de te dire une chose. Tu sais, ce gros pull que je tricote depuis le début de l'été, pour Kicker ? Eh bien, je t'ai menti… je crois bien que c'est le seul mensonge que je t'aie jamais fait. Il n'a jamais été destiné à Kicker : il est pour toi. J'ai relevé tes mesures sur l'unique pull tout mité que j'ai trouvé chez toi. Je comptais le terminer avant ton départ. Je n'ai pas réussi. Mais, je te jure que je le finirai, Jack. Je vais m'y employer chaque jour, et ensuite je te l'enverrai par la poste. D'accord ?

Il la serra de toutes ses forces, la sentant trembler contre lui, et murmura dans ses cheveux qu'il serait très, très heureux de l'avoir.

— Mon Dieu, j'espère qu'il sera à ta taille. Porte-le, et porte-toi bien, d'accord ?

Elle retournait déjà vers la terrasse en courant. Une fois là-haut, elle lui fit signe d'une main, essuyant prestement une larme de l'autre.

Il la regarda jusqu'à ce qu'elle disparaisse à l'intérieur, jusqu'à ce que, une à une, les grandes portes-fenêtres illuminent la nuit ; puis d'autres fenêtres, d'autres pièces, à mesure que Sally s'aventurait dans les profondeurs de cette maison qu'elle avait toujours adorée, qu'elle adorerait sans doute toujours, et que, pour la première fois, et pour un petit moment au moins, elle avait pour elle toute seule.

Table

Pavillons Poche

Titres parus

Peter Ackroyd
Un puritain au paradis

Woody Allen
Destins tordus

Niccolò Ammaniti
Et je t'emmène

Sherwood Anderson
Le Triomphe de l'œuf

Margaret Atwood
Faire surface
La Femme comestible
Mort en lisière
Œil-de-chat
La Servante écarlate
La Vie avant l'homme

Dorothy Baker
Cassandra au mariage

Nicholson Baker
À servir chambré
La Mezzanine

Ulrich Becher
La Chasse à la marmotte

Saul Bellow
La Bellarosa connection
Le Cœur à bout de souffle
Un larcin

Robert Benchley
Le Supplice des week-ends

Adolfo Bioy Casares
Journal de la guerre au cochon
Le Héros des femmes

Un champion fragile
Nouvelles fantastiques

William Peter Blatty
L'Exorciste

Jorge Luis Borges, Adolfo Bioy Casares
Chroniques de Bustos Domecq
Nouveaux Contes de Bustos Domecq
Six problèmes pour Don Isidro Parodi

Mikhaïl Boulgakov
Le Maître et Marguerite
Le Roman théâtral
La Garde blanche

Vitaliano Brancati
Le Bel Antonio

Emily Brontë
Les Hauts de Hurle-Vent

Anthony Burgess
L'Orange mécanique
Le Testament de l'orange
Les Puissances des ténèbres

Dino Buzzati
Bestiaire magique
Le régiment part à l'aube
Nous sommes au regret de…
Un amour
En ce moment précis
Bàrnabo des montagnes
Panique à la Scala
Chroniques terrestres
Nouvelles oubliées
Nouvelles inquiètes

Lewis Carroll
Les Aventures d'Alice sous terre

Michael Chabon
Les Mystères de Pittsburgh
Les Loups-garous dans leur jeunesse
La Solution finale

Upamanyu Chatterjee
Les Après-midi d'un fonctionnaire très déjanté

Susanna Clarke
Les Dames de Grâce Adieu

Collectif
Rome, escapades littéraires
Saint-Pétersbourg, escapades littéraires
Berlin, escapades littéraires
New York, escapades littéraires
Londres, escapades littéraires
Moscou, escapades littéraires
Paris, escapades littéraires
Naples, escapades littéraires
Madrid, escapades littéraires
Séville, escapades littéraires
Rencontres avec le diable

John Collier
Le Mari de la guenon

Sir Arthur Conan Doyle
Sherlock Holmes : son dernier coup d'archet

William Corlett
Deux garçons bien sous tous rapports

Avery Corman
Kramer contre Kramer

Helen DeWitt
Le Dernier Samouraï

Joan Didion
Maria avec et sans rien
Un livre de raison
Démocratie

E. L. Doctorow
Ragtime

Roddy Doyle
La Femme qui se cognait dans les portes
The Commitments
The Snapper

The Van
Paula Spencer

Andre Dubus III
La Maison des sables et des brumes

Lawrence Durrell
Affaires urgentes

F. Scott Fitzgerald
Un diamant gros comme le Ritz

Zelda Fitzgerald
Accordez-moi cette valse

E. M. Forster
Avec vue sur l'Arno
Arctic Summer

Carlo Fruttero
Des femmes bien informées

Carlo Fruttero et Franco Lucentini
L'Amant sans domicile fixe

Graham Greene
Les Comédiens
La Saison des pluies
Le Capitaine et l'Ennemi
Rocher de Brighton
Dr Fischer de Genève
Tueur à gages
Monsignor Quichotte
Mr Lever court sa chance, nouvelles complètes 1
L'Homme qui vola la tour Eiffel, nouvelles complètes 2
Un Américain bien tranquille
La Fin d'une liaison
Voyages avec ma tante
Le Fond du problème

Kent Haruf
Colorado Blues
Le Chant des plaines
Les Gens de Holt County
Nos âmes la nuit

Jerry Hopkins et Daniel Sugerman
Personne ne sortira d'ici vivant

Bohumil Hrabal
Une trop bruyante solitude
Moi qui ai servi le roi d'Angleterre
Rencontres et visites

Henry James
Voyage en France
La Coupe d'or

Erica Jong
Le Complexe d'Icare

Thomas Keneally
La Liste de Schindler

Janusz Korczak
Journal du ghetto

Jaan Kross
Le Fou du tzar

Jhumpa Lahiri
Longues distances

D. H. Lawrence
Le Serpent à plumes

John Lennon
En flagrant délire

Siegfried Lenz
La Leçon d'allemand
Le Dernier Bateau
Une minute de silence
Le Bureau des objets trouvés

Ira Levin
Le Fils de Rosemary
Rosemary's Baby

Tessa de Loo
Les Jumelles

Norman Mailer
Le Chant du bourreau

Bivouac sur la Lune
Les vrais durs ne dansent pas
Mémoires imaginaires de Marilyn
Morceaux de bravoure
Prisonnier du sexe

Dacia Maraini
La Vie silencieuse de Marianna Ucrìa

Guillermo Martínez
Mathématique du crime
La Mort lente de Luciana B
La Vérité sur Gustavo Roderer

Tomás Eloy Martínez
Santa Evita
Le Roman de Perón

Richard Mason
17 Kingsley Gardens

Somerset Maugham
Les Trois Grosses Dames d'Antibes
Madame la Colonelle
Mr Ashenden, agent secret
Les Quatre Hollandais

James A. Michener
La Source

Arthur Miller
Ils étaient tous mes fils
Les Sorcières de Salem
Mort d'un commis voyageur
Les Misfits
Focus
Enchanté de vous connaître
Une fille quelconque
Vu du pont *suivi de* Je me souviens de deux lundis

Pamela Moore
Chocolates for breakfast

Daniel Moyano
Le Livre des navires et bourrasques

Vitězslav Nezval
Valérie ou la Semaine des merveilles

Geoff Nicholson
Comment j'ai raté mes vacances

Joseph O'Connor
À l'irlandaise

Pa Kin
Le Jardin du repos

Katherine Anne Porter
L'Arbre de Judée

Mario Puzo
Le Parrain
La Famille Corleone *(avec Ed Falco)*

Mario Rigoni Stern
Les Saisons de Giacomo

Saki
Le Cheval impossible
L'Insupportable Bassington

J. D. Salinger
Dressez haut la poutre maîtresse, charpentiers, *suivi de* Seymour, une introduction
Franny et Zooey
L'Attrape-cœurs
Nouvelles
L'Attrape-cœurs *(bilingue)*

Roberto Saviano
Le Contraire de la mort *(bilingue)*

William Shakespeare
Roméo et Juliette *(bilingue)*

Sam Shepard
Balades au paradis
À mi-chemin

Robert Silverberg
Les Monades urbaines
Le Château de Lord Valentin
Chroniques de Majipoor

Valentin de Majipoor
Les Montagnes de Majipoor

Johannes Mario Simmel
On n'a pas toujours du caviar

Alexandre Soljenitsyne
Le Premier Cercle
Zacharie l'Escarcelle
La Maison de Matriona
Une journée d'Ivan Denissovitch
Le Pavillon des cancéreux

Robert Louis Stevenson
L'Étrange cas du Dr Jekyll et de Mr Hyde

Quentin Tarantino
Inglourious Basterds

Edith Templeton
Gordon

James Thurber
La Vie secrète de Walter Mitty

John Kennedy Toole
La Bible de néon

John Updike
Jour de fête à l'hospice

Alice Walker
La Couleur pourpre

Evelyn Waugh
Retour à Brideshead
Grandeur et décadence
Le Cher Disparu
Scoop
Une poignée de cendres
Ces corps vils
Hommes en armes
Officiers et gentlemen
La Capitulation

Tennessee Williams
Le Boxeur manchot
Sucre d'orge

Le Poulet tueur et la folle honteuse
Un tramway nommé Désir
La Chatte sur un toit brûlant

Tom Wolfe
Embuscade à Fort Bragg

Virginia Woolf
Lectures intimes

Richard Yates
La Fenêtre panoramique
Onze histoires de solitude
Easter Parade
Un été à Cold Spring
Menteurs amoureux
Un dernier moment de folie
Un destin d'exception

Stefan Zweig
Lettre d'une inconnue *suivi de* Trois nouvelles de jeunesse
La Peur
Le Joueur d'échecs

Titres à paraître

Graham Greene
Le Facteur humain

Robert Silverberg
Roma Æterna

Stefan Zweig
La Confusion des sentiments

Composition et mise en pages
Nord Compo à Villeneuve-d'Ascq

MIXTE
Papier issu de
sources responsables
FSC® C003309
FSC
www.fsc.org

L'Éditeur de cet ouvrage s'engage
pour la préservation de l'environnement
et utilise du papier issu de forêts gérées de manière responsable.

Imprimé en Espagne par
Liberdúplex
à Sant Llorenç d'Hortons (Barcelone)
en novembre 2019

N° d'édition : 59986/02 – N° d'impression : 79684